今井雅宏

Mの法則

the method of M

×

誰でも使える血統買いパターン

亀谷敬正

oo-parts publishing

CONTENTS

まえがき

本書はボク、亀谷敬正と師匠である今井雅宏さん二人による対談集です。『亀谷競馬サロン』で2022年6月から連載してきたコラムに、各種牡馬の特徴を表すデータ、「買い条件」「消し条件」を追加し、巻末に最新記事「母父の影響を考える」「新種牡馬の馬券ポイント」を特別収録しました。

また、予想する際に使いやすいように掲載順を五十音順にし、レースカテゴリーから「買い条件」「消し条件」を検索できるように巻末に「カテゴリー別索引」も付けました。

今井さんとの出会いは30年前になります(1990年代)。当時のボクは高校生。子供の頃から競馬を分析するデータ会社を作りたいと思っていたので、成人したらすぐにメディアに出るために、競馬雑誌の編集部でダビスタライター（ダビスタ四天王)の仕事を始めました。そこで、競馬ライターや競馬関係者の方々と交流を持ちたいと思っていました。そのときに紹介してもらったのが今井さんでした。

当時から今井さんの競馬に関する考察は、他とは一線を画するものでした。いや、今井さんの競馬への考察の方が的を射ていたと言ってもいいでしょう。

当時は……いや、今でも、ほとんどの競馬ファンは、競走馬は毎回同じくらいのパフォーマンスを発揮すると考えていました。

しかし、その考え方はおかしいのではないでしょうか？

常に同じような能力を発揮する馬の方が珍しいぐらいです。そうなる理由は、競馬で要求される能力の方向性には相反することがあること。そして、競走馬の能力そのものが特定の長所を強化すると、短所も強化することになってしまうからです。これが「血統ビーム」の考え方の基本である「二律背反の要素も持つ適性」の概念です。

もうひとつ。競走馬が毎回同じ能力を発揮できない理由があります。それは、競走馬がレースへ向かう際の「精神状態」が毎回変わるからです。30年前は、その概念に着目する馬券術は、「Mの法則」を除いてほぼなかったのです。

また、今井さんは独自のデータ作成にも意欲的でした。当時はまだ、netkeibaのようにインターネットで競馬データを取得できる時代ではありません。JRA-VANのデータも大変高価でしたし、オリジナルのデータはExcelやAccessに手入力しなければなりませんでした。データ閲覧・作成のコストが今の数十倍ですから、間違った競馬概念でデータ取得にコストをかけると大変な損失を被る時代でもありました。

今井さんを紹介してもらってからは、今井さんの仕事場で競馬を研究、追究する毎日でした。競馬の研究というのは概念を共有している人たちが集まり、議論を重ねれば、研究効果は累乗されていくもの。特に当時は、今では無料で手に入るようなデータも高額なコストが必要だった時代。今井オーナー（笑）に、コストを支援してもらえることもありがたかったです。

今でも、競馬を真剣に追究、分析したいのであれば、研究仲間との議論は欠かせません。個人レベルで、我々が必要とするデータを保有するにはそれなりにコストがかかります。それらを共有できることも助かるでしょう。当時の充実した思い出が「亀谷競馬サロン」を作る大きな原動力にもなっているわけです。

今井さんが競馬予想界に与えた影響はたくさんありますが、ボクは以下の4つを挙げます。

①「人気馬を消す」という発想

多くの人たちが強い馬を探すことばかり考えていた中で、今井さんは強いと思われている馬が飛ぶシチュエーションを研究し、理論化しようとしていました。危険な人気馬を見つけては逆張りの単勝多点買いをしていたように、人気馬を飛ばすことの重要性を当時から提唱していました。

②精神疲労による反動

「反動」と言うと「レコード決着の反動」など、肉体的な反動をイメージしがちですが、今井さんは「精神的な反動」の概念を提唱していました。馬は気持ちで走っているため、楽に感じたレースの次はツラく感じてパフォーマンスを落とすわけです。

競馬において能力や適性が大事なことは間違いありませんが、その能力を出せるかどうかは、そのときの馬の気持ちにも大きく左右されます。競馬予想では「身体」能力だけではなく「心身」能力に注目することがとても重要なのです。今なお、この概念を語り合うことができる競馬ファンは、皆さんの周りでもほぼ少数派ではないでしょうか？(笑)

③戦歴のパターン化

今井さんとは戦歴をパターン化する研究も意欲的に行いました。これは、今のAI予想の礎となっています。

今井さんの戦歴パターンの代表作といえば「短縮ショック」が挙げられます。1999年に発売された単行本『短縮ショッカー　元祖・爆走ローテーション理論』が売れたことで「短縮ショック」は広く知れわたり、今ではキムラヨウヘイさんのように今井さんが作ったことを知らずに使っている人もたくさんいます(笑)。

多くのAI予想でも「短縮ショック」が自動的に期待値の高いパターンとして判定されていることでしょう。

④根幹距離・非根幹距離

今でも、多くの競馬ファンからは「そんなものはない」と言われるのですが(苦笑)、この概念を共有してくれるホースマンもたくさんいます。その方々が携わったＧＩ馬は数えきれないほどです。この概念の共有を提唱したことで、数多くの非難も浴びましたが(笑)、超一流のホースマンと実りある議論をたくさんすることができました。

さて、皆さんは根幹距離の概念をどう思われるでしょうか？ 本書のキズナの項で根幹距離・非根幹距離について改めて今井さんと議論していますので、そこから読むこともお勧めします。

それで合わないと思うようであれば、本書の議論を読むのは無駄かもしれません。本書をネットオークションにでも出されてはいかがでしょうか？ 出版社の方には申し訳ないですが(笑)。

こうしてボクは今井さんが提唱する「Mの法則」からたくさんの学びを得ることができました。今でも議論と研究を通じて日々発見を積み重ねています。

本書を通じた、今井さんとの議論でも、たくさんの発見があることでしょう。たくさんの馬券の成果報告を皆様から頂戴することが、今から待ち遠しいです。

2023年11月　亀谷敬正

連載時の公開順

1 キズナ	15 パイロ	29 リオンディーズ
2 ドレフォン	16 キングカメハメハ	30 リアルインパクト
3 ロードカナロア	17 ハーツクライ	31 ビッグアーサー
4 ヘニューヒューズ	18 ミッキーアイル	32 ホッコータルマエ
5 シルバーステート	19 ハービンジャー	33 リアルスティール
6 シニスターミニスター	20 マジェスティックウォリアー	34 ダイワメジャー
7 キンシャサノキセキ	21 アジアエクスプレス	35 ダノンレジェンド
8 オルフェーヴル	22 イスラボニータ	36 マインドユアビスケッツ
9 サウスヴィグラス	23 ヴィクトワールピサ	37 コパノリッキー
10 モーリス	24 キタサンブラック	38 サトノクラウン
11 エピファネイア	25 ディスクリートキャット	39 マクフィ
12 ドゥラメンテ	26 ゴールドシップ	40 バゴ
13 ジャスタウェイ	27 スクリーンヒーロー	
14 ディープインパクト	28 ルーラーシップ	

本書の読み方

各種牡馬の先頭ページには特徴を表す数々の指標・数値を掲載しています。ここでは、それぞれの意味を解説します。

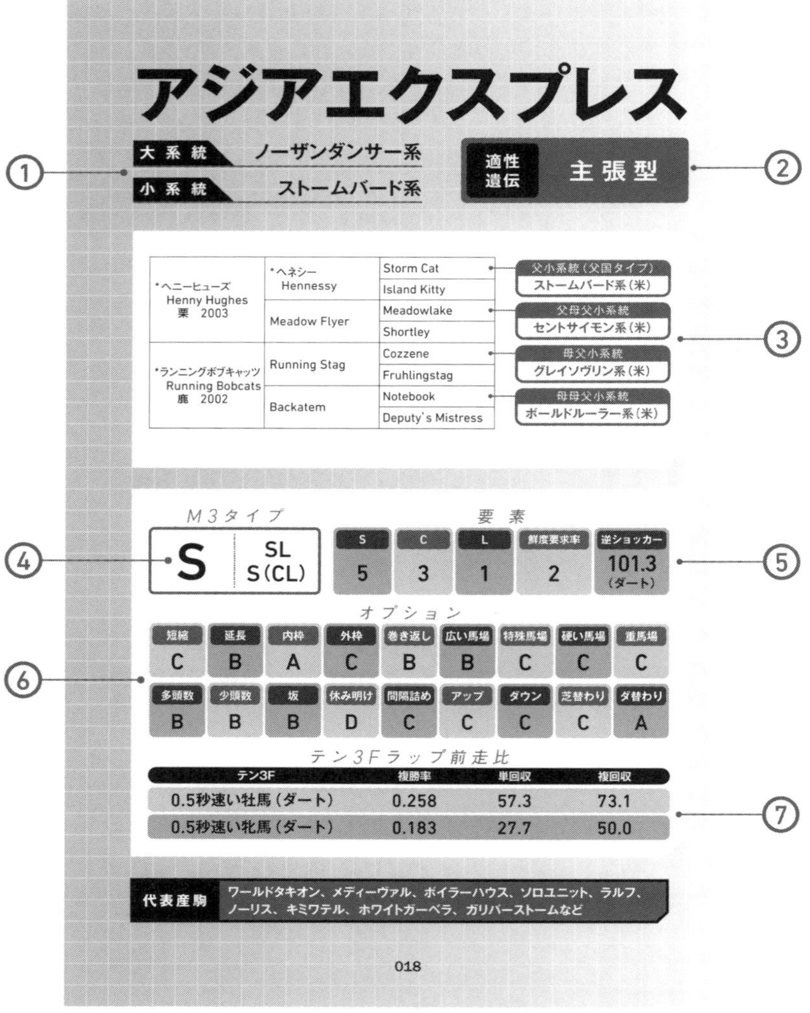

アジアエクスプレス

① 大系統 ノーザンダンサー系
小系統 ストームバード系

② 適性遺伝 主張型

*ヘニーヒューズ Henny Hughes 栗 2003	*ヘネシー Hennessy	Storm Cat	父小系統（父国タイプ） ストームバード系（米）
		Island Kitty	
	Meadow Flyer	Meadowlake	父母父小系統 セントサイモン系（米）
		Shortley	
*ランニングボブキャッツ Running Bobcats 鹿 2002	Running Stag	Cozzene	母父小系統 グレイソヴリン系（米）
		Fruhlingstag	
	Backatem	Notebook	母母父小系統 ボールドルーラー系（米）
		Deputy's Mistress	

③

④ M3タイプ

S	SL	S(CL)

⑤ 要素

S	C	L	鮮度要求率	逆ショッカー
5	3	1	2	101.3（ダート）

⑥ オプション

短縮	延長	内枠	外枠	巻き返し	広い馬場	特殊馬場	硬い馬場	重馬場
C	B	A	C	B	B	C	C	C

多頭数	少頭数	坂	休み明け	間隔詰め	アップ	ダウン	芝替わり	ダ替わり
B	B	B	D	C	C	C	C	A

⑦ テン3Fラップ前走比

テン3F	複勝率	単回収	複回収
0.5秒速い牡馬（ダート）	0.258	57.3	73.1
0.5秒速い牝馬（ダート）	0.183	27.7	50.0

代表産駒 ワールドタキオン、メディーヴァル、ボイラーハウス、ソロユニット、ラルフ、ノーリス、キミワテル、ホワイトガーベラ、ガリバーストームなど

018

データの集計期間
本文中のデータについては、産駒デビューから記事掲載のタイミングまで(断りがあるものは除く)。
「買い条件」「消し条件」のデータについては、産駒デビューから2023年10月まで。

1 大系統/小系統

大系統はすべての種牡馬の父系を11通りに分類したもの、小系統はそこからさらに細分化して46通りに分類している。

2 適性遺伝

種牡馬の適性がどれだけ産駒に伝わるかを「主張型」「中間型」「引き出し型」の3種類で表している。

3 父国タイプ

系統とは別に、日本で優位性の高い血統を「日本型」、米国で優位性の高い血統を「米国型」、欧州で優位性の高い血統を「欧州型」と分類している。

4 M3タイプ

競走馬の心身構造をS(闘争心)・C(集中力)・L(淡泊さ)の3つに分類したもの。LC(S)などと詳細に表されるが、その先頭がその馬の主な心身構造(カッコ内の先頭は影の主導)となる。タイプのカッコ内は、その馬の影の性質となり、時に表の性質より前に出てくることもある。種牡馬のタイプ(オプションも含む)は歳と共に多少変化することがある。

■S(闘争心)

闘争心を持つ馬に付く。一本調子に走ろうとする性質。このタイプは気性をコントロールするために、短縮などのショック療法が有効。生涯に一度の絶頂期にはあらゆる条件を飛び越して走ろうとするが、それを過ぎると極めて不安定になる。Sの由来は闘争を表す"Struggle"の頭文字から。

■L(淡泊さ)

淡泊さを持つ馬に付く。自分のペースで淡々と走ろうとするタイプの馬で、延長や少頭数、広いコース、外枠、弱い相手との競馬が有効。Lの由来は軽さを表す"Light"の頭文字から。

■C(集中力)

集中力を持つ馬に付く。集中して他馬との相手関係の中で走ろうとする性質を持つ。レース間隔を詰めたり、馬体重を絞ったり、内枠、ハイペース、強い相手との競馬など、摩擦の多い状況を得意とする。Cの由来は集中力を表す"Concentration"の頭文字から。

■M(まとまり系)

S、C、Lの3要素を持っているタイプ。その為、精神的にしっかりしているが、突き抜けない部分もある。ただ、先頭に書いてあるタイプの比重がかなり強い馬もいる。そういう種牡馬、競走馬は、例えばSC(L)でSが極めて強い場合は、M系でもS系(あるいはS主導)と解説で表記することがある。

5 要　素

S、C、L、鮮度要求率は6段階で評価。S、C、Lは数字が大きいほどその要素が多い。鮮度要求率は数字が大きいほど鮮度状態(フレッシュさ)を好む。逆ショッカーは該当時の複勝回収率を表している。

■鮮度欲求率

鮮度の影響力。鮮度要求率の高い種牡馬は、鮮度が高いと好走しやすく、鮮度が落ちると凡走しやすくなる。血統によって、鮮度の影響度合いは変化する。

■逆ショッカー

前走で3角5番手以降だった馬が、今回距離短縮で3角8番手以内を走る形。短縮ショッカー以上に簡単に導き出せて、JRAや南関で単勝回収率100円を超えたという、単純かつ破壊的な馬券術(詳しくは『短縮×逆ショッカー(ガイドワークス刊)』を参照のこと)。ペースが緩いレースや単調なレースの場合は、短縮ショッカーより効果的になる。※サンプル30以下の場合は数字の色を薄く表記。

6 オプション

競走馬は、前走の記憶やリズムを肉体に刻んでおり、同じ条件でも走ったり走らなかったりする。そこで走りやすいパターンを示したのがオプション。アルファベット順でAが最もその条件の適性が高くなる。

種牡馬毎のオプションと、現役馬個別のオプションがあるが、本書には種牡馬のオプションを掲載。

■短縮

前走からの距離短縮を好むタイプ。C系(集中力)の馬に付きやすい。

■延長

前走からの距離延長を得意とするタイプに付く。L系につきやすい。

■内枠

内枠での競馬を好む馬に付く。

■外枠

外枠を好む馬に付く。主にM3タイプのL系(淡泊さ)の馬に付くことが多い。

■巻き返し

惨敗からの巻き返し力のこと。

■広い馬場

東京や京都、阪神、新潟外回りなど

の広い馬場向きの馬に付く。主に淡泊さを持つL系の馬に付くことが多い。

■特殊馬場

極端に速かったり、重かったり、硬かったり、通常と違う馬場を好む馬に付く。

■硬い馬場

開幕の高速芝やダートの不良馬場など、下の硬い馬場向き。

■重馬場

重馬場向き。

■多頭数

15頭程度以上の多頭数での競馬を好むタイプの馬に付く。M3タイプでC系(集中力)の馬に付くことが多い。

■少頭数

11頭程度までの少頭数での競馬を好む馬に付く。主にM3タイプのL系(淡泊さ)の馬に付きやすい。

■坂

坂のある中山や阪神などのコースに向いているタイプ。

■休み明け

レース間隔を開け、リフレッシュするとよい馬に付く。

■間隔詰める

レース間隔を詰めて使う方が良い馬に付く。

■アップ

自分より強い相手には頑張るタイプ。例えば、格上挑戦で激走するような馬。逆が「ダウン」。

■ダウン

ダウンを示す。アップの逆で、弱い相手には頑張るタイプ。淡泊さを持つL系の馬にその傾向がよく表れている。

■ダートから芝替わり

ダートから芝のショックの効果を表す。

■芝からダート替わり

芝からダートのショックの効果を表す。

⑦テン3Fラップ前走比

テン3Fが前走よりも0.5秒以上速くなった時の成績を牡馬と牝馬で比較したもの(芝かダートは種牡馬による)。詳しくはあとがきを参照。※サンプル30以下の場合は数字の色を薄く表記。逆ショッカーとこの数値は集計期間が本文より3ヶ月程度早い。

Mの法則 用語集

Mの法則

20世紀末に登場した、サラブレッドの心身状態を分析した理論。サラブレッドは競馬という閉じられたシステムで走っている為(中央競馬の場合なら、更にその中のＪＲＡというシステム)、人間以上に強いストレスを抱えて走っている。そのストレスが強いと凡走するというのが基本概念。ストレスがどのように発生し、そしてストレスからどのようにしたら解放されるのかのメカニズムを、馬のタイプに応じて分析している。

ストレス

接戦後や、自分と同路線の馬が多くいるレースに出走すると溜まりやすい。人間同様、競走馬もストレスが溜まれば体調もよくなく、走れなくなる。同レベルの相手に極端な脚質で連対した場合や、同じ路線の相手と接戦したりするとストレスはきつく残る。ストレスは鮮度を得ると緩和される。ストレスには、レース間隔の短い直近のストレスなどの短期ストレス、ここ数戦に渡る中期ストレス、生涯において影響する長期ストレスがある。ストレスはダートや短距離、若い時期においては影響が少ない。また超高速や極端な道悪、超スローなど特殊レースの方が単純ストレスは影響しにくくなる。

鮮度

馬の状態がフレッシュであること。休み明けや条件替わり(距離路線、中央⇔海外、中央⇔地方、芝⇔ダート、牝馬限定戦⇔混合戦、3歳限定戦⇔古馬混合戦など、中央所属の馬なら自分の走っているＪＲＡにおけるカテゴリーと異なるレース)、メンバー替わり、格上げ戦などを走ったり、位置取りショックなどのショックを掛けることや凡走などで、一時的に鮮度は上がる。競走生涯でその条件、クラスの経験が少ない馬を、「生涯鮮度が高い」などと表現する。同じオープンでも、OP特別と重賞はカテゴリーが異なり、重賞でもＧⅠはＧⅡやＧⅢとはカテゴリーが異なる。例えば重賞経験が豊富でも初ＧⅠの場合は、「ＧⅠ鮮度が高い」とされる。

カテゴリーストレス

同じカテゴリーで出走し続けていると溜まるストレスを特別に「カテゴリーストレス」と呼ぶ。好走が多かったり、出走期間が詰まっていると余計に溜まりやすい。カテゴリーの移動を、「ステージの変化」と表現することもある。

量

その馬の気の良さを決める。つまり量が多いと延長に対応したり、惨敗から平気で巻き返したり、間隔を開けても好走できたりする。主にＬ系が持つ性質で、量のないＬ系は本当に弱い馬になるので注意だ。また体力とは違う。体力は文字通り体力で、量は苦しい状況を走り抜くというような効果は与えない。

体力

体力があると、強引な競馬が出来るし重などのパワーのいる状況にも強くなる。ただ延長などの適性を上げるわけではなく、例えばハイペースのマイルなど、タフな状況での走りを助ける効果になる。

ショック療法(位置取りショックなど)

馬に前走とは違う種類の刺激(距離変更や位置取り、馬場替わり)などを与えて、ストレス状態から解き放ち、激走させるもの。ただ劇薬なので、失敗すると逆効果で惨敗する。その馬のタイプにあったショックが必要になる。馬は前走より気持ちよく走ると好走し、辛く感じると凡走するので、その馬が気持ちよく走れるようにショックを掛けてやるのが基本。ショック成功後の反動も怖い。

■位置取りショック
道中の位置取りを変えることで、馬に刺激を与えるMのショック療法のひとつ。前走先行から今回差し、あるいはその逆など。特に前走逃げられなかった馬が今回逃げるショックを、「逃げられなかった逃げ馬」と呼び、圧倒的な回収率を叩き出す。逃げ馬の回収率は競馬においてどの条件でもかなり高いが、その回収率を支えているのは、この「逃げられなかった逃げ馬」になる。馬は前走より気持ちよく走ると激走するので、前走と違って前に馬がいない先頭を走るという体験は、極めて効果的になるわけだ。前走逃げていた逃げ馬を買ったところで、回収率はほとんど上がらない。

■距離変更ショック
前走より長い距離を走ることを延長、短い距離を走ることを短縮と言う。この2つを総称して距離変更ショックと呼ぶ。前走と同じ距離は同距離。

■ダートから芝
Mのショック療法のひとつ。前走で砂の飛び散るダートを走らせ、今走芝を走るステップ。前走の辛い経験から、芝で気持ちよく走らせることにより、激走させることを目的とする。超ハイペースや重などで決まりやすい。その逆の芝からダートもある。また、芝→ダート→芝とバウンド式を加えるとなお良い。

■バウンド式
Mのショック療法のひとつ。2走前（ないし3走前）に今回と似たような条件を走らせ、馬に今回のショックに対し、慣れと安心感を与える臨戦過程。

短縮ショッカー

「前走で今走より長い距離を走っている」、「前走3角5番手以内の競馬」、「今走距離以下での連対歴あり」、「7ヶ月以内に今走が芝なら芝を、ダートならダートを走ったことがある」。これらの条件を満たした馬を「短縮ショッカー」と呼び、馬券界に旋風を巻き起こした作戦。簡単でありながら高い回収率を誇る。

グローバルリズム（GR）

競走馬がその生涯に通じて持つ、長期的な好凡走のリズム。種牡馬ごとに特徴がある。

根幹距離

マイル（1600m）を中心とした、400mの倍数で構成される1200m、1600m、2000mなどのこと。日本のチャンピオンシップのほとんどが、この根幹距離で行われる。レベルの高いタフなレースでは総合的な強さを知る指針ともなるが、レベルの低いレースでは、むしろ最も走りやすく設定されている距離なので、揉まれ弱い、単調な馬に有利になりやすい。もともと競馬用語だが、Mの法則が90年代に馬券理論に初めて本格的に組み入れた後、その当時のゲームにも採用されて取り上げられる機会が一気に増えた。

根幹距離以外の距離は「非根幹距離」になる。

単勝爆弾

人気馬が勝つ可能性が低いか、期待値が低いレースにおいて、他の勝つ可能性のある馬の単勝を何点か、絨毯爆撃のように買う戦法。パターンとしては、①上位人気馬4、5頭が全馬怪しいときに、人気薄の単勝を何点も買う。②人気馬の数頭が怪しく、買いたい馬が何頭かいる場合に、その何頭かの単勝を買う。③その日の馬場だけがわかっていて、人気馬がその馬場には向かないとき、その馬場に合う馬の単勝を何点か自動的に買うという3つが基本。

ダーレーアラビアン（1700）

エクリプス（1764）

ファラリス（1913）

ナスルーラ系

●ナスルーラ系
●グレイソヴリン系
ジャングルポケット
トーセンジョーダン
●ネヴァーベンド系
ミルリーフ

●ボールドルーラー系
シアトルスルー
ボストンハーバー
●レッドゴッド系
ブラッシンググルーム
バゴ 232

●プリンスリーギフト系
ビッグアーサー 238
●エーピーインディ系
シニスターミニスター 124
パイロ 224
マジェスティックウォリアー 272

ネイティヴダンサー系

●ネイティヴダンサー系
●レイズアネイティヴ系

ミスプロ系

●ミスプロ系
エンパイアメーカー
バトルプラン
マクフィ 266
モンテロッソ
ニューイヤーズデイ 346
American Pharoah
●キングマンボ系
キングズベスト
キングカメハメハ 082
エイシンフラッシュ
ルーラーシップ 318
ロードカナロア 324
ホッコータルマエ 254
ドゥラメンテ 182
リオンディーズ 310
レイデオロ 346
●フォーティナイナー系
サウスヴィグラス 114
スウェプトオーヴァーボード
アドマイヤムーン
アイルハヴアナザー

ターントゥ系

●ターントゥ系
●ハビタット系
●ヘイロー系
●ロベルト系
スクリーンヒーロー 146
エピファネイア 038
モーリス 284

サンデー系

●サンデー系
サンデーサイレンス
●Tサンデー系
ステイゴールド
マンハッタンカフェ
ハーツクライ 200
ヴィクトワールピサ 030
オルフェーヴル 046
ゴールドシップ 098
キタサンブラック 074
シュヴァルグラン 346

スワーヴリチャード 346
●Pサンデー系
ダイワメジャー 154
キンシャサノキセキ 090
マツリダゴッホ
ジャスタウェイ 132
イスラボニータ 026
●Lサンデー系
ブラックタイド
●Dサンデー系
ゴールドアリュール

エスポワールシチー
スマートファルコン
コパノリッキー 108
●ディープ系
ディープインパクト 164
リアルインパクト 296
キズナ 060
ミッキーアイル 278
リアルスティール 302
シルバーステート 140
サトノダイヤモンド

血統ビーム 大系統・小系統の分類

本書では大系統を11通りに、
そこからさらに小系統として46通りに分類しています。
系統順に読み進めると系統の能力伝達が理解しやすくなります。

バイアリーターク（1680）

ヘロド系

- ●ヘロド系
- ●マイバブー系
  メジロマックイーン

ゴドルフィンアラビアン（1724）

マッチェム系

- ●マッチェム系
  カルストンライトオ

ハンプトン系

- ●ハンプトン系
- ●ハイペリオン系
- ●ファイントップ系
  ディクタス
  サッカーボーイ

セントサイモン系

- ●セントサイモン系
- ●ヒンドスタン系
- ●リボー系

ノーザンダンサー系

- ●ノーザンダンサー系
  サトノクラウン 118
- ●ヴァイスリージェント系
  クロフネ
  マインドユアビスケッツ 260
- ●サドラーズウェルズ系
- ●ストームバード系
  ヘニーヒューズ 246
  ディスクリートキャット 174
  アジアエクスプレス 018
  ドレフォン 192
  ブリックスアンドモルタル 346
- ●ダンチヒ系
  ハービンジャー 216
- ●ニジンスキー系
- ●ヌレイエフ系
- ●ノーザンテースト系
- ●リファール系

マイナー系

- ●マイナー系
  ダノンレジェンド 160
- ●スターリング系
- ●ストックウェル系
- ●ニアークティック系
  トランセンド
- ●ダマスカス系
  オジジアン
- ●フェアウェイ系

大系統、小系統、国別タイプの確認には スマート出馬表がオススメです

https://www.smartrc.jp/v3/

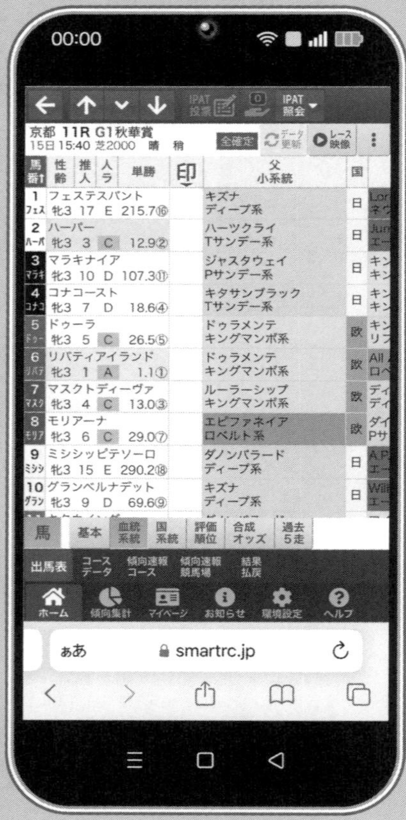

主な機能

- 推定人気
- 人気ランク
- 系統カラーリング
- 国別カラーリング
- 異種経験／異種実績
- ローテーション
- テン1ハロン
- テン評価（タイム&パターン）
- 上がり評価（タイム&パターン）
- コースランキング（CR）
- ダートシェア
- 1400m以下シェア
- 双馬メモ
- TB（トラックバイアス）
- レース評価
- 合成オッズ

本編

競走馬と血統の本質を語る

五十音順

本文は「亀谷競馬サロン」の連載コラム
「今井雅宏×亀谷敬正 ～トレンド種牡馬トーク～」に加筆・修正したものです。

アジアエクスプレス

大系統　ノーザンダンサー系
小系統　ストームバード系

適性遺伝　主張型

*ヘニーヒューズ Henny Hughes 栗　2003	*ヘネシー Hennessy	Storm Cat	父小系統（父国タイプ） ストームバード系（米）
		Island Kitty	
	Meadow Flyer	Meadowlake	父母父小系統 セントサイモン系（米）
		Shortley	
*ランニングボブキャッツ Running Bobcats 鹿　2002	Running Stag	Cozzene	母父小系統 グレイソヴリン系（米）
		Fruhlingstag	
	Backatem	Notebook	母母父小系統 ボールドルーラー系（米）
		Deputy's Mistress	

M3タイプ

S	SL S(CL)

要素

S	C	L	鮮度要求率	逆ショッカー
5	3	1	2	101.3 (ダート)

オプション

短縮	延長	内枠	外枠	巻き返し	広い馬場	特殊馬場	硬い馬場	重馬場
C	B	A	C	B	B	C	C	C

多頭数	少頭数	坂	休み明け	間隔詰め	アップ	ダウン	芝替わり	ダ替わり
B	B	B	D	C	C	C	C	A

テン3Fラップ前走比

テン3F	複勝率	単回収	複回収
0.5秒速い牡馬（ダート）	0.258	57.3	73.1
0.5秒速い牝馬（ダート）	0.183	27.7	50.0

代表産駒　ワールドタキオン、メディーヴァル、ボイラーハウス、ソロユニット、ラルフ、ノーリス、キミワテル、ホワイトガーベラ、ガリバーストームなど

2023/02/08掲載　本質分析①

ダート短距離戦で狙えるパターンと逆張りできるパターン

亀谷　基本的に、アジアエクスプレス産駒は短距離ダート向きになりますね。

今井　まとまっているタイプの短距離ダート系になるかな。ヘニーヒューズもまとまっているけど、体力面ではややアジアエクスプレスの方が弱い。その分、スピードが特徴になっている訳だけど。

亀谷　データで見ても、1400mを超えると急に単勝回収率が落ちて、特に1600m以上だと30％くらいですね。2～3着に人気薄が走って複勝回収率はそこそこありますが、勝ち切るとなるとやっぱり短距離ですね。

今井　短距離だと1000m、1150m、1300mが余裕で単勝回収率100％を超えて、複勝回収率も高いよね。非根幹距離でよく走ってる。

亀谷　1150mとか1300mとか、非根幹距離の中でもかなり特殊な距離で走っていますね（※根幹距離についてはキズナの項を参照）。

今井　まさに非根幹距離の中の非根幹距離だよね～（笑）。それなりにしぶとさもあって、ごまかして雪崩れ込むみたいな競馬が得意なんだよね。Mでは「量がない」というんだけど、そういうタイプは非根幹距離が得意なケースが多くなりやすいよ。

亀谷　それと仕上がり早というのも特徴になります。2歳戦から走れますので、回収率的にも2歳が一番高くなっていて、年齢を重ねるにつれて落ちていますよ。ヘニーヒューズ同様、使われて上昇するというパターンがあまりないです。

前走2～3着馬の単勝回収率が60％未満ですから、徐々に調子を上げて勝ち切るパターンが少なく、好走後に人気になった場合は逆張りで利用することが多い種牡馬です。

今井　ただヘニーヒューズもそうなんだけど、短距離のスピードタイプにしては真面目なところがあって、ある程度スピード慣れした方が向く面があるんだ。普通、ダートの短距離血統は闘う意欲（S質）

が強いんで、必然的に気持ちをコントロールしやすい短縮適性が高くなるものだけど、アジアエクスプレスはそうでもないよ。
亀谷　短縮も延長も、データ的にそんなに差はないですね。
今井　特に芝スタートの短縮はあまり合わないんで、短距離ダートは芝スタートが多いのもマイナス面になる。あと短縮だと内目の枠もそんなに合わない。追走に苦労しちゃうんだよね。

アジアエクスプレス産駒　ダート短縮時の枠番別成績

枠番	勝率	複勝率	単回収	複回収
1枠	0.000	0.118	0	27
2枠	0.042	0.125	92	37
3枠	0.037	0.222	18	41
4枠	0.059	0.118	15	25
5枠	0.050	0.200	25	108
6枠	0.103	0.310	84	165
7枠	0.063	0.313	86	120
8枠	0.037	0.148	11	36

※本文中の表は連載当時の集計データを使用しています。

亀谷　データだと4枠以内の短縮は、どの枠も複勝回収率で50％もないですね。
今井　5～7枠は全部100％を超えてるのにね。慣れてないスピードで自分のペースを守れないと嫌がる。ただ内枠が苦手かというとそうでもなくて、同距離や延長だと1枠の成績も良いんだ。ペース慣れして、道中少しでも脚をタメられる場面があると馬群を割ってこられるしぶとさがあるんだよね。

アジアエクスプレス産駒　ダート戦の枠番別成績

枠番	勝率	複勝率	単回収	複回収
1枠	0.099	0.277	111	91
2枠	0.038	0.282	34	75
3枠	0.037	0.243	14	88
4枠	0.064	0.191	50	53
5枠	0.088	0.263	67	83
6枠	0.092	0.246	119	80
7枠	0.079	0.237	48	74
8枠	0.076	0.195	87	50

だからクラスが上がって絶対スピードで押し切れなくなってきたら、スピード慣れしてから好位のポケットで我慢して、しぶとさを活かせる展開に持ち込んだ方がより面白い。

特に上級条件では、メディーヴァルとかキミワテルみたいに、逃げ一辺倒でなくて、何かに行かせてそれを目標に馬群で我慢出来るように上手くモデルチェンジ出来た馬の方が、生き残りやすいよ。

亀谷　実際、昇級戦の成績もあんまり良くないですしね。スピード慣れがあまり必要のない1800mの昇級戦は結構走ってますが。それとペース慣れの面では、前走逃げていた馬はイマイチですね。前走逃げて3着以内の馬はまだ2勝しかしてませんから。下のクラスで楽に逃げて勝った後の昇級戦だと戸惑うんでしょうね。これも馬券的には逆張りで使いやすいパターンになりますよ。

今井　どんな種牡馬でも基本そうなんだけど、自分の距離の限界に近づくと単調な競馬になるからね。1700m以上はほとんど逃げ先行、捲りといった極端な競馬でしか走ってないよ。特に距離が延びると位置取りショックで気分転換させる形が嵌まりやすくなるんで、中距離で逃げて好走した後だと乗りにくくなっちゃう。それとパワーがあって坂を苦にしないんで、中山とか阪神で急坂があると面白いね。

亀谷　上がり勝負にならない条件向きですね。

格言

1 前走2〜3着好走の人気馬は逆張りで

2 短縮は外枠、
ペース慣れしたら内枠に妙味

3 逃げて好走後は危ない

2023/03/01掲載　的中例①

前走逃げて4着のアジアエクスプレス産駒が格言通りに断然人気で凡走!!

今井　先週は日曜の阪神3R(ダート1400m)で馬単70倍を◎○の本線で当てて、3連単万馬券も当てたんだけど、今までの話が全部詰まった、まさに実用編にピッタリのレースだったよ。

競馬放送局で公開した今井雅宏の準推奨レース

阪神3R
15番ライジン 6点 芝からダート。外から揉まれずスムーズならパワー活きて。
6番マンティコア 5.5点 芝からダート。ペース上がればパワー活きて。
あとは14番、5番、3番、4番、1番

※準推奨レースは本命と対抗（この場合は15番が◎、6番が○）のみコメント付き。
3番手以下は評価順で記載。

亀谷　ボクも獲りましたよ(笑)。以前話題にした芝からの馬を狙う作戦ですよね。芝からダートのワンツーでした。2頭ともダートを走る血統なのは常識レベルですが、このレースのポイントは1〜3人気がすべて連対を外したことですね。

今井　断然人気のラピッドベルとかね。

亀谷　ただ対抗にはしちゃいました(笑)。これも情けない対抗だったと大いに反省しています。アジアエクスプレスは基本逆張りが正解という解説通りの結果ではありました。

今井　『逃げて好走後は危ない』って格言を亀谷君が言ってたじゃん(笑)。確かにアジアエクスプレスは先行力が安定しないぶん危うさはあるよね。ただステップが良かったから崩れるとも思わなかったんで、対抗も考えたけどあの話もあって思いとどまったよ。

亀谷　ボクより特徴を使いこなしているじゃないですか(笑)。やっぱりメモが必要ですね〜。それと2着馬はキンシャサノキセキの内枠ですよね。「ダートは揉まれても大丈夫」という解説にもハマりました。

今井　前走が芝だからキンシャサノキセキのときに解説した、「前走より忙しい流れだと馬群に対応出来なくなる」という心配が少な

2023年2月26日 阪神3R
3歳未勝利　ダ1400m稍重 15頭立て

着	馬名	父	母父	前走	人気
1	8⑮ライジン	Speightstown	Kitten's Joy	中京芝1400・9着	4
2	4⑥マンティコア	キンシャサノキセキ	Sky Mesa	阪神芝1600・11着	5
3	3⑤モカラエース	ヤマカツエース	シニスターミニスター	中京ダ1400・6着	2
4	6⑩ゴールドスピーダー	ホッコータルマエ	フジキセキ	川崎ダ1400・2着	8
5	3④アグネスシュウ	ドレフォン	ゼンノロブロイ	阪神ダ1400・2着	6
6	2②レッツゴーローズ	シニスターミニスター	キングカメハメハ	小倉ダ1700・15着	9
7	5⑧カネトシストーム	リオンディーズ	Swain	小倉ダ1700・13着	15
8	7⑫ナムラダニー	ヴィクトワールピサ	ディープインパクト		13
9	4⑦レブロン	ダノンバラード	プリサイスエンド	中京芝2200・12着	10
10	7⑬テイエムネイア	エピファネイア	サムライハート	阪神ダ1800・10着	11
11	8⑭ラピッドベル	アジアエクスプレス	コマンズ	東京ダ1600・4着	1
12	2③ノイアーターク	ロードカナロア	Dabirsim	中京ダ1800・8着	3
13	1①マカーリオ	イスラボニータ	チチカステナンゴ	小倉ダ1700・4着	7
14	6⑪フェスティヴビップ	ロードカナロア	ディープインパクト	東京ダ1400・13着	12
15	5⑨ケイアイマゴラ	タリスマニック	ステイゴールド		14

単勝650円　複勝220円 280円 160円　枠連800円　馬連3,280円
ワイド1,280円 610円 570円　馬単7,070円　三連複5,480円　三連単27,530円

いんで、馬群を割れるパターンだったね。

亀谷　そうなんですよね～。逆に前走よりペースアップした場合の内枠は危ない。この特徴もメモしておかないと(笑)。

買い条件・消し条件

ダート1150m、1300m（特に牝馬）

買い条件 1

ダート距離別成績　全体と牝馬

距離	着別度数	勝率	複勝率	単回収	複回収	牝馬 単回収	牝馬 複回収
1000m	3-5-4-36/48	0.063	0.250	92	91	117	79
1150m	5-5-3-32/45	0.111	0.289	169	135	227	186
1200m	24-31-25-272/352	0.068	0.227	64	62	24	51
1300m	5-1-0-18/24	0.208	0.250	252	173	499	124
1400m	17-26-20-173/236	0.072	0.267	47	67	54	59
1600m	6-6-6-72/90	0.067	0.200	47	46	0	5
1700m	4-8-10-85/107	0.037	0.206	39	72	0	59

非根幹距離やローカルで強いが、特に牝馬はその傾向が顕著。

ダート延長の1～3枠、ローカル・ダート短縮の5～7枠

買い条件 2

ダート延長の枠番別成績とローカル限定の短縮

枠番	着別度数	勝率	複勝率	単回収	複回収	ローカル短縮 単回収	ローカル短縮 複回収
1枠	3-3-2-22/30	0.100	0.267	37	128	0	0
2枠	0-3-4-22/29	0.000	0.241	0	73	130	27
3枠	3-4-3-28/38	0.079	0.263	133	160	0	53
4枠	0-0-2-24/26	0.000	0.077	0	35	20	97
5枠	5-0-3-27/35	0.143	0.229	64	52	0	172
6枠	2-2-2-32/38	0.053	0.158	85	34	83	182
7枠	0-4-0-33/37	0.000	0.108	0	31	188	154
8枠	3-0-1-33/37	0.081	0.108	221	52	8	37

延長だと体力を補える内目は安定感がある。逆に短縮は忙しすぎない程度のやや外目の枠は狙い目で特にローカルはその傾向が顕著。ただスピード的にヒモ穴が多い。

前走逃げた馬（3角1番手）のダート昇級戦

消し条件 1

ダート昇級戦　前走3角位置別成績

前走3角	着別度数	勝率	複勝率	単回収	複回収
全体	13-9-2-57/81	0.160	0.296	83	62
1番手	2-3-0-16/21	0.095	0.238	24	31
2番手	4-1-0-12/17	0.235	0.294	207	79
3番手	4-1-2-5/12	0.333	0.583	101	117
4～5番手	0-1-0-9/10	0.000	0.100	0	32
6～9番手	2-2-0-5/9	0.222	0.444	94	85
10番手以下	1-1-0-10/12	0.083	0.167	52	44

昇級戦は複勝回収率62％と低調だが、前走逃げていた馬は特に成績が悪い。

※買い条件・消し条件の集計期間は、産駒デビューから2023年10月まで。

イスラボニータ

大系統	サンデー系
小系統	Pサンデー系

適性遺伝 **主張型**

フジキセキ 青鹿　1992	*サンデーサイレンス SundaySilence	Halo	父小系統（父国タイプ）Pサンデー系（日）
		Wishing Well	
	*ミルレーサー Millracer	Le Fabuleux	父母父小系統 セントサイモン系（欧）
		Marston's Mill	
*イスラコジーン Isla Cozzene 鹿　2002	Cozzene	Caro	母父小系統 グレイソヴリン系（欧）
		Ride the Trails	
	Isla Mujeres	Crafty Prospector	母母父小系統 ミスプロ系（米）
		Lido Isle	

In Reality 4×5

M3タイプ

C　CL(S)　S(CL)

要素

S	C	L	鮮度要求率	逆ショッカー
4	4	1	2	99.7（芝）

オプション

短縮	延長	内枠	外枠	巻き返し	広い馬場	特殊馬場	硬い馬場	重馬場
C	B	A	D	C	C	C	C	B

多頭数	少頭数	坂	休み明け	間隔詰め	アップ	ダウン	芝替わり	ダ替わり
C	C	B	B	B	B	B	D	D

テン3Fラップ前走比

テン3F	複勝率	単回収	複回収
0.5秒速い牡馬（芝）	0.319	61.4	75.4
0.5秒速い牝馬（芝）	0.192	40.3	51.5

代表産駒 プルパレイ、バトルクライ、コスタボニータ、オメガリッチマン、ヤマニンサルバム、アルーリングビュー、ミカッテヨンデイイ、ニシノレバンテなど

2023/02/22 掲載　本質分析①

芝とダートを枠順とローテで考える

亀谷　イスラボニータは結構ややこしい種牡馬ですよね。

今井　そうなんだよね〜。予想で痛い目にも合ってるんだ。1月の京成杯でオメガリッチマンが2着に激走したでしょう？

亀谷　あのときは単勝万馬券の最低人気での激走でしたよね。

今井　僕は7番人気のサヴォーナ（4着）が本命で、あの馬が激走してなければ3連複が本線的中だったんだ。完全にやられちゃったわけだけど、それで反省してもう一度、しっかりイスラボニータを分析してみたんだよね。

亀谷　何か面白い特徴でもありましたか？

今井　簡単に言うと、やっぱりフジキセキに近いよね。フジキセキより挙動が重いけど。

亀谷　確かにそれはありますね。内枠でよく走ったりしますし。プルパレイのファルコンS勝ちが18頭立ての最内枠で、京成杯のオメガリッチマンも内枠でした。芝のデータを見ても特に2～3枠の好走率が高いですよ。それに比べて6～7枠はかなり勝率が低いです。

今井　ある程度集中して走るタイプで、外枠で馬群に入れない形だと集中しにくいんだよね。道悪とかで走りにくい状況なら外枠でも道中で気持ちが切れにくくなるんだけど。

亀谷　芝とダートを似たように走るのもお父さんのフジキセキに近いですよね。イスラボニータは、更にマイル寄りの感じですが。ダートだとやはり同じフジキセキ産駒のカネヒキリやキンシャサノキセキにも似ているところがありますよ。ダート馬にしては内枠をこなすところとかも。

今井　混戦でしぶといんだけど、短縮は案外間に合わないで2～3着も多いんだ。特に短距離だとハイペースや道悪とかの消耗戦にならないと、アタマよりヒモ穴狙いの方が面白いよ。芝の短縮1200mは2勝してるけど、それが前半33.2秒と33.1秒という超ハイペースのレースだったしね。

イスラボニータ産駒　芝のローテ別成績

トラック	ローテ	勝率	複勝率	単回収	複回収
芝	短縮	0.080	0.293	66	106
	延長	0.097	0.204	188	86

亀谷　芝の短縮は複勝回収率で100％を超えていますが、単勝はそこまででもないですよね。勝率だと延長の方が上になってますし。

今井　延長になると余計に自慢の集中力が切れにくい馬群に入れられる内枠とか、重い馬場が向いてくるよ。

亀谷　ダートになると、短縮は全く成績が良くないですね。複勝回収率で27％しかないですよ。延長は100％超えてますが。これもキンシャサノキセキと同じで、前走より速い流れを追走する競馬がそんなには合わないんでしょう。

イスラボニータ産駒　ダートのローテ別成績

トラック	ローテ	勝率	複勝率	単回収	複回収
ダート	短縮	0.028	0.155	14	27
	延長	0.067	0.167	58	112

今井　ダートは特にゆったりと追走して、脚を矯めて差す形が合うよね。だから短縮もそうだけど、忙しいローカルもあんまり合わない。

亀谷　ダートは中央開催が複勝回収率で86％あるのに、ローカルは27％ですから、相当の差がありますね。

今井　それでいて馬群は苦にしないから面白いよ。中山はパワーがあって坂も苦にしないのと、ローカルほど忙しくもないから、芝も

格言

1. 芝は内枠や外枠なら道悪で集中させる形で怖い
2. ダートは短縮やローカルだと忙しくて善戦止まりが多い
3. パワーがあって馬群をこなすので中山が向く

ダートもよく走ってるし。

亀谷　東京も結構走ってますね。

今井　それと叩かれながら集中するんで間隔を詰めても大丈夫なんだけど、一度気持ちが切れると、リフレッシュしないとなかなか立ち直れないんだよね。

買い条件・消し条件

芝の1～3枠（牡馬は良馬場限定）

買い条件 1

芝良馬場の枠番別成績と牝馬限定（馬場不問）の成績

枠番	着別度数	勝率	複勝率	単回収	複回収	牝馬（馬場不問）単回収	牝馬（馬場不問）複回収
1枠	3-8-4-44/59	0.051	0.254	96	117	120	165
2枠	9-5-9-59/82	0.110	0.280	76	66	104	77
3枠	8-5-7-26/46	0.174	0.435	271	146	156	123
4枠	6-4-3-49/62	0.097	0.210	59	45	27	69
5枠	6-6-2-42/56	0.107	0.250	83	73	120	55
6枠	1-6-8-57/72	0.014	0.208	3	34	0	50
7枠	3-4-9-53/69	0.043	0.232	35	71	3	35
8枠	5-1-4-54/64	0.078	0.156	63	29	112	54

道悪だと外枠でも気持ちを持続しやすいが、良馬場なら内枠が断然。牝馬は馬場問わず内目でしぶとさを活かしたい。

牝馬の芝短縮

買い条件 2

芝　前走距離別成績

性	ローテ	着別度数	勝率	複勝率	単回収	複回収
牡馬	延長	11-14-8-114/147	0.075	0.224	126	114
	短縮	8-16-7-123/154	0.052	0.201	39	50
牝馬	延長	6-4-4-92/106	0.057	0.132	89	54
	短縮	10-4-11-75/100	0.100	0.250	114	91

牝馬は体力不足を補えてしぶとさも活かせる短縮が合う。牡馬は心身が硬い産駒も多く、延長の穴が面白い。

ヴィクトワールピサ

大系統	サンデー系
小系統	Tサンデー系

適性遺伝	主張型

ネオユニヴァース 鹿　2000	*サンデーサイレンス Sunday Silence	Halo	父小系統（父国タイプ） Dサンデー系（日）
		Wishing Well	
	*ポインテッドパス Pointed Path	Kris	父母父小系統 ネイティヴダンサー系（欧）
		Silken Way	
*ホワイトウォーターアフェア Whitewater Affair 栗　1993	Machiavellian	Mr. Prospector	母父小系統 ミスプロ系（欧）
		Coup de Folie	
	Much Too Risky	Bustino	母母父小系統 スターリング系（欧）
		Short Rations	

Halo 3×4

M3タイプ

M　S（LC）　LC（S）

要素

S	C	L	鮮度要求率	逆ショッカー
4	4	3	3	95.7（芝）

オプション

短縮	延長	内枠	外枠	巻き返し	広い馬場	特殊馬場	硬い馬場	重馬場
B	C	A	B	C	B	B	C	D

多頭数	少頭数	坂	休み明け	間隔詰め	アップ	ダウン	芝替わり	ダ替わり
C	C	B	C	C	D	B	C	C

テン3Fラップ前走比

テン3F	複勝率	単回収	複回収
0.5秒速い牡馬（芝）	0.282	98.5	92.3
0.5秒速い牝馬（芝）	0.228	80.4	63.7

代表産駒　ジュエラー、スカーレットカラー、パールコード、アサマノイタズラ、ウィクトーリア、レッドアネモス、ブレイキングドーン、コウソクストレートなど

2023/03/08掲載　本質分析①

馬券の鍵は前走比較と枠順!

亀谷　サンデー系でもディープインパクト、ハーツクライは直線スピード型ですが、ヴィクトワールピサは自身の父ネオユニヴァースに近い馬力型になりますね。

今井　1800mとかハマってきやすいよね。

亀谷　軽さもあるので、ハーツクライとネオユニヴァースの中間的な感じですよね。キタサンブラック、ブラックタイドなんかと比べても、もう少し軽さがあります。

今井　M的には戦う意欲(S質)がアンバランスに強いのが特徴になるよ。そのぶん、精神コントロールは難しい。そういったタイプは、前半が前走より速いと集中しやすいんだ。

亀谷　例の前走との比較ラップでも、そうなっていますか?

今井　昨年出したデータだと、前走より前半が0.5秒速いと単勝回収率94.4%、遅いと84.2%で、複勝回収率になると更に差が付くよ。それと前走から脚質をチェンジする位置取りショックも合うんだ。

亀谷　ペースアップも位置取りショックも、追走ペースを前走からチェンジさせる効果が期待できますよね。精神リズムを整えやすくなって。

今井　集中力が一時的に切れにくくなるからね。フォルコメンがダービー卿CTを12番人気2着した時が、前走2番手から今回14番手、リゲルS・3着時が前走8番手から今回2番手だったように。

亀谷　直近の好走レースは、両方とも脚質変更だったわけですね。

フォルコメンの戦績(2022年2月～2022年12月)

日付	レース名	コース	人気	着順	着差	位置取り
2022/12/10	リゲルS(L)	阪神芝1600良	2	3	0.1	2-2
2022/10/2	ポートアイランドS(L)	中京芝1600良	2	7	0.6	8-8-8
2022/7/10	七夕賞(G3)	福島芝2000良	7	10	1.3	3-3-2-2
2022/4/2	ダービー卿CT(G3)	中山芝1600良	12	2	0.0	14-14-11
2022/2/12	洛陽S(L)	阪神芝1600良	13	4	0.5	2-2

ヴィクトワールピサ

今井　スカーレットカラーが引退前に馬券圏内に入った3戦も、全て前走より3角の位置取りが4つ以上下がってたよ。特にキャリアを重ねた馬は、ペースアップや位置取りショックなどの前走からの刺激があると激走確率は上がる。ただ、気持ちで走る部分も大きいんで反動は出やすいけど。

亀谷　そういった不安定さがあるので好走凡走が繰り返しやすく、○×のリズムが多いですよね。ちょうどオーシャンSで15番人気2着のディヴィナシオンなんかもそうでした。

今井　気持ちで休み明けは走るけど、叩き2戦目はかなり悪いよね。

亀谷　そうなんです。そして叩き3戦目になると、また上がる。叩き2戦目の単勝回収率が50％で、3戦目が124％ですから、かなりの落差ですよ。反動もあるのでしょうが、陣営も影響してるのでしょうね。あまりメジャーな厩舎には入らないので、反動が出やすくなるわけで。

今井　なるほど、それは面白いね。

亀谷　ただ漫然と使ってると反動って出やすいじゃないですか。次のレースまで計算してきっちり使うと出にくいですけど。

今井　GIクラスとかなら、余力を残して慎重に使うぶんほとんど2走ボケはしないもんね。そのクラスだと、走ることへの知性の高い馬も多いし。そういう面で、ヴィクトワールピサは愚直なわけだけど(笑)。それとコントロールの難しいタイプだから、内の馬群で折り合わせる形も向くよ。

亀谷　芝の1～2枠は余裕で単勝回収率100％を超えてますよね。ディヴィナシオンも勝ってはいませんが、最内枠での激走でした。

今井　MのS質がきついタイプは極端なレース質を好むんで、大外の8枠も穴が出るから注意だけど。

ヴィクトワールピサ産駒　芝の枠順別成績

枠番	勝率	複勝率	単回収	複回収
1枠	0.088	0.230	117	93
2枠	0.120	0.240	186	73
3枠	0.076	0.254	51	76
4枠	0.075	0.253	78	74
5枠	0.065	0.242	71	79
6枠	0.064	0.194	78	55
7枠	0.048	0.210	37	68
8枠	0.080	0.209	124	88

亀谷　クラス別では新馬戦でやけに穴を開けますよね。これも気性ですよね。

今井　休み明けも走るし、気の良さや強さがあるね。

亀谷　これも陣営が関係していると思いますよ。産駒は地味な育成、調教師が多いので、新馬では人気になりにくく穴が出る。新馬戦の回収率も社台とノーザンファーム以外だと、更にもの凄い回収率ですから。調教が動かないのもありますし、牝馬は特に注意ですよ。夏まで忘れないようにしとかないと(笑)。

2023/03/15掲載　本質分析②

非根幹距離に向き
根幹距離だと特殊なコンディションが向く

亀谷　前回からスタートしたヴィクトワールピサですが、馬券的にプチブレイク中ですね。前回は精神コントロールが難しい産駒が多いので、前走よりペースアップしたり、位置取りをチェンジさせると激走しやすいという話でした。

今井　先週の日曜中京4R(3/12)で単勝34倍の超人気薄(ディオース)が2着に激走したけど、解説のほとんどに当てはまってたよ。

亀谷　本当ですね。前走より前半がペースアップして、前走3角2番手から今回9番手と位置取りチェンジもしています。

ディオースの戦績

日付	レース名	コース	人気	着順	着差	位置取り
2023/3/12	3歳未勝利	中京芝1600良	9	2	0.1	10-9-8
2023/2/26	3歳未勝利	小倉芝1800良	7	5	1.1	9-5-2-3
2022/11/27	2歳未勝利	阪神芝1800良	5	7	1.0	11-11
2022/11/13	2歳新馬	東京芝1600良	3	4	0.8	5-5

今井　しかも16頭立ての2番枠だから。
亀谷　「内でコントロールさせる形が向く」の解説にもばっちりハマってますね(笑)。先週、ヴィクトワールピサの芝は2鞍だけですから、獲った読者も結構いたでしょう。○×の交互もありますし、格言3つに該当してますよ。
今井　ホント、そうだよね〜。難しそうなレースなんで予想しなかったけど、こういうのを予想しないとだったね(笑)。
亀谷　亀谷競馬サロン・プレミアムコースでは、ディオースから的中させているメンバーが結構いました。皆さん、今井さんとヴィクトワールピサに感謝しています(笑)。
　さて今回は、もう少しヴィクトワールピサのおいしい分析を加えてみましょう。まず非根幹距離に向きますよね。長距離だといまいちですが、ローカルだと2000mくらいも合います。特に牝馬は非根幹距離や短い距離向きになりやすいですね。1400mとかちょうど合ってます。
今井　根幹距離だと高速馬場とか逆に荒れ馬場とか、特殊なコンディションが向くよね。コントロールの難しいタイプは、元々特殊な馬場が向くけど。フォルコメンが3勝目を挙げたときは重で、ダービー卿CTを激走したときは一転して高速タイムだったようにね。
亀谷　次にダートですが、芝と違って内枠は駄目です。特に牝馬は3枠以内と、4枠以降ではかなり成績が違いますよ。
今井　芝血統だから仕方ないけど、芝とかなりイメージが違ってくるよね。距離別の成績では、1300m、2000m、2100mとか、マイナー条件の方が向く性質が、芝以上に加速しているよ。

格言

1 前走よりテンが速いレースは激走しやすい

2 芝の極端な枠（内枠と8枠）に注意！

3 新馬は地味な陣営が美味しい

4 ○×のリズムで、叩き2戦目×、3戦目◎

買い条件・消し条件

東京、中山、阪神、京都の芝 1～4枠、8枠の牝馬

買い条件 1

牝馬の芝中央4場　枠番別成績

枠番	着別度数	勝率	複勝率	単回収	複回収
1枠	9-3-8-70/90	0.100	0.222	189	118
2枠	9-7-4-51/71	0.127	0.282	426	125
3枠	8-11-9-62/90	0.089	0.311	105	83
4枠	9-5-5-77/96	0.094	0.198	143	72
5枠	7-14-4-91/116	0.060	0.216	86	68
6枠	6-7-8-96/117	0.051	0.179	74	52
7枠	5-10-7-94/116	0.043	0.190	46	75
8枠	9-7-14-109/139	0.065	0.216	144	160

精神コントロールが難しいので馬群に入れる形が向き、特に広いコースだと顕著。牝馬はその傾向が加速するが、S質がきつい血統だと大外枠も一発がある。

前走4～9着に負けた牡馬の芝短縮

買い条件 2

牡馬の芝短縮　前走着順別成績

前走着順	着別度数	勝率	複勝率	単回収	複回収
1着	1-3-0-13/17	0.059	0.235	30	33
2着	3-5-6-15/29	0.103	0.483	23	65
3着	3-5-4-21/33	0.091	0.364	34	64
4着	3-3-4-20/30	0.100	0.333	62	101
5着	3-6-8-26/43	0.070	0.395	66	99
6着	3-1-3-16/23	0.130	0.304	94	105
7着	4-0-2-23/29	0.138	0.207	124	70
8着	4-2-4-23/33	0.121	0.303	97	123
9着	1-2-1-25/29	0.034	0.138	191	135

精神コントロールするには距離変更ショック療法が有効。特に牡馬は硬くなりやすいぶん、軽い凡走後により妙味。

前走2～3着の叩き2戦目

消し条件 1

叩き2戦目　前走着順別成績

前走着順	着別度数	勝率	複勝率	単回収	複回収
全体	44-47-43-682/816	0.054	0.164	41	44
1着	5-4-5-37/51	0.098	0.275	91	68
2着	6-6-4-37/53	0.113	0.302	43	40
3着	4-7-2-42/55	0.073	0.236	36	39
4着	7-9-8-32/56	0.125	0.429	77	118
5着	4-4-6-46/60	0.067	0.233	64	67
6~9着	14-8-7-198/227	0.062	0.128	56	35
10着以下	4-9-11-290/314	0.013	0.076	12	31

芝もダートも叩き2戦目は反動が出やすく、特に前走2～3着好走馬は過剰人気する。

2023年オーシャンSで15番人気2着に激走したディヴィナシオン。内枠での好走が多く、2023年10月に行われたオパールSでも2枠4番で14番人気3着に好走した。

エピファネイア

大系統	ターントゥ系
小系統	ロベルト系

適性遺伝 **主張型**

シンボリクリスエス Symboli Kris S 黒鹿 1999	Kris S.	Roberto	父小系統（父国タイプ）ロベルト系（欧）
		Sharp Queen	
	Tee Kay	Gold Meridian	父母父小系統 ボールドルーラー系（米）
		Tri Argo	
シーザリオ 青 2002	スペシャルウィーク	*サンデーサイレンス	母父小系統 Tサンデー系（日）
		キャンペンガール	
	*キロフプリミエール Kirov Premiere	Sadler's Wells	母母父小系統 サドラーズウェルズ系（欧）
		Querida	

Hail to Reason 4×5

M3タイプ

L　LC（S）　L（SC）

要素

S	C	L	鮮度要求率	逆ショッカー
3	3	6	3	132.3（芝）

オプション

短縮	延長	内枠	外枠	巻き返し	広い馬場	特殊馬場	硬い馬場	重馬場
D	A	C	C	B	B	C	C	C

多頭数	少頭数	坂	休み明け	間隔詰め	アップ	ダウン	芝替わり	ダ替わり
C	A	B	C	D	C	B	C	D

テン3Fラップ前走比

テン3F	複勝率	単回収	複回収
0.5秒速い牡馬（芝）	0.306	49.1	75.1
0.5秒速い牝馬（芝）	0.249	71.3	95.3

代表産駒　エフフォーリア、デアリングタクト、サークルオブライフ、アリストテレス、イズジョーノキセキ、モリアーナ、ジャスティンカフェ、セルバーグなど

早熟という概念そのものがおかしい

亀谷　エピファネイアは主流適性の血統ですから、直線の長いコース、上がり勝負に強い種牡馬ですね。

今井　そのぶん、揉まれ弱さもあるよね。MのL系で、気の良さがあって素直に反応出来るから単調な競馬で強いけど、タイトなレースでごちゃつくと脆いタイプだよ。

亀谷　内で丁寧に乗るような競馬は合わないわけですね。母のシーザリオは主張が強いので、産駒に影響が伝わりやすい。タフな血統でありながら、あれだけのスピードを伝えている、まさに名牝中の名牝です。

今井　シーザリオはスペシャルウィーク産駒で、しぶとさと体力があったよね。それに淡泊だけど安定した力を持ったシンボリクリスエスが付加された馬がエピファネイアだった。

亀谷　エピファネイアと言えばジャパンC、無茶苦茶強かったじゃないですか。

今井　ああ、あれは度肝を抜かされる走りだったよね〜。確かにそのまま産駒と同じだ。ジャパンCは広いコースへの延長だったし、産駒も単調な競馬への適性、特に延長適性が無茶苦茶高いよね。その中でも各馬が初距離への延長になるレースでは抜群の優位性を示す。

エピファネイア産駒　芝の延長ローテ成績

年齢	勝率	複勝率	単回収	複回収
2歳	0.078	0.296	226	77
3歳	0.100	0.274	121	85
4歳以上	0.054	0.207	44	47

亀谷　まさに今井さんから教わった「馬は走る距離を知らない」、「前走からの反応は血統に出る」ですよ。

今井　「お、前走よりやけにスムーズに流れに乗れるぞ！」ってなって、気分良く追走出来るもんね。精神的に安定していて、掛かる心配もない。ペースが緩く感じると道中に余裕が出て、馬群にも対応しちゃうし。1枠も延長だと回収率が高いよ。

亀谷　今井さんが考案した前走からのペースデータでも、前半が緩い方が良いですか？

今井　最新で見ると、前半が前走より0.5秒以上速いと複勝率30.3%、単勝回収率69%で、0.5秒以上遅いと32.3%、151%だから、やっぱり前走より遅い方がパフォーマンスは上がるよ。

普通は延長でペースダウンするとリズムをつかめなくて掛かるし、道中で飽きも出てしぶとい血統でも淡泊になるけど、逆なんだよね。だから、各馬が初の延長になるクラシックのレース体系が、抜群にマッチする。

亀谷　現役時代も大幅延長で初距離だった菊花賞で初GＩ勝ちでしたし、やっぱり産駒も菊花賞で走って、まさに同じパターンですよね。あれだけ強かったジャパンCの次走、小回りで非根幹距離だった有馬記念では人気で凡走。産駒のエフフォーリアは有馬記念を勝ちましたけど、あのときは500mもの距離延長でした。

今井　2500m以上も初めてだったよね。ストレスのないときなら馬群も割れるから。これはどんな種牡馬にも言えるけど、特にエピファネイアは落差が激しい。エフフォーリアも、5ヶ月ぶりでかつ初の古馬混合戦になった天皇賞秋は内枠から勝ったしね。

使い込んでいったり、条件鮮度が落ちると、特に牡馬の場合はぐちゃっとした展開を必要以上に嫌がる。気分良く走って好走した後は、余計に危なくなるよね。

亀谷　関係者も、「牡馬のエピファネイアは使っていくとズブくなる」って話をしていましたよ。

今井　前進気勢が薄れるって解釈なのかな？

亀谷　それもありそうです。あと牡馬は加齢で大きくなりやすい。そこは米国型繁殖のディープインパクト産駒・牡馬と似ています。

今井　ディープ牡馬も使われると心身が硬くなって、単調さ、淡泊さが全面に出るよね。「エピファネイアは早熟」みたいな議論もあるけど、早熟という概念そのものがおかしいと思うんだ。

亀谷　体力の完成と精神の完成は違う概念ですよね。

今井　鍛え上げられて強くなる肉体的な部分は血統によって違う。同じように、精神的なリズムのピークをどうやって持っていくタイプか？も考えたい。

亀谷　エピファネイアもディープインパクトも体力の完成は晩成傾向だけど、精神はフレッシュさが重要です。

今井　鮮度要求率は硬くなりやすさの問題になるからね。何れにしても、使われていってからの馬群への対応力は牝馬の方が無難だよね。やっぱり鮮度が落ちると良くないけど、牡馬より対応する。

亀谷　そこもディープに近いですよね。鮮度でいえば、新馬は走ります。これもディープと同じ。芝で勝率14％、単勝回収率171％、複勝回収率111％と抜群に高くて、全クラスの中でも新馬は断然成績が良いですから。叩き5戦目以降は複勝回収率も落ちていって、使われて上がっていくタイプでもないです。

今井　それと使い減りして調子を崩しても、リフレッシュするとまた復活するよね。特段巻き返しやすいタイプでもないけど、芝で前走10着以下の勝率で見ると、同距離1.6％、延長5.4％、短縮0％で、やっぱり延長で揉まれないときの一発急変が怖いよ。

2022/09/28 掲載　本質分析②

性別で考える距離適性とダート適性

亀谷　前回は前走より延長、緩い流れに向くという話でした。特に各馬が初距離になるクラシックの適性が高い、という話でしたね。

今井　先週末も、神戸新聞杯でヴェローナシチーが5着だったよね。全く同一条件の京都新聞杯で連対したから人気だったけど、京都新聞杯はほとんどの馬が初距離への延長だったんだ。だけど、今回は同馬も含めて距離を経験した馬が多いので、「鮮度時の延長」という、最大のアドバンテージが活かせなかったよね。

亀谷　オールカマーも宝塚記念を600mの延長で激走したデアリングタクトが1番人気で凡走しました。

今井　前走は大幅延長だから本命にしたけど、同距離で激走した直後だと、若干パフォーマンスは落ちちゃう感じだよね。

亀谷　両レースとも当日、極端な内伸び馬場になったのも堪えましたよ。先週も話に出ましたが、「内で器用に立ち回る競馬」向きではないですから。

今井　オールカマーを勝ったジェラルディーナはその有利な内枠もあったけど、前走が少頭数の中京から小回り小倉の内枠でタイトな辛い思いをしたので、中山でも外回りの今回は前走よりも随分と楽に追走出来る。それで予想も、相手強化の内枠だけど▲に評価しておいたんだ。まさにヴェローナシチーも、ジェラルディーナも「前走との感じ方の違い」が生んだ結末だったよ。

亀谷　「馬はステップによって、同じ条件でも全く結果は変わってくる」という考え方ですよね。エピファネイアの場合なら、その得意なパターンが「前走より緩い流れ、延長」なわけで。

今井　あと鮮度もね。激走後とか使っていくとふっと気が抜ける。逆にモーリス（ジェラルディーナ）だと使われながら筋力をアップして、気持ちも集中していくという違いもあるよね。

亀谷　ところで、ヴェローナシチーもデアリングタクトも、母系にサンデーサイレンスが入っているんですよ。サンデーの血を持つ繁殖牝馬と配合されやすいのは利点ですが、サンデーの血が入ることでシーザリオの長所が増幅して受け継がれやすい面もあります。だから余計に根幹距離、上がり勝負向きになるわけで、「非根幹距離で上がりの掛かる流れ」になった週末は厳しくなりました。

今井　激走後のストレスがあるところに、「内伸びの我慢比べ」という、苦手なレース質になっちゃったね。得意の外差しバイアスなら、結果も違った可能性が高いけど。

亀谷　長所がしっかりしているぶん、弱点もまた分かりやすいですね。

今井　同時に違う長所を持てないのがサラブレッドの基本だもんね。

亀谷　まさに「競走馬の能力は一定ではない」です。緩い流れの上がり勝負に強いぶん、短距離で忙しい競馬は苦手になる。
今井　1200mも新馬は単複100％を超えているけど、それ以外だとかなり落ちてるね。
亀谷　1400mは牝馬なら走るけど、牡馬だとキツイですし。
今井　牝馬の方が柔らかさと気の強さがあるから、前走より忙しい流れでも多少対応しやすい。
亀谷　牝馬だと俊敏さもありますしね。データでも1400mは牝馬が勝率9.2％、複勝率28.4％で、牡馬は3.3％、16.4％ですから、かなりの差になります。

エピファネイア産駒　芝1200m成績

	勝率	複勝率	単回収	複回収
全体	0.055	0.175	59	61
新馬	0.189	0.351	105	101
牝馬	0.059	0.187	59	69
牡馬	0.045	0.148	59	42

エピファネイア産駒　芝1400m成績

	勝率	複勝率	単回収	複回収
全体	0.074	0.248	92	66
新馬	0.085	0.277	161	74
牝馬	0.092	0.284	125	76
牡馬	0.033	0.164	17	41

今井　同じ理由で短縮も忙しい条件だと勝ちきれないので2、3着が多いよ。下級条件なら短縮で生じる体力差でねじ伏せるケースも発生しやすいけど。
亀谷　同じことはダートにも言えます。本質が芝の上がり勝負にあるので、ダートを使う馬はそもそも適性外のケースが多い。
今井　芝質が基本だから、忙しさへの対応が芝以上に苦手だよね。実際、複勝回収率だと同距離と延長が60％台で、短縮は30％だから。短縮の場合は上手く外目から捲ったり、先行したりとか、揉まれず能力差をストレートに活かす競馬が基本になる。基礎体力は高いので、それを利用した形でないと。

亀谷　エピファネイア自体、米国型繁殖との配合だとスケールが出にくいのも影響しているんですよね。1～2人気でも母父が米国型だと期待値は低いです。追走スピードもない馬が多いので、ダートだと流れに乗りにくいです。

今井　芝は牝馬で1400mから、牡馬でも1600mから走り始めるけど、ダートだともう1600m以下になると、複勝回収率がガクンと下がってるね。重、不良は全体に回収率が上がるけど、ダート馬の道悪におけるスピード勝負と違って、ばらけた展開で単純な体力差をそのまま活かす競馬で走る。芝なら得意の上がり勝負になる良馬場が一番回収率も高いんだけど。

亀谷　芝の道悪も、一瞬の加速力がないのがネックになっていますね。

格言

1. クラシックなど、フレッシュ時の延長で強い
2. 牡馬は使われていくとズブくなる
3. 新馬はひたすら買い！
4. 上がりの掛かる内伸びバイアスは危ない
5. 母系にサンデーが入ると、長所が増幅する
6. 米国型との配合はスケールが落ちやすい
7. 芝は良が○、ダートは道悪が▲

買い条件・消し条件

買い条件 1

2、3歳の芝延長

芝のローテ別成績　総合

ローテ	着別度数	勝率	複勝率	単回収	複回収
延長	78-74-64-650/866	0.090	0.249	109	71
短縮	50-55-48-555/708	0.071	0.216	59	78

芝のローテ別成績　古馬限定

ローテ	着別度数	勝率	複勝率	単回収	複回収
延長	13-12-12-180/217	0.060	0.171	59	48
短縮	9-15-11-171/206	0.044	0.170	21	44

フレッシュ時は延長適性が高いが古馬は前走より緩い流れで我慢しにくくなる。そのため古馬の比重が増えた前走ラップ比データも差が縮まってきている。

買い条件 2

2、3歳の芝根幹距離

芝距離別成績　2、3歳時と古馬

距離	着別度数	勝率	複勝率	単回収	複回収	古馬 複回収
1400m	14-23-16-178/231	0.061	0.229	68	72	92
1600m	64-54-50-391/559	0.114	0.301	156	97	43
1800m	54-50-58-386/548	0.099	0.296	71	74	42
2000m	66-63-57-384/570	0.116	0.326	108	90	53
2200m	14-15-11-70/110	0.127	0.364	94	104	58
2400m	12-6-9-47/74	0.162	0.365	197	74	21
2500m	5-1-0-1/7	0.714	0.857	170	111	16
2600m	8-3-3-24/38	0.211	0.368	84	128	103

フレッシュな時期は広い根幹距離で強いが、鮮度が落ちると特殊条件向きになる。

オルフェーヴル

大系統　サンデー系
小系統　Tサンデー系

適性遺伝　主張型

ステイゴールド 黒鹿 1994	*サンデーサイレンス Sunday Silence	Halo
		Wishing Well
	ゴールデンサッシュ	ディクタス
		ダイナサッシュ
オリエンタルアート 栗 1997	メジロマックイーン	メジロティターン
		メジロオーロラ
	エレクトロアート	*ノーザンテースト
		*グランマスティーヴンス

父小系統（父国タイプ）　Tサンデー系（日）
父母父小系統　ファイントップ系（欧）
母父小系統　マイバブー系（欧）
母母父小系統　ノーザンテースト系（欧）

ノーザンテースト 4×3

M3タイプ

C	CL(S) S(CS)

要素

S	C	L	鮮度要求率	逆ショッカー
5	5	2	2	112.6（ダート）

オプション

短縮	延長	内枠	外枠	巻き返し	広い馬場	特殊馬場	硬い馬場	重馬場
B	B	A	D	B	B	B	C	A

多頭数	少頭数	坂	休み明け	間隔詰め	アップ	ダウン	芝替わり	ダ替わり
B	C	B	B	C	B	C	D	B

テン3Fラップ前走比

テン3F	複勝率	単回収	複回収
0.5秒速い牡馬（芝）	0.255	56.7	60.0
0.5秒速い牝馬（芝）	0.206	39.8	62.3

代表産駒　ラッキーライラック、ウシュバテソーロ、マルシュロレーヌ、エポカドーロ、ショウナンナデシコ、オーソリティ、ジャスティン、シルヴァーソニックなど

2022/08/17掲載　本質分析①

データだけでは見えてこないC系の特性

亀谷　オルフェーヴルは不思議な種牡馬ですね。いろいろな条件を走る多様性を持っていますが、基本的には王道条件に強いのが特徴だと考えています。他のステイゴールド系産駒は、タフな馬場や持久力勝負に強く、主流スピードが問われにくい非根幹距離を得意とするのが基本なのですが。

今井　前にも話題になった根幹質、日本スピードという話だよね。データを見ると1800mや1400mの勝率が高くて非根幹距離で走っているけど、ただ肝心なところ、相手が強くなると根幹距離で強いんだ。

これはC系全般の特徴でもあるんだけど、軽いレース質だと根幹距離は走りやすく設定されている条件のぶん、単調過ぎていまいちフィットしないんだよね。だけどタフなレース質になると、根幹距離で強さを見せる。相手強化とか、多頭数の激戦とかだと、根幹距離の競馬にピタリと嵌まってくるわけだ。

亀谷　データだけでは見えてこない世界ですよね。その馬の本質がそこにある。オルフェーヴルが根幹距離で結果を出しているのは、ノーザンファーム生産馬が多いことも影響しています。キンシャサノキセキの場合、ノーザンの生産育成が芝の短距離ではマイナスに作用していましたが、オルフェーヴルにはちょうど上手くフィットしてくるわけです。

今井　それはノーザンの場長さんも嬉しいだろうね(笑)。

亀谷　初年度産駒で皐月賞を勝ったエポカドーロが印象的だったので、それに引っ張られやすいのですが、あの馬はどちらかというと例外的で、本質は王道系の血統になりますよ。軽い馬場の根幹距離で強いという。

今井　エポカドーロは確かに異端だよね。硬さがあって、強引なパワーレースで押し切る。MのS質が強い産駒だったよ。どの種牡馬にもあることだけど、初年度産駒は少しエネルギーの発露に極端なところが出やすい。そのぶん破壊力、突破力があるとも言えるんだけどね。この間話したヘニーヒューズの初年度産駒レピアーウィットと同じパターンになるよ。

亀谷　「レピアーウィットは凄い揉まれ弱かったけど、それに騙されると駄目だ」という話でしたね。ヘニーヒューズは基本的に揉まれ強いと。

今井　エルムSのフルデプスリーダーも中枠だったけど、上手くロスなく馬群に入れたから勝てた。枠なりに外を回ったらアウトの流れだったよ。馬群を割れるんで、差し馬は内しか間に合わないような緩い流れをロスなく回る形が、しぶとさを活かせて合う。

亀谷　その辺りはオルフェーヴルと同じなわけですね。オルフェーヴルは馬群でもめげずに走れますから。芝だと内枠の好走率が高いですしね。

オルフェーヴル産駒　芝の枠別複勝回収率

1枠	2枠	3枠	4枠	5枠	6枠	7枠	8枠
89%	83%	91%	85%	79%	72%	63%	71%

今井　4枠以内は全て複勝回収率で80%を超えるけど、5枠以降はガクンと数字が落ちるよね。

亀谷　6枠以降だと全ての枠で75%以下にまで落ちちゃってますね。4枠以内と5枠以降でここまで綺麗に明暗が分かれるのは凄く珍しいですよ。

今井　それともう一つ特徴的なデータがあって、前走より前半が速いと好走率が下がるけど、遅いと上がるんだ。

亀谷　今井さんが『ウマゲノム辞典』で算出しているデータですよね。初回に取り挙げたドレフォンもそんなタイプという話でした。

今井　この前算出し直した最新データだと、前走より前半3ハロンが0.5秒以上速いと複勝率22.5%、単勝回収率54%で、0.5秒以上遅いと複勝率29.3%、単勝回収率82%だから、相当の開きだよ。

オルフェーヴル産駒 前走とのペース差成績(比較は芝前半3ハロン)

前半3ハロンの前走比	複勝率	単回収	複回収
0.5秒以上速い	0.225	54	64
0.5秒以上遅い	0.293	82	96

亀谷　前走より追走ペースが緩むと、好走率も回収率も爆発的に上がるわけですね。

今井　オルフェーヴルは内枠で強いように、馬群の直中に入ってしぶとさを活かすのが、最も得意な形なんだよね。ところがテンが前走よりかなり速く流れると、その得意な馬群に入れる形に持っていけないので、追走で手一杯になっちゃうんだ。テンのダッシュ力そのものは他の種牡馬より少し低いから、余計にだよね。

そういった理由で、前半が緩いんだけど、途中でだんだんとペースアップして最後はタフな混戦になる競馬がベストになる。これはダッシュ力の弱いタイプのC系全般、特にステイゴールド系には一般的な傾向なんだけど、その中でもオルフェーヴルは群を抜いているんだ。

亀谷　血統面ではキャリアを重ねて強くなるのが大きいですよ。これは今の種馬では珍しいです。

今井　叩き良化型だよね。叩き5戦目以降の単勝回収率が100%を超えているのは迫力あるもんね。

亀谷　2～3歳より4～5歳の方が、単勝、複勝ともに回収率が高いですしね。4歳と5歳は、芝・ダート、トータルでの単勝回収率が楽に100%を超えちゃいますから。これは母母父のノーザンテーストの影響が大きいですよ。昔「ノーザンテーストは三度成長する」って、よく言ったじゃないですか。

今井　そうそう！ よく言ってた(笑)。

亀谷　母系にノーザンテーストを持つサンデー系種牡馬は少ないので、そこがポイントになってくるんですよね。

2022/08/24 掲載　本質分析②

成長力とダート戦の買い&危ない条件

今井　前回はオルフェーヴルの成長力の話だったね。

亀谷　母父ノーザンテーストのサンデーサイレンス産駒で牡馬クラシックを勝ったのはダイワメジャーのみだったように、母系にノーザンテーストを持つクラシック向きの後継種牡馬が少ないんですよ。しかも、ディープインパクトはキャリアを重ねて良くなる馬が少ない。だからノーザンテーストの個性を引き継いだサンデー系は異質なんですよね。

　ラッキーライラックは5歳でエリザベス女王杯を勝った後、有馬記念でも4着に好走。アイアンバローズも最初は重賞で通用しなかったのに、5歳になって阪神大賞典で連対するまでになりました。

今井　「重賞挑戦回数別の成績」というデータも出しているんだけど、オルフェーヴルは重賞挑戦1回目が他の種牡馬と比べても良くないんだよね。でも、2回目以降は上がっていく。つまり成長力に加えて、「慣れ」も結構重要な種牡馬なんだ。「ペース慣れ」が。

亀谷　慣れが強みになることと、フレッシュさが強みになることは相反するので、意識したいですよね。

今井　ディープインパクトとかは重賞挑戦1回目が断然良いけど、オルフェーヴルは逆なんだよね。

亀谷　オーソリティもGI初連対はGI挑戦4回目のジャパンカップでした。キャリアを重ねて超王道条件で自己最高パフォーマンスを発揮しました。

今井　データだとローカルも走るけど、確かに強い産駒は中央とか中京の本格的なコースの方が向くね。少し力の落ちる産駒だと、ローカルで一瞬の脚を活かす方が向くタイプも多いけど。

亀谷　それも前回話した、データで見えにくい本質な部分になりますよね。

今井　中山も走るけど、特に走るのは外回りの1600m、2200mなんだ。中山の外回りだとタフな上にコーナーでスピードに乗りやすいから、摩擦レベルがちょうどフィットする。
亀谷　根幹距離だけど摩擦があるターコイズSは、ここ3年で4頭も馬券対象になっていて適性が高いですよね。あと逆張りの話をしたいのですが、前回も話題になりましたが、あまり速い流れは好きでないですよね。牡馬の1400m以下は逆張りが効果的かと。牝馬の場合はスピードがあるのと、上がりが掛かる面でプラスになるぶん、得意な馬もいますが。
今井　コントロールが難しい産駒が多くて、特に牝馬は掛かりやすいのもあるよね。だから短縮とかでのハイペースは、道中コントロールしやすくて嵌まるタイプも多い。ただ速い流れを行きすぎると脚がたまらないタイプだから、前走より後ろに回る形が面白いんだ。
亀谷　以前話した、位置取りショック＝ペースをチェンジさせる方法論ですね。
今井　気持ちをコントロールしやすくなるし、ペースが前走より速くなっても、自身の刻む通過ラップは前走よりそんなにアップしないので、タイプ的に一石二鳥だよ。
亀谷　ラッキーライラックのエリザベス女王杯は、ペースアップして一気に追い込みに回るルメールの戦法も見事にハマりましたよね。
今井　延長に関しては、スタミナが豊富なタイプだけど、精神コントロールが難しいぶん安定感はなくて、集中しやすい短縮の方が成績は良いよ。延長は、相手強化とか、淀みない流れとか、内枠とか、道悪とかがあると、走りに集中出来て掛かりにくくなるから狙えるけど。延長だとペースアップしても、追走は前走より楽になりやすいんで、スタミナの優位性も活かせる。
亀谷　トップホースは王道条件が強いですが、ダートは馬券になりますね。ここもオルフェーヴルっぽいんですけど。勝率、単勝回収率は芝より上です。精神的な強さをステイゴールドと母系のノーザンテーストから受け継いでいて、砂を被っても怯みませんし、パワーも生きてくる。
今井　芝だと速い流れを追走すると良くないけど、ダートのペースだと案外速い流れを追走しても大丈夫なんだよね。
亀谷　速い流れといえば、ローカル1700mの成績が凄く良いですよね。勝率が10%超えて、単勝回収率も150%を超えてますよ。小回りで砂を被っても大丈夫ですし。

砂の代表産駒ジャスティンは短距離で活躍していますが、これも例外(笑)。ダートでも本質的には長い距離が向きます。1700m以上が狙い目で、1900m以上なんて好走率、回収率共に凄く高いです。2500m以上になると爆発的です。ダート1900m以上は米国型のダート血統にも隙が出て来ますから。

今井　体力勝負の消耗戦が合うから、ダートだと1200m、1700m、1900m以上の成績が良いよね。ただ1400m、1600m、2000mとかの軽さがある条件は、本来芝血統が好きな筈だけど得意でもない。混戦になれば走るけど、切れも要求される流れだと、勝ちきれないリスクが出てくる。そのぶんショウナンナデシコとかマルシュロレーヌみたいに、切れ勝負にならない地方競馬や海外で強さを発揮する産駒も出やすいよ。

亀谷　JRAだと本格的なダート血統が強いですもんね。基本が芝なんで、母系に米国型を持っている馬に絞って狙いたいところです。

オルフェーヴルの買いたい条件、危ない条件(ダート)

距離	勝率	複勝率	単回収	複回収
ダ1200m	0.100	0.251	175	105
ダ1600m	0.044	0.122	27	35
ダ1700m	0.128	0.248	163	85
ダ2400m以上	0.154	0.256	238	98

格言

1. ここぞというときは、根幹距離で買い
2. 4枠以内と5枠以降では雲泥の差
3. 前走より前半3ハロンがペースダウンすると、激走しやすい
4. 成長力があり、4～5歳馬や叩き5戦目以降に妙味！
5. トップクラスは直線の長い王道条件で走る
6. 中山外回りはハマりやすい
7. ダートは1700m以上など、消耗戦は期待値高い

2023/02/22 掲載　的 中 例 ①

オルフェーヴル産駒のワンツー決着!!
ダイヤモンドSは格言ピッタリで大荒れ!!

今井　先週のダイヤモンドS、13番人気のヒュミドール対抗で3連単の12万馬券当てたんだけど、オルフェーヴルの回に話したポイントに上手く合致してたよ。

亀谷　内枠のオルフェーヴルでワンツーでしたよね。オルフェーヴルの格言『4枠以内と5枠以降では雲泥の差』にハマってました。

今井　特に「延長の場合は内枠で走る」という話にピッタリだったよね。それと『前走より前半3ハロンがペースダウンすると激走しやすい』の格言にも、2頭とも綺麗に合致したんだ。

亀谷　ヒュミドールは中山金杯が前半36.2秒で今回が37.8秒なので、1秒以上も前半がペースダウンしてますね。「前半は遅いけど、途中

でペースアップする流れで強い」っていう話題もありました。

今井　ダイヤモンドSも途中でペースアップして前走よりも上がりは掛かったから、さらに良かったね。以前話したようにハーツクライと同じで、あれがダッシュ力は鈍いけどしぶといタイプが一番得意とするラップ構成なんだ。あと『叩き良化型』の格言にも嵌まってたよ。

亀谷　『トップクラスは王道条件で走る』の格言もほぼ合ってますね。改めてオルフェーヴルの回を見てみると、確かに全て激走条件に合致してましたね〜。

競馬放送局で公開した今井雅宏の推奨レース

東京11R ダイヤモンドS

良想定／フラット／M　平均ペース想定

◎(70点) 2番シルブロン(1人気)
○(69点) 5番ヒュミドール(13人気)
▲(69点) 4番ミクソロジー (2人気)
△(68点) 12番マリノアズラ(4人気)
△(68点) 11番スタッドリー (3人気)
×(67点) 8番レクセランス(5人気)

※同点の場合は当日人気のない方が上位評価

注目馬のコメント

2番は格上げで新鮮。延長の内枠向いて。少し調整過程が緩い感じはあるので極端な入れ込み伴う特に増えすぎ注意。
5番は延長の内枠向いて。好位馬群に入れて集中させればベター。
4番はまだ鮮度あって、相手強化向いて。疲れは少し気になるので極端な入れ込み、発汗注意。
12番は格上挑戦で新鮮。内枠ベターも上手く馬群に入れて集中させれば。少し絞れればベストに。
11番は被されたくないので延長でスムーズに加速する形取れれば。

2023年2月18日 東京11R
ダイヤモンドS(GⅢ) 芝3400m良 16頭立て

着	馬名	父	母父	前走	人気
1	2④ミクソロジー	オルフェーヴル	アフリート	中京芝3000·1着	2
2	3⑤ヒュミドール	オルフェーヴル	チチカステナンゴ	中山芝2000·13着	13
3	1②シルブロン	トーセンジョーダン	サンデーサイレンス	中山芝2500·1着	1
4	8⑯ベスビアナイト	ルーラーシップ	アグネスデジタル	中山芝3600·7着	11
5	4⑧レクセランス	ディープインパクト	Champs Elysees	中京芝3000·4着	5
6	6⑫マリノアズラ	メイショウサムソン	ブラックタイド	中山芝2500·6着	4
7	4⑦カウディーリョ	キングカメハメハ	サンデーサイレンス	中山芝3600·12着	14
8	7⑭トーセンカンビーナ	ディープインパクト	Hawk Wing	阪神芝3200·10着	10
9	5⑩メイショウテンゲン	ディープインパクト	フレンチデピュティ	中京芝3000·10着	15
10	6⑪スタッドリー	ハービンジャー	フジキセキ	中山芝2200·6着	3
11	2③トラストケンシン	ハーツクライ	エルコンドルパサー	東京芝2400·13着	12
12	7⑬タイセイモナーク	ルーラーシップ	ゼンノロブロイ	中京芝3000·2着	8
13	1①キスラー	ディープインパクト	Medaglia d'Oro	中京ダート1900·12着	16
14	3⑥アスクワイルドモア	キズナ	ゼンノロブロイ	中京芝2000·18着	9
15	5⑨ヴェローチェオロ	ゴールドシップ	タイキシャトル	ドバイ芝3200·7着	7
16	8⑮ウインキートス	ゴールドシップ	ボストンハーバー	中山芝2000·14着	6

単勝370円　複勝160円 1,140円 150円　枠連4,640円　馬連18,950円
ワイド4,700円 290円 4,390円　馬単26,040円　三連複17,300円　三連単121,000円

ラップ 13.1 - 11.9 - 12.8 - 12.7 - 12.2 - 12.7 - 12.3 - 12.7 - 12.6 - 12.2 - 11.5 - 11.7 - 12.2 - 12.3 - 11.9 - 11.7 - 12.6

ペース 13.1 - 25.0 - 37.8 - 50.5 - 62.7 - 75.4 - 87.7 - 100.4 - 113.0 - 125.2 - 136.7 - 148.4 - 160.6 - 172.9 - 184.8 - 196.5 - 209.1 (37.8-36.2)

2023/06/28 掲載　的中例②

オルフェーヴルの格言は ドリームジャーニー産駒にも互換性あり!!

亀谷　先週の宝塚記念、今井さんの本命は10番人気のスルーセブンシーズ。お見事でした！

今井　馬連は本線で、3連単の万馬券も当てたよ。ドリームジャーニーはステイゴールド系らしくC系なんだよね。だから同じステイゴールド系のオルフェーヴルで話したのと似ていて、「相手強化」の「内枠延長」はベストなんだ。

中山牝馬Sのレベルが低くて、一気の相手強化で人気がなかったけど、ここで再三話題にしてきたロードカナロアと同じで、むしろ相手強化の方が走る確率も上がるんだよね。その馬の絶対能力も重要だけど、馬はステップとかの連続性の中で走るわけだから。

競馬放送局で公開した今井雅宏の推奨レース

阪神11R 宝塚記念

良想定／フラット／H-M　やや速めの流れ想定

◎(70点) 6番スルーセブンシーズ(10人気)
○(70点) 5番イクイノックス(1人気)
▲(69点) 3番ダノンザキッド(8人気)
△(69点) 11番ジェラルディーナ(3人気)
△(68点) 9番ジャスティンパレス(2人気)
×(67点) 12番アスクビクターモア(4人気)

※同点の場合は当日人気のない方が上位評価

注目馬のコメント

6番は別路線で鮮度高く、相手強化向いて。内伸び馬場ならしぶとさ活きて。栗東の環境どうかで極端な入れ込み発汗伴う大幅増減注意。少しだけ増えればベター。
5番は別路線で鮮度高く。適度にばらければベストに。
3番はストレス薄れ、内枠向いて。延長なので速すぎない流れになって内でロス無く乗って体力温存すれば理想に。疲れは気になるので少しだけ絞れればベター。
11番は徐々にリズム上げ。単調な流れの高速馬場？もかなりペース上がって消耗戦になれば集中出来てベストで。少し増えた方が良い。

2023年6月25日 阪神11R
宝塚記念(GI) 芝2200m良 17頭立て

着	馬名	父	母父	前走	人気
1	3 ⑤ イクイノックス	キタサンブラック	キングヘイロー	ドバイ芝2410・1着	1
2	3 ⑥ スルーセブンシーズ	ドリームジャーニー	クロフネ	中山芝1800・1着	10
3	5 ⑨ ジャスティンパレス	ディープインパクト	Royal Anthem	京都芝3200・1着	2
4	6 ⑪ ジェラルディーナ	モーリス	ディープインパクト	香港芝2000・6着	3
5	5 ⑩ ディープボンド	キズナ	キングヘイロー	京都芝3200・2着	5
6	4 ⑦ プラダリア	ディープインパクト	クロフネ	東京芝2500・5着	16
7	2 ④ ボッケリーニ	キングカメハメハ	ダンスインザダーク	阪神芝2000・1着	6
8	4 ⑧ ヴェラアズール	エイシンフラッシュ	クロフネ	ドバイダ2000・13着	9
9	7 ⑬ ジオグリフ	ドレフォン	キングカメハメハ	ドバイダ2000・11着	11
10	8 ⑰ ドゥラエレーデ	ドゥラメンテ	オルフェーヴル	東京芝2400・0着	7
11	6 ⑫ アスクビクターモア	ディープインパクト	Rainbow Quest	京都芝3200・11着	4
12	7 ⑭ ブレークアップ	ノヴェリスト	クロフネ	京都芝3200・4着	12
13	2 ③ ダノンザキッド	ジャスタウェイ	Dansili	香港芝2000・5着	8
14	8 ⑯ モズベッロ	ディープブリランテ	Harlan's Holiday	阪神芝2000・6着	17
15	8 ⑮ ユニコーンライオン	No Nay Never	High Chaparral	豪州芝2000・5着	14
16	1 ② カラテ	トゥザグローリー	フレンチデピュティ	阪神芝2000・9着	15
17	1 ① ライラック	オルフェーヴル	キングカメハメハ	東京芝2500・9着	13

単勝130円　複勝110円 560円 170円　枠連2,280円　馬連2,340円
ワイド970円 240円 2,930円　馬単2,660円　三連複4,030円　三連単13,630円

亀谷　「馬は常に一定の能力を出せるわけではない」ということですね。「絶対評価ではなく相対性で競馬は決まる」というのは、“Mの法則”の基本的な考え方でもありますよね。
今井　関係性の中で走るわけだよね。それを具体化させたのがMの血統タイプ論になるよ。それと、ディープインパクト牡馬は使っていくとやっぱり硬くなっちゃうね〜。もともと硬いアスクビクターモアなんかは、使われて筋力を戻してくるかもと相手の1頭に選んだけど、駄目だった。
亀谷　展開も厳しかったですね。
今井　揉まれ弱いタイプには仕方ない流れではあったね。宝塚記念に登録していた馬の細かいタイプ分けはnoteのブログにも書いてあるんで、読者も血統タイプ分けの実践編として見ておくと分かりやすいと思うよ。

買い条件・消し条件

買い条件 1

東京、京都、新潟以外の芝の1、2枠（特に牝馬）

芝（東京、京都、新潟除く）枠番別　全体と牝馬限定

枠番	着別度数	勝率	複勝率	単回収	複回収	牝馬 複回収
1枠	17-18-20-144/199	0.085	0.276	107	100	126
2枠	25-19-18-159/221	0.113	0.281	71	97	106
3枠	27-25-18-195/265	0.102	0.264	58	86	70
4枠	19-27-22-190/258	0.074	0.264	62	83	71
5枠	26-28-24-231/309	0.084	0.252	44	65	59
6枠	28-21-14-228/291	0.096	0.216	59	69	75
7枠	18-22-30-260/330	0.055	0.212	59	64	70
8枠	28-25-33-237/323	0.087	0.266	118	83	93

上がり勝負になりやすい3競馬場を除くと内枠で高い回収率。特にしぶとい牝馬は○。また精神コントロールの難しいタイプは大外も穴が出やすい

買い条件 2

重・不良の芝延長

芝延長 馬場状態別成績

馬場状態	着別度数	勝率	複勝率	単回収	複回収
良	62-59-61-570/752	0.082	0.242	87	92
稍重	8-19-11-109/147	0.054	0.259	41	84
重	4-10-4-35/53	0.075	0.340	153	187
不良	3-1-3-15/22	0.136	0.318	144	244

延長は体力的には向くが、単調な流れになりやすいので精神コントロールが難しく、下がかなり悪いなど走りにくい条件がある方が気が散らずにより集中出来る。

買い条件 3

4～5歳のダート1700m

ダート1700m 年齢別成績

年齢	着別度数	勝率	複勝率	単回収	複回収
2歳	0-0-0-7/7	0.000	0.000	0	0
3歳	24-15-10-126/175	0.137	0.280	122	74
4歳	13-3-5-68/89	0.146	0.236	174	102
5歳	4-4-3-37/48	0.083	0.229	297	121
6歳	0-0-0-12/12	0.000	0.000	0	0
7歳	0-0-0-3/3	0.000	0.000	0	0

ダート1700mは基本的に得意だが、キャリアを重ねて強くなるオルフェーヴル産駒らしく、4～5歳に絞るとより回収率が高くなる。

キズナ

大系統	サンデー系
小系統	ディープ系

適性遺伝 主張型

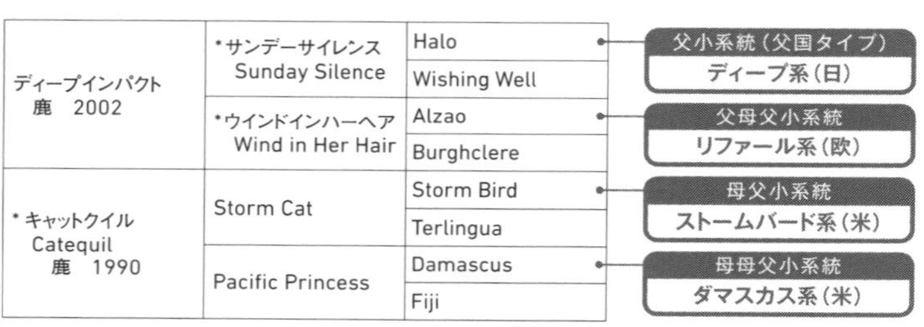

ディープインパクト 鹿 2002	*サンデーサイレンス Sunday Silence	Halo
		Wishing Well
	*ウインドインハーヘア Wind in Her Hair	Alzao
		Burghclere
*キャットクイル Catequil 鹿 1990	Storm Cat	Storm Bird
		Terlingua
	Pacific Princess	Damascus
		Fiji

Northern Dancer 5×4

- 父小系統（父国タイプ）: ディープ系（日）
- 父母父小系統: リファール系（欧）
- 母父小系統: ストームバード系（米）
- 母母父小系統: ダマスカス系（米）

M3タイプ

S　SL（SC） S（LC）

要素

S	C	L	鮮度要求率	逆ショッカー
4	2	5	3	116.1（芝）

オプション

短縮	延長	内枠	外枠	巻き返し	広い馬場	特殊馬場	硬い馬場	重馬場
B	A	B	A	A	A	B	C	C

多頭数	少頭数	坂	休み明け	間隔詰め	アップ	ダウン	芝替わり	ダ替わり
C	B	B	B	B	B	B	C	C

テン3Fラップ前走比

テン3F	複勝率	単回収	複回収
0.5秒速い牡馬（芝）	0.319	62.1	84.9
0.5秒速い牝馬（芝）	0.274	136.4	107.3

代表産駒 ソングライン、アカイイト、ディープボンド、ファインルージュ、バスラットレオン、ハギノアレグリアス、マルターズディオサ、ビアンフェなど

記念すべき連載第1回
根幹距離・非根幹距離の概念を再定義する

亀谷　今週から、僕らで種牡馬の狙い方を議論することになりましたよ！

今井　亀谷君と仕事するの、久しぶりで懐かしいよね。21世紀になって、始めてじゃない？

亀谷　え、そんなになりますか!?

今井　さすがに5年に1回くらいは、雑誌か何かの企画で会ってたかなぁ（笑）。

亀谷　ガハハハ！　今井さんの『競馬放送局』での解説をいつも読むんで、なんか身近にいる感じでしたよ。そんなに会ってませんでした？

今井　確かに僕も、調教師の記者会見をYouTubeで見ようとすると、亀谷君の動画が出て来たりとか身近には感じてたけど（笑）。なんか最近、丸くなった？

亀谷　う〜ん、どうですかねぇ。そうは思われていないような…。まぁ離れていても、お互い意識していたという、深い絆ですよね！

そこで初回はキズナを分析することになりました。キズナといえば非根幹距離、非根幹距離といえばMの法則です。今井さんは予想に非根幹距離を取り入れていった先駆者ですもんね。

今井　20年くらい前に、非根幹距離の概念をゲームに採用して良いかと尋ねられて、OKしてから広まったのもあると思うよ。亀谷君の欧州血統とかも、そうでしょう？

亀谷　お互い、ゲームにも影響を与えていたんですね（笑）。非根幹距離を信じない人って結構いますけど、キズナとか見ても明らかにありますからね。今回の二人の議論で、根幹距離の概念を新しく定義したいと思っているんですよ。

今井　それで亀谷君は、どういう解釈なの？

亀谷　欧州型と米国型が合わさった日本的なものの集大成が、根幹距離と考えています。『日本スピード』と言っても良いでしょう。

今井　なるほど。やっぱり面白いことを言うなぁ。

亀谷　いやいや(笑)。今井さんの解釈はどうですか？

今井　端的にいえば、あらゆる面で最も走りやすく設計されているのが根幹距離。そこを基準に、競馬が体系化されてきた歴史そのものが持つ意味も大切だよね。

亀谷　福永騎手は自ら「非根幹距離が苦手」って言ってますもんね。

今井　非根幹距離だと、強引に動かないといけないもんね。一瞬の脚を活かすように。今週の非根幹距離の目黒記念、キズナと同じパワー型のスクリーンヒーロー産駒本命で、3連複万馬券を▲◎○の1点目で当てたんだけど。

亀谷　さすが!! ボクも◎マイネルウィルトスでしたが、相手の絞り込みは師匠に完敗です(笑)。

今井　あれ、強引に捲ったでしょう？　ああいう、アバンギャルドな

競馬放送局で公開した今井雅宏の準推奨レース

東京12R
8番マイネルウィルトス 6点 休み明け悪くなく。上がり勝負?でペース上がるか積極策で消耗戦に持ち込めば。
16番ウインキートス 5.5点 好位の外々回ると精神コントロールしにくいタイプで、スタート決めて先行する位置取りショック掛けられれば。
あとは2番、3番、17番、15番、13番、11番

2022年5月29日 東京12R
目黒記念(GII) 芝2500m良 18頭立て

着	馬名	父	母父	前走	人気
1	1 ② ボッケリーニ	キングカメハメハ	ダンスインザダーク	中山芝2500・2着	2
2	4 ⑧ マイネルウィルトス	スクリーンヒーロー	ロージズインメイ	中京芝2200・6着	6
3	8 ⑯ ウインキートス	ゴールドシップ	ボストンハーバー	中山芝2500・12着	8

単勝490円　複勝200円 310円 500円　枠連2,680円　馬連2,720円
ワイド1,020円 2,020円 2,610円　馬単4,870円　三連複14,640円　三連単66,640円

乗り方が合うのが非根幹距離なんで、デムーロが出遅れて捲る得意パターンを、敢えて狙ったんだ(笑)。

亀谷　ボクもそのお話はレース前にサロンメンバーにしました。The非根幹距離競馬ですよね～。根幹距離ではできない競馬です。

今井　ええ～、びっくり！ そこは重要な違いになるよね。

亀谷　そこでキズナですが、非根幹距離で強いのは、データからも確かですね。芝の1400m、1800m、2200mの非根幹距離では全て単勝回収率110％オーバー。一方、1200m、1600m、2000mでは100％未満です。

今井　亀谷君は、牡・牝を分けて考えてる？

亀谷　ええ、極めて重要なファクターですよ。

今井　やっぱり本質を捉えているな(笑)。牡馬と牝馬はMのタイプ論でも、違って出るケースは多くて、大切な要素だよ。

亀谷　キズナの牡馬はパワーレースですよね。牝馬になると軽さが出て、トップクラスで33秒台の上がりを使うのはほぼ牝馬ですし。切れ味の必要なマイルだと、牡馬より牝馬が倍くらい勝率が上なんですよ。

今井　Mでいうと、牝馬はしぶとさが出るから、そこも影響してるかな。

亀谷　C系ですよね？ その概念は、「柔らかさ」かなって、僕は考えています。

今井　言語化が上手いなぁ。確かに牡馬のキズナは硬いから、対義語としての「柔らかさ」は面白いね。それで、牡・牝の違いだと、芝の場合、牝馬は前走からの短縮も延長も単勝回収率100％を超えるけど、牡馬は延長が130％台で、短縮は半分の60％くらいになるんだ。

亀谷　おお！ M的な話になってきましたね～。しぶとさ、柔らかさがないから、牡馬のキズナは、短縮の忙しさに対応出来ないわけですよね。

今井　よく分かってるね。それともう1つ、前回の『ウマゲノム版 種牡馬辞典』から、前走と比べての、前半ラップの対応力を種牡馬別に出しているんだ。

亀谷　それは興味深いデータです。キズナはどうなのですか？

キズナ産駒 前走とのペース差成績(比較は芝前半3ハロン)

前半3ハロンの前走比	複勝率	単回収	複回収
0.5秒以上速い	0.268	80	76
0.5秒以上遅い	0.340	92	88

今井　キズナの芝は、前走より前半3ハロンが0.5秒以上速いと、複勝率26.8％で、単勝回収率は80％。0.5秒以上遅いと複勝率34％、単勝回収率92％。つまり、好走率で、圧倒的に前走よりペースダウンすると高くなる。

亀谷　うわ、凄いな。前走と比べるのがMの基本ですよね。

2022/06/08 掲載　本質分析②

前走よりペースが速くなると自分のペースを守れなくなる

亀谷　先週の安田記念。狙い通りにキズナ産駒のソングラインが勝ちましたね！ ボクも本命でしたが、今井先生もさすがの本命！

今井　「牝馬のキズナはキレがある」。亀谷君が先週言ってたやつ、早速炸裂したよね〜。牝馬だとマイルも本当に走るね。実は前走のヴィクトリアマイルは、同じキズナ産駒のファインルージュを本命で的中したけど、今回は7番手に評価を下げたんだ。

亀谷　そこですよね！ 同じ条件なのに前走本命で激走した馬を、今回はストレスで評価下げちゃうやつ。ボクもサロンメンバーに『ファインルージュは同じキズナでも今回走れない』って伝えてました。

今井　キズナ産駒の特徴だよね。揉まれると駄目だから、ソングラインのヴィクトリアマイルは1枠のぶん、不利を受けるのが怖くて本命にしなかったんだ。でも安田記念は、ソングラインの方が外に入ったから。逆にファインルージュはストレス時の内目なんで、苦手な揉まれる競馬だと、東京新聞杯みたいにリズムを崩して嫌がる。

競馬放送局で公開した亀谷敬正の推奨レース

注目馬のコメント

例年、安田記念は2000mG1実績馬が中距離で発揮したパフォーマンスをフルに発揮できないケースが目立つレース傾向。
◎の父キズナはディープインパクトとストームキャットの配合馬。昨年当レースを勝ったダノンキングリー、サトノアラジンもディープとストームキャットの配合。
母父のシンボリクリスエスは産駒のストロングリターンが当時のレコードタイムで当レース優勝。そのストロングリターンも前走で芝1400mを経験。芝1800m以上重賞は未勝利。父も母父も短い距離での実績を積めば、安田記念にフィットしやすい血統構成。
前走芝1600m経験。前々走は1400m以下経験。この臨戦過程は安田記念に限らず、マイル戦で期待値の高いステップ。

東京11R 安田記念

◎13番ソングライン(4人気)
○16番レシステンシア(9人気)
▲15番セリフォス(5人気)
☆9番シュネルマイスター（2人気)
△17,3,5,8,7,14,4,1,2

競馬放送局で公開した今井雅宏の推奨レース

東京11R 安田記念

良想定／フラット／H-M　速めの流れ、まだ降らない想定

◎(70点) 13番ソングライン(4人気)
○(69点) 8番イルーシヴパンサー（1人気)
▲(68点) 1番カフェファラオ(10人気)
▲(68点) 9番シュネルマイスター（2人気)
×(67点) 4番ダノンザキッド(7人気)
×(67点) 15番セリフォス(5人気)
×(67点) 7番ファインルージュ（3人気)

※同点の場合は当日人気のない方が上位評価

注目馬のコメント

13番はストレス薄れ、外から揉まれずスムーズなら。ある程度流れてばらけて欲しい。前計量？で、消耗戦なら我慢しても良いが、あまり増えすぎない方が無難。
8番はまだ鮮度高く。速い上がりの差し競馬なら得意で。
1番は内枠で揉まれるとどうかも、平均速めくらいの流れを前に行ってスムーズならパワー活きて理想に。雨降ればよりベターで。
9番はストレス薄れ、東京でブレーキ掛けないで一気に加速する競馬なら向いて。

2022年6月5日 東京11R
安田記念（GI） 芝1600m良 18頭立て

着	馬名	父	母父	前走	人気
1	7⑬ソングライン	キズナ	シンボリクリスエス	東京芝1600・5着	4
2	5⑨シュネルマイスター	Kingman	Soldier Hollow	ドバイ芝1800・8着	2
3	8⑰サリオス	ハーツクライ	Lomitas	中京芝1200・15着	8

単勝820円　複勝260円 210円 520円　枠連720円　馬連1,740円
ワイド830円 2,770円 1,470円　馬単3,740円　三連複11,810円　三連単64,140円

亀谷　血統は適性だけではなく、パフォーマンスの上下も探るツールですよね。ファインルージュは仮にベスト条件でも今回はストレスで走れない。

今井　揉まれ弱さよりも、キズナは不器用さみたいなのが大きいよね。だからこそ、ごちゃつきやすい内枠のスローだと、ソングラインの前走みたいになる。それを亀谷君はどう定義しているの？

亀谷　「キズナ産駒の追走ペースの限界値」と考えています。

今井　「ペースの限界値」の話、気になるなぁ。他に似たような血統は何だろう？

亀谷　ハーツクライもですよね。だから今回はサリオスを5番手にしました。前回は短縮でペースに戸惑い、今回は延長なので追走ペースが楽だから走れるだろうと。

今井　なるほどね。ハーツクライの牡馬は……

亀谷　ちょっと待ってください！ ここでハーツクライに展開したら、話が終わりません（笑）。キズナの追走ペースは、前回「前走より前半3ハロンで0.5秒以上ペースアップするより、ペースダウンすると激走確率が上がる」というデータを見せて貰いました。

今井　それと今回の話は被るんだよ。前走よりペースが速くなると、自分のペースが守りにくくなるからね。つまり、得意の一貫したペースが、前走よりかなりペースアップすると上手く刻めなくなる。

亀谷　それがデータにもきちんと出ているのか。前走よりペースダウンした方が、キズナ産駒が出せる「追走スピードの限界値」に体感

として到達しにくいわけですね。

今井　うん。仮に同じハイペースでも、前走がハイペースなら、まだ対応しやすい。前走がスローだとペース差が激しくて、対応が遅れる。

亀谷　前走との差、「馬の記憶」ですね。「馬は今回どんな条件を走るのか知らない」、ボクが教わった基本概念です。

今井　競馬の根幹をなす部分だよね。

亀谷　人間がやるスポーツとの決定的な違いになりますね。

今井　それとキズナは「前半は遅い流れが向くのに、パワー勝負の消耗戦に強い」という、矛盾を孕んでいる点もポイントだよ。

亀谷　確かにそれはありますよね。

今井　キズナのワンツーで決まったエリザベス女王杯は凄いハイペースだったでしょう。

亀谷　ええ。まさに非根幹距離のキズナらしいパワー競馬、消耗戦でした。

2021年11月14日 阪神11R
エリザベス女王杯(GI)　芝2200m良 17頭立て

着	馬名	父	母父	前走	人気
1	8 ⑯ アカイイト	キズナ	シンボリクリスエス	東京芝1800・7着	10
2	3 ⑤ ステラリア	キズナ	Motivator	阪神芝2000・6着	7
3	1 ② クラヴェル	エピファネイア	キングカメハメハ	新潟芝2000・3着	9

単勝6,490円　複勝1,180円 650円 810円　枠連2,610円
馬連51,870円　ワイド9,600円 15,440円 7,450円
馬単137,500円　三連複282,710円　三連単3,393,960円

今井　あのときのアカイイトは16番の外枠から追い込んだんだ。

亀谷　苦手な「前走よりかなり速い流れ」だったけど、外枠の追い込みだった分、肝心の「自分のペース」を守れたので、激走したわけですね。

今井　しかも「延長」だったから。超ハイペースでも、高速馬場で行われた1800mの前走よりも「忙しい」とは、あまり感じないで済むん

で、得意の「自分のリズム」を刻めた。

亀谷　そういえばステラリアも、忙しい内回りの2000mからの延長でした。

今井　それで前走よりかなりペースアップしても、忙しさを感じずに済んで、自分のペースを守れて激走したわけだよね。

亀谷　まさに「前走との体感差」によって変化するパフォーマンスですよね。キズナの牝馬が根幹距離の東京マイルで強いのも、今回の議論でスッキリしましたね。「牝馬で切れ味があるのに加え、広い東京なので前半から自分のペースで走りやすいから！」なんだと。

キズナ産駒　芝1600m成績

性別	勝率	複勝率	単回収	複回収
牡馬	0.048	0.222	39	62
牝馬	0.103	0.267	80	108

今井　もっとペースアップすると思ったら、あの上がりでも勝つんだから、亀谷君の言ってた通りのキレだった。牡馬のキズナは完全非根幹距離仕様だから、そうもいかないけど。ただ、牡馬のキズナでもある条件を満たすと、根幹距離を激走する瞬間もあるんだよ。

亀谷　また面白そうな話が出て来ました！

2022/06/15 掲載　本質分析③

根幹距離が非根幹距離化する条件とは？

亀谷　前回は「根幹距離が非根幹距離になる瞬間がある」という内容でした。これはやっぱり、根幹“距離”ってつけちゃうから問題で、“根幹スピード”が発揮しやすいか？ そうでないか？ という定義の方がいいと思うんですよね。

今年の新潟大賞典で今井さんはキズナ産駒のヤシャマル(3着)を本命にされていました。新潟大賞典は根幹距離ですけど、根幹距離適性、根幹スピードが問われないレース質でしたよね？

2022年5月8日 新潟11R
新潟大賞典（GⅢ） 芝2000m外良 15頭立て

着	馬名	父	母父	前走	人気
1	8 ⑭ レッドガラン	ロードカナロア	シンボリクリスエス	阪神芝1800・4着	7
2	5 ⑧ カイザーバローズ	ディープインパクト	Storm Cat	阪神芝2000・1着	3
3	7 ⑬ ヤシャマル	キズナ	アグネスデジタル	中京芝2200・3着	5

単勝1,420円 複勝440円 250円 290円 枠連2,010円 馬連5,570円
ワイド2,230円 2,190円 1,200円 馬単12,390円 三連複16,150円 三連単112,070円

今井 そうなんだよ。あの日は荒れ馬場で、内外に大きくばらけたんだ。ああいう変則的な馬場になると、根幹距離が非根幹距離化するので、キズナの牡馬でも根幹距離を走れる。

亀谷 ばらけたパワーレースでしたね。レース質が「日本スピード」に求められるものと真逆になるときは、欧州血統の非根幹距離に強い馬が走りやすい。オークスなんかもそうですが、3歳春の牝馬には距離が長いので、レース質が日本のスタンダードと違ってくるわけです。

今井 「特殊な馬場、特異な条件下ではレースが異端性を持つ」ということだね。ローカルは荒れてばらける馬場になりやすいから、これからの夏は特に注意だよ。あと、中央なら内回りとか。

亀谷 中央の内回りでも、大阪杯は根幹スピードが問われるんですけど、たしかにGⅢぐらいまでは、根幹スピードが問われないレースは多いですよね。そういえば今週のマーメイドSは内回りの根幹距離ですが、昨年はキズナ産駒の10番人気シャムロックヒルが逃げ切りましたよね。

今井 あれ、それを狙って対抗に抜擢してたんだ。単勝で20倍も付いたから。

亀谷 おお！ 人気薄の単勝多点買い、Mの「単勝爆弾」ですね（笑）。

2021年6月20日 阪神11R
マーメイドS（GⅢ） 芝2000m良 16頭立て

着	馬名	父	母父	前走	人気
1	1 ① シャムロックヒル	キズナ	Tapit	中京芝2000･14着	10
2	7 ⑬ クラヴェル	エピファネイア	キングカメハメハ	中京芝2000･4着	5
3	3 ⑤ シャドウディーヴァ	ハーツクライ	Dansili	中山芝1800･5着	6

単勝2,050円　複勝650円 340円 350円　枠連1,960円　馬連11,970円
ワイド3,060円 4,120円 1,960円　馬単21,960円　三連複51,190円　三連単330,150円

今井　本命が凡走したから予想は外れだったけどね。あと馬場以外にも、馬自身がレースに異端性を持たせるケースもある。

亀谷　というと？

今井　シャムロックヒルは逃げたでしょう？ キズナの根幹距離は追い込みや捲り、逃げとかの極端な競馬、特に逃げが怖い。

亀谷　バスラットレオンのニュージーランドTとか、あとビアンフェも逃げ馬ですね。ニュージーランドTも根幹距離だけど、主流適性、根幹スピードは問われなかった。

今井　しかも、4角で突き放すタイプの逃げで、自分でレース質を特殊なパワー競馬に変えちゃうんだ。ビアンフェの逃げなんて、ダッシュ力がないのに、徐々に加速して途中でハナを奪っちゃう、かなり特殊な逃げでしょう？ ああやって、根幹距離の流れに異質さを自分で持ち込む。

でも、あれは少しでもリズムを崩されると駄目なタイプの逃げなんで、特に牡馬の根幹距離は安定感がなくなるんだ。少し絡まれただけで、得意としている「一定のリズム」を刻めなくなるから。

亀谷　根幹距離だと、逃げや捲り、外差しみたいな、一定のスピードを刻むレースが得意な性質が、より顕著になるわけですね。

今井　馬場が特殊か、そうでなければ自分自身で極端な競馬をして、レース質を非根幹距離へと強引に変える必要があるわけだ。空間に歪みを作るみたいな。

亀谷　まさにそこなんですよ！ 根幹“距離”って名付けちゃったも

んだから、距離ばかりに焦点が当てられるじゃないですか。ボクは日本競馬の基幹となるレース質が「根幹距離」という概念だと考えてます。日本競馬独自の馬場と配合が作り出した他国の競馬に勝るスピードとも言えます。

今井　まさに「日本スピード」だね。

亀谷　若い競馬ファンも増えたことですし、ここで「根幹距離」を再定義、議論し直す必要もあるんじゃないかと思うんですよね。例えば「根幹スピード」とか、表現自体も大胆に変えちゃう。

今井　僕も予想するとき、「非根幹距離だから」とかはあまり考えないよ。異端性のある条件か、それとも王道の根幹距離的構造のあるレースか、そう考えてる。

亀谷　この連載では、競馬とは何なのか？も改めて定義、議論したいですね。

今井　うん、それは熱いね。

格言

1 非根幹距離のキズナは、牡馬なら無条件で買え!

2 牝馬は短縮でも激走するが、牡馬は延長でこそ狙い撃て!

3 マイルの上がり勝負は牝馬限定で買え!

4 外枠や延長など「一定のペース」を刻めたときが怖い

5 前走より0.5秒ペースダウンすると安定感抜群!

6 根幹距離は荒れて内外がばらける特殊馬場で狙え!

7 特に牡馬の根幹距離は変則逃げが面白い

買い条件・消し条件

芝2200m以上の延長

買い条件 1

芝延長 距離別成績 全体と牝馬限定

距離	着別度数	勝率	複勝率	単回収	複回収	牝馬 単回収	牝馬 複回収
1400m	6-6-9-45/66	0.091	0.318	98	88	29	69
1600m	7-7-9-85/108	0.065	0.213	36	159	50	169
1800m	13-10-8-100/131	0.099	0.237	213	79	124	67
2000m	29-20-25-187/261	0.111	0.284	174	99	270	123
2200m	7-8-12-61/88	0.080	0.307	154	144	364	127
2400m	5-5-6-41/57	0.088	0.281	53	124	0	293
2600m	5-5-4-37/51	0.098	0.275	80	113	260	146

芝延長はスムーズに運べる2000mを超えると安定感抜群。特に牝馬は道中我慢して切れる脚を繰り出せるので長距離や根幹距離の延長もよく走る。

ダート1600m、1800m、2000m、2100mの延長（複勝）

買い条件 2

ダート延長 距離別成績

距離	着別度数	勝率	複勝率	単回収	複回収
1600m	1-1-2-16/20	0.050	0.200	15	201
1700m	5-3-5-49/62	0.081	0.210	79	66
1800m	17-13-15-124/169	0.101	0.266	116	111
1900m	1-9-6-37/53	0.019	0.302	3	86
2000m	3-4-4-14/25	0.120	0.440	24	168
2100m	4-2-2-21/29	0.138	0.276	270	111

ダートもやはり揉まれず体力を活かせる延長の長距離は向く。特に広いコースだと高い複勝回収率で安定感がある。

2023年はヴィクトリアマイルと安田記念を連勝したソングライン。本文にもあるように、キズナ牝馬は忙しさを感じずに自分のペースで走れる東京マイルに強い。

キタサンブラック

大系統	サンデー系
小系統	Tサンデー系

適性遺伝 **主張型**

ブラックタイド 黒鹿 2001	*サンデーサイレンス Sunday Silence	Halo	父小系統(父国タイプ) Lサンデー系(日)
		Wishing Well	
	*ウインドインハーヘア Wind in Her Hair	Alzao	父母父小系統 リファール系(欧)
		Burghclere	
シュガーハート 鹿 2005	サクラバクシンオー	サクラユタカオー	母父小系統 プリンスリーギフト系(欧)
		サクラハゴロモ	
	オトメゴコロ	*ジャッジアンジェルーチ	母母父小系統 ボールドルーラー系(米)
		*ティズリー	

Lyphard 4×4、Northern Dancer 5×5·5

M3タイプ

S ｜ S(LC) SL(SC)

要素

S	C	L	鮮度要求率	逆ショッカー
5	2	5	3	65.6 (芝)

オプション

短縮	延長	内枠	外枠	巻き返し	広い馬場	特殊馬場	硬い馬場	重馬場
A	B	D	B	B	B	B	A	B

多頭数	少頭数	坂	休み明け	間隔詰め	アップ	ダウン	芝替わり	ダ替わり
C	C	B	A	C	D	B	C	B

テン3Fラップ前走比

テン3F	複勝率	単回収	複回収
0.5秒速い牡馬(芝)	0.330	57.3	77.6
0.5秒速い牝馬(芝)	0.330	177.4	92.2

代表産駒 イクイノックス、ソールオリエンス、ガイアフォース、コナコースト、スキルヴィング、ラヴェル、ウィルソンテソーロ、ヒップホップソウルなど

2023/03/22 掲載　本質分析①

馬券的なポイントは前走の位置取り

亀谷　ディープインパクトやハーツクライはサンデーサイレンス系の中では瞬発力のある直線型ですが、キタサンブラックは馬力型になりますね。

今井　やっぱりお父さんのブラックタイド産駒に近くなるよね。サクラバクシンオーが入って、ブラックタイドに闘う意欲(S質)をプラスしたタイプになる。

亀谷　父の産駒をさらにパワーアップした感じですね。

今井　もともとキタサンブラック自体が、ブラックタイドの中ではS質の強い異端的なタイプだったからね。そのぶん、産駒もより強引な感じでブラックタイドよりスケールアップしているよ。

亀谷　イクイノックスが驚異の直線スピードで活躍してますが、あれにイメージを引きずられて馬券を買うと、他のレースでは失敗しやすいです。

今井　産駒の典型的なタイプだとガイアフォースの方だよね。強引な体力とパワーで走る。セントライト記念は少頭数の外枠で道悪だったから、スムーズにパワーレースが出来るという読みで本命にしたけど、逆に1番人気になった菊花賞は内回りの1番枠で揉まれる危うさのあるパターンだった。この好凡走のリズムを把握するのが、馬券的な近道だよね。

亀谷　データからも、前走の位置取りが中団より後ろで今回人気になった馬は回収率が低いです。芝のレースで単勝10倍以内の人気馬で前走中団より後ろ(3コーナーで出走馬の頭数の半分より後ろの位置)の馬は単勝回収率41%、複勝回収率が51%。期待値が超低いです。

基本的に人気の差し馬は「イクイノックスみたいな例外の馬の馬券が欲しい人にくれてやる！」くらいの精神で予想には臨んだ方が良いですよ(笑)。

今井　長距離の体力型の場合、前半から体力を解き放つか、逆にタメにタメて強引に最後の直線で爆発させるかになりやすいんで、たまに極端な上がり勝負で強いタイプも出ててくるケースがあるんだよね。

ただどちらのタイプにしても、ブレーキを掛けるような競馬、揉まれるような競馬だと強引なぶん、脆いところがある。その辺はブラックタイドと同じだけど、闘う意欲の旺盛さでカバーしちゃうパターンがブラックタイドよりも多いんだよね。そこが現役時代のキタサンブラックの走りに近いわけだけど。

亀谷　それと生産者も大きく影響してきますよ。ノーザンファームみたいな芝の主流で強いところが育成した馬だと、イクイノックスのような直線スピード型もたまに出てくるわけで。高速上がりの差しで連続連対しているコナコーストもノーザンファーム生産ですしね。

今井　牝馬や若いフレッシュな時期だと、そういったタイプの比率も上がりやすいしね。具体的な条件で見ても、消耗戦向きなんだけど揉まれるとよくない点を押さえるのが基本になるよ。

例えば小回りコースの良馬場だと、かなり勝率が低くなる。小回りで勝っているのは、だいたい道悪か、少頭数、外枠とかの、ばらけて揉まれない条件になるわけだ。そういった条件に限定すると、小回りの方がむしろパワーを活かせて有利になるけど。

キタサンブラック産駒　小回り芝(※)の馬場状態別成績

馬場状態	勝率	複勝率	単回収	複回収
良	0.082	0.254	20	61
稍重〜不良	0.190	0.317	134	62

※中山、小倉、札幌、函館、福島競馬場

亀谷　馬場状態のデータでも、良馬場が勝率11%で、稍重18%、重15%ですから、やっぱり馬力型のレースになればなるほど、期待値も上がっています。

今井　前走より忙しくなる短縮も、外枠、逃げ、追い込み、広い中央場所とかの揉まれにくい条件でスムーズだと消耗戦向きのパワーを活かせて良いけど、揉まれると一気に期待値が下がってるよ。

亀谷　延長の回収率はあまり上がってませんね。

今井　体力は豊富なんだけど、延長ステップだと脚がたまりにくいよね。逃げとか、非根幹距離の延長になると脚も溜まりやすいけど、主流的なレース質になると溜まりにくくなっちゃう。

亀谷　これもイクイノックスのイメージで考えると失敗しやすいポイントですよね。1600m、2000m、2400mといった根幹距離の延長だとまだ5勝ですから。

今井　根幹距離の延長は、休み明けとかのまだフレッシュな時期か、逃げ、追い込みとかの極端な脚質が嵌まった場合がどうしても多くなるよね。非根幹距離とか、根幹距離でも消耗戦になれば延長も気持ちを持続しやすいけど。その辺はやっぱりサクラバクシンオーが入って、ブラックタイドよりも性格的な強さ、キツさが影響しているよ。

亀谷　新馬の好走率がかなり高いですし、走ることに対して真面目ですよね。では次回は、ダートの狙い方も見ていきましょう。

2023/03/29 掲載　本質分析②

ダート戦で狙えるパターンは分かりやすい！

今井　ドバイに行ったんだって？ ちょうど先週話題になったイクイノックスが圧勝して凄かったよね～。

亀谷　まだいますよ(笑)。関係者とも色々話ができたし、ドバイでも実馬を見れて、素晴らしい知見をサロンメンバーと共有できそうです。

今井　イクイノックスが逃げたのにはビックリしたけど、前回話したようにキタサンブラックは前半から爆発させるか、矯めるだけ矯める形、いずれにしてもブレーキを掛けないパワー競馬が合うんで、戦略もピッタリだったね。

亀谷　強かったですね～。公開した予想は2着のウエストオーバーが本命で、イクイノックスは対抗でした。常に言ってますが、例外の天才が勝つレースは本命が2着でいいんです(笑)。
今井　ルメールは国内ではまず逃げないけど、海外だと平気で逃げちゃうんだね(笑)。
亀谷　それだけ海外のペースが違うのと、適性外のレースは極端な競馬が有利なんでしょうね。何度も言ってますが、キタサンブラック産駒はイクイノックスをイメージすると多くの馬券がハズレます。ここでは、イクイノックスよりもはるかにサンプルが多い、産駒がダートに出るパターンを見ていきましょう。ダートだと基本中長距離向きになりますね。
今井　スムーズに体力とパワーをそのまま活かす形だよね。だから坂コースとか、広いコースが向いてくる。
亀谷　なので、やっぱり阪神、東京が合いますよね。阪神と東京は複勝率で4割以上もありますから、かなり強烈ですよ。阪神なんて複勝回収率が158％なんて凄い数字になってますし、東京のダートも単複共に90％を超えてます。特に牡馬は優秀です。

キタサンブラック産駒の牡馬　ダートの競馬場別成績

競馬場	勝率	複勝率	単回収	複回収
東京	0.278	0.611	161	113
中京	0.188	0.396	147	106
阪神	0.167	0.528	203	149
上記以外	0.125	0.219	34	40

今井　本質的なダート馬というより体力で無理に押すタイプだから、ごちゃつかずに体力を目一杯活かせる阪神ダ1800mとかは、構造的に結構な安定感があるよね。特に消耗戦の流れになると、体力の優位性を活かせてかなり踏ん張る。
亀谷　逆にアメリカ的な要素がない血統なので、軽いスピードの持続力を求められるダートだとやっぱり良くないですね。だから米国血統が得意なダ1400mなどは、人気では疑う逆張りスタンスが基本で良いでしょう。
今井　位置取りショックとか短縮とかで、一時的に集中力を上げる工夫をしないと買いにくいね。ちょうど日曜中京6R(3/26)のダ1400mでキタサンブラック(マイレッドスター)を本命にして400倍台を当てたけど、マイレッドスターは短縮で外枠だったんだ。ああいうふうに気分転換してスムーズなパワーレースに持ち込むと走る産駒も多いよ。

2023年3月26日 中京6R
4歳以上1勝クラス ダ1400m不良 16頭立て

着	馬名	父	母父	前走	人気
1	7 ⑭ マイレッドスター	キタサンブラック	Sevres Rose	中京ダ1800・8着	2
2	8 ⑮ ネイト	コパノリッキー	With Approval	小倉ダ1700・15着	7
3	1 ② リングストゥワイス	アメリカンペイトリオット	マンハッタンカフェ	新潟ダ1800・15着	6
4	3 ⑤ ディープグラビティ	ディープインパクト	Ghostzapper	中京ダ1400・2着	1

単勝330円　複勝210円 400円 410円　枠連3,340円　馬連3,270円
ワイド1,410円 1,340円 3,000円　馬単5,440円　三連複16,220円　三連単46,650円

ちなみにこのレースは、ディープインパクト(ディープグラビティ)が断然人気だったけど、怪しいパターンで好配当を当てやすかったんで予想したんだよね。

亀谷　2走前に1800mを5着凡走した後の前走、短縮1400mで2着に好走して人気になった馬ですね。“Mの法則”の強烈な基礎理論『短縮後の逆張り』に完璧に嵌まってますね。短縮で激走して、人気の次走は逆張りパターンです。

今井　「前走好走して人気になったストレス馬は切るのが基本戦略」という解説通りだったよね。あと、「ディープインパクトはダートで速い流れを先行して追走するのが合わない」という話もしたけど、今回は前走より前の2番手で競馬をしちゃったから。差しに回ってれば上位もあったかな。

亀谷　格言ストックが増えて、使えるレースがどんどん増えてますね。特に逆張り格言は、人気馬を切るときに使えるのが良いですね。ここでキタサンブラックのダートに話を戻しますが、パワーで走るので牝馬はいまひとつになります。まだダートで勝っているのは新

馬と未勝利だけですよ。

今井　調べてみると、1勝クラスで唯一3着以内に走った馬が2000mからの短縮馬だね。ショックとかで一時的にフレッシュさを補った馬の人気薄なら注意という感じかな。

亀谷　その馬も13番人気3着ですもんね。人気馬は逆張り、人気薄のフレッシュな馬は少し注意という感じのスタンスで良さそうですね。逆に米国血統が入っていないぶん、地方の長距離は向くので、結構走る産駒が増えてくるでしょう。

今井　元がパワー血統だから、芝でも牡馬の方が期待値が高くなってるよね。イクイノックス、ガイアフォース、ジャスティンスカイとかも牡馬だし。

亀谷　芝の勝率で見ると、牡馬が16.5%で牝馬が10.1%ですから、結構差がありますね。ダートの勝率だと牡馬が17.3%で牝馬が7.8%なので、さらに差がつきますよ。牝馬のダートは、逆張り作戦で稼げるレースが今後もどんどん出てくるんじゃないですか。

格言

1. 前走で差してた人気馬は危ない
2. 延長は反主流レース(非根幹距離など)が狙い目
3. 道悪◎で、特に小回りでは差が出やすい
4. ダートは阪神、東京で抜群の安定感
5. ダ1400mはショック馬以外、逆張り
6. 勝率で牡馬が圧倒し、特にダートは牝馬の勝率急降下

買い条件・消し条件

芝・小回りコースの延長（特に道悪）
芝・広いコースの短縮（特に道悪）

買い条件 1

芝の馬場状態と距離変更（福島、小倉、札幌、函館）

	ローテ	着別度数	勝率	複勝率	単回収	複回収
全体	延長	7-2-3-35/47	0.149	0.255	297	94
	短縮	2-4-6-31/43	0.047	0.279	23	94
道悪	延長	2-1-2-13/18	0.111	0.278	600	180
	短縮	2-3-2-11/18	0.111	0.389	55	103

芝の馬場状態と距離変更（東京、中山、阪神、京都、新潟、中京）

	ローテ	着別度数	勝率	複勝率	単回収	複回収
全体	延長	11-10-14-98/133	0.083	0.263	68	64
	短縮	15-15-8-79/117	0.128	0.325	170	96
道悪	延長	4-3-4-17/28	0.143	0.393	66	88
	短縮	3-3-3-20/29	0.103	0.310	442	135

延長は道中我慢して末脚を残さないで済む小回りや道悪が面白い。短縮は広いコースだと馬場を問わないが、それでも揉まれにくくパワーを活かせる重い馬場はより怖い。

牡馬
東京と阪神のダート1600m以上

買い条件 2

牡馬のダート1600m以上　競馬場別成績

競馬馬	着別度数	勝率	複勝率	単回収	複回収
東京	5-3-5-13/26	0.192	0.500	96	92
阪神	4-6-4-13/27	0.148	0.519	252	166

「ダートだと中距離向き」「広いコース向き」「牡馬の期待値が高い」の3つを組み合わせると自ずと回収率が上がる。

キングカメハメハ

大系統	ミスプロ系
小系統	キングマンボ系

適性遺伝 **引き出し型**

Kingmambo 鹿　1990	Mr. Prospector	Raise a Native
		Gold Digger
	Miesque	Nureyev
		Pasadoble
*マンファス Manfath 黒鹿　1991	*ラストタイクーン Last Tycoon	*トライマイベスト
		Mill Princess
	Pilot Bird	Blakeney
		The Dancer

Northern Dancer 4×4

父小系統（父国タイプ）：キングマンボ系（欧）
父母父小系統：ヌレイエフ系（欧）
母父小系統：ノーザンダンサー系（欧）
母母父小系統：ヘロド系（欧）

M3タイプ

M　S（LC）　SC（L）

要素

S	C	L	鮮度要求率	逆ショッカー
4	4	4	3	95.7（芝）

オプション

短縮	延長	内枠	外枠	巻き返し	広い馬場	特殊馬場	硬い馬場	重馬場
B	B	B	B	C	B	C	B	B

多頭数	少頭数	坂	休み明け	間隔詰め	アップ	ダウン	芝替わり	ダ替わり
B	B	B	B	C	B	B	B	A

テン3Fラップ前走比

テン3F	複勝率	単回収	複回収
0.5秒速い牡馬（芝）	0.316	76.7	75.2
0.5秒速い牝馬（芝）	0.297	71.2	81.5

代表産駒　ロードカナロア、レイデオロ、ドゥラメンテ、アパパネ、ホッコータルマエ、ラブリーデイ、チュウワウィザード、ルーラーシップ、ローズキングダムなど

2022/11/23掲載　本質分析①

母方の影響を受けやすい“引き出し型”で各要素が平均してある“まとまり系”

今井　亀谷君の分類だと、キングカメハメハはどういうタイプ？

亀谷　母方の影響を受けやすい“引き出し型”ですね。繁殖と育成をそのまま引き出しやすいので、例えばドゥラメンテみたいに母父サンデーサイレンスで育成ノーザンファームだと、完璧に王道タイプが出来上がる。逆に米国型をつければ、素直にダートで強い産駒が出てくるわけです。

王道の社台系中心でなかったのなら、ダートで走る馬、例えばホッコータルマエみたいな産駒を多く出す種牡馬になっていた可能性も高いですよ。

今井　Mではまとまり系、各要素が平均してあるタイプになるよ。状況に従順で走りに破綻が少ない。馬群も苦にしないで器用さもあるんで、好位から正攻法の競馬も無難にこなす。案外、こういうタイプの種牡馬は少ないんで貴重だよ。

亀谷　揉まれ弱い産駒が少ないですよね。休み明けも普通に走って、それでいて使っても成績が落ちません。叩き4戦目以降もむしろ複勝回収率は上がっているくらいですよ。本質は優等生で個性が出にくいんですが、そのぶん母系を見る意味が出てくるわけです。

最後の世代になったスタニングローズも、祖母がサンデーサイレンス産駒のローズバドで、ノーザンファーム生産ですから、まさにローズバドと同じ王道の馬になりました。

今井　芝で走りが特徴的になるのは長距離になるよ。中距離だと真面目に走るんだけど、長距離、特に自身の適性距離より長くなると急にディープインパクトみたいに鮮度大好きになるんだ。

つまり、休み明け～3戦目以内とか、大幅距離延長とか、格上げ戦とか、若いときとか、そういうフレッシュなときに急に頑張って、あとはアテにならない。内枠やスローペースで体力切れを補う形も我慢しやすいけど。

亀谷　確かにデータでも芝2200m以上の重賞は叩き4戦目以降でほとんど勝ってないですね。
今井　この春にダイヤモンドSを11番人気で2着に激走したランフォザローゼスなんかは、2400m以上を走るのはダービー以来約3年ぶりで、前走から1400mもの延長だったんだ。その鮮度が怖くて買い目に入れたんだよね。ダービーの前も休み明けで生まれて初めての2400mだった青葉賞で連対してたし。

ダイヤモンドSで激走したんで、「実は長距離向きかも」と、日経賞、目黒記念を使ったけど惨敗して、その後の1800m、2000mの方が人気より着順が良かったという結末だったよ。自身の適性より長い距離だと鮮度時に急に頑張って穴を出して、あとはトーンダウンするのが基本になる。

ただ近年は、芝だとその適性距離自体が長い産駒や、ダート向きのも増えてるけどね。特に牡馬は以前より少し重い体力型の傾向が強くなってる。
亀谷　そうなんですよね。クロフネっぽくなっているというか。配合もそうなんですが、その話はダートも含めて、次回にやりましょう。

2022/11/30 掲載　本質分析②

ダート戦での買い時と消し時

亀谷　前回は、最近のキングカメハメハは重い体力型の傾向が強くなっているという話でした。
今井　やや体力寄りにシフトしてきた感じだよね。以前と比べて若干距離適性が伸びているし、ダート向きの比率も増えている。
亀谷　クロフネっぽくなってきたというか、そもそも配合自体もクロフネとかフレンチデピュティみたいなパワー型をつけるパターンが増えてます。それと、以前は中山が得意でしたが、近年は中山ダ1800mがイマイチです。

今井　種牡馬の活力や状態でも傾向は変わってくるんで、データも年々微妙に変化するよね。芝とダートの中間的な感じの馬が、以前よりダートで走りやすくなってる感じだよ。

亀谷　ジュンライトボルトもエアスピネルも、芝からダートに路線変更して一気に盛り返しましたね。

今井　グロリアムンディもダートに移ってから4連勝したよね。2020年から見ると、「芝からダート」のショックは単複ともに回収率100％近くと安定して高くて、少しでもダート適性がありそうな配合なら狙い目になる。

亀谷　ここ2年は中山ダ1800mの内枠がかなり酷いですよ。6枠より内は3枠以外、全部複勝回収率50％未満。外の7～8枠は100％を超えてますから。外枠の方がスピードに乗りやすいみたいで、タイトに回る競馬が合わない感じです。

今井　まとまっているんで馬群も問題ないタイプだけど、確かに最近は以前ほど内枠の安定感がない感じだね。

亀谷　ダート1200mは基本的に期待値は低いですね。母父が米国型以外の場合、ダート1200mは人気になったら消した方が馬券になります。

今井　上級条件になると、ダートはやっぱり1600m以上が向くよね。

亀谷　トップクラスなら1600m～2100mくらいがちょうど合いますね。

今井　体力タイプのダートは、1000mに関しては長距離向きのスタミナで押し切れる条件だから馬券になりやすいけど。力の絶対値で強引に押し切る形になるんで、本質的な競馬でないぶん、極限では短いとフィットしにくい。

亀谷　特に1900mなんか向きますよね。本質は芝の主流タイプなので、ダートだと米国型に隙が出る中途半端な条件が合う部分もあります。

今井　東京ダ1600mは芝に近い構造で向くのもあるけど、ダ1800m以上が一番パフォーマンスは高くなるよね。あと気が良くて、集中期での連続好走が終わったあとでも、条件が向くと平気で巻き返す交互系の走りをする馬もダートに多いよ。

それと芝血統のダートなのと砂を被っても大丈夫なんで、パワーを補える短縮は向く。同距離や延長と比べて単複ともに回収率も高くて、特にダ1800m以上の短縮は単勝回収率が高いよ。

キングカメハメハ産駒　ダートの短縮ローテ 距離別成績

距離	勝率	複勝率	単回収	複回収
1200m	0.069	0.238	51	93
1300m	0.056	0.222	15	31
1400m	0.065	0.228	61	92
1600m	0.078	0.287	52	92
1700m	0.113	0.281	83	83
1800m	0.116	0.271	127	83
1900m	0.193	0.337	112	89
2100m	0.137	0.373	729	233

亀谷　ダ1700m超えると短縮の勝率が一気にアップしてますね。やっぱり短距離の短縮だと忙しくて取りこぼすリスクが高い。近年は特に広いコースの長距離が向くタイプが増えてきましたし。2018年からだと東京の回収率は単複ともに余裕で100％を超えています。平坦も向くので、急坂がないのも良いのでしょう。

今井　新潟も最近は勝率高いよね。

亀谷　それと芝でも本質的に1200m以下は忙しいですよ。人気になったら疑う方が面白い。直線競馬はまだ3勝止まりで、連対率も他の条件より半分近くも落ちてますし。

今井　芝も短縮になると、忙しい条件だと2～3着止まりが多いよね。芝1800m以上ならほとんどの距離で単勝回収率80％台以上になるんだけど。

亀谷　逆に短縮の芝1600m以下は全て80％未満ですもんね。

今井　ただ芝2400m以上になると若干短縮も落ちてるよ。これは前回話した「芝長距離の鮮度問題」で、長距離での短縮の場合、ずっと連続して長距離を使っている鮮度の薄い馬のデータ割合が増えちゃうから。

亀谷　距離適性だけではなく、キャリア耐性も血統で考慮することが重要ですね。

格言

1 母系と同じタイプを想像して買え!

2 長距離は大幅延長や休み明けなどフレッシュな馬の穴が怖い

3 「芝からダート」のショックで勝負!

4 米国型配合以外のダート短距離は人気で疑え

5 ダートの短縮は1800m以上に妙味

2022/12/07 掲載　的 中 例 ①

ダートだけじゃなく芝でも「1800m以上での短縮馬」が激走!!

今井　先週末はちょうど前回解説したキングカメハメハが重賞で2頭激走してタイムリーだったね〜。

亀谷　このタイミングを狙って選んだのはありましたから(笑)。

今井　両重賞とも、よく走るって解説した「1800m以上での短縮馬」が激走したよね。

亀谷　チャレンジCは「競馬放送局」での予想も本線的中。さすがでした！

今井　短縮＋馬群に入れる芝の内枠も合うルビーカサブランカから3連単の万馬券も当てたよ。ただ、チャンピオンズCは外しちゃった。ちゃんと解説を活かして予想しないとだったね〜。あと同じキングカメハメハの短縮でも、グロリアムンディは内過ぎて勝ち馬よりリスクはあったよ。

亀谷　グロリアムンディはキングカメハメハ産駒の危険パターンである最内枠。タイトに回る競馬は危ないという話もしましたね。

今井　短縮＋休み明けでの中京最内枠だと、忙しさ、タイトさが余計に助長されちゃったね。それとステイヤーズSに出てた2頭(ユーキャンスマイル、カウディーリョ)は、「芝長距離の鮮度問題」が引っかかった。

競馬放送局で公開した今井雅宏の準推奨レース

阪神11R
2番ルビーカサブランカ 6点 短縮でペース上がれば集中しやすく。
10番ソーヴァリアント 6点 ストレス薄れ、短縮で矯めて乗れば集中しやすく。
あとは9番、4番、12番、3番、13番

キングカメハメハ

2022年12月3日 阪神11R
チャレンジC(GⅢ) 芝2000m良 14頭立て

着	馬名	父	母父	前走	人気
1	6⑩ ソーヴァリアント	オルフェーヴル	シンボリクリスエス	中山芝2200･13着	1
2	2② ルビーカサブランカ	キングカメハメハ	ダンスインザダーク	阪神芝2200･8着	4
3	3③ エヒト	ルーラーシップ	ディープインパクト	新潟芝2000･14着	8

単勝190円　複勝120円 250円 240円　枠連1,260円　馬連1,480円
ワイド550円 520円 1,470円　馬単1,780円　三連複4,350円　三連単14,180円

2022年12月4日 中京11R
チャンピオンズC(GI) ダ1800m良 16頭立て

着	馬名	父	母父	前走	人気
1	3⑤ ジュンライトボルト	キングカメハメハ	スペシャルウィーク	中京ダ1900･1着	3
2	5⑩ クラウンプライド	リーチザクラウン	キングカメハメハ	盛岡ダ2000･2着	4
3	2③ ハピ	キズナ	キングカメハメハ	阪神ダ1800･4着	6
12	1① グロリアムンディ	キングカメハメハ	Blu Air Force	阪神芝2200･12着	2

単勝790円　複勝260円 360円 400円　枠連2,180円　馬連4,850円
ワイド1,330円 1,290円 1,920円　馬単10,130円　三連複14,020円　三連単81,360円

買い条件・消し条件

芝2400m以上の中6週〜半年

買い条件 1

芝2400m以上　レース間隔別成績

間隔	着別度数	勝率	複勝率	単回収	複回収
中1週	15-12-9-93/129	0.116	0.279	72	67
中2週	23-17-23-151/214	0.107	0.294	72	87
中3週	19-13-15-146/193	0.098	0.244	53	58
中4週	6-7-8-66/87	0.069	0.241	27	56
中5週	9-10-3-59/81	0.111	0.272	42	54
中6週	7-3-4-35/49	0.143	0.286	106	62
中7週	4-6-3-28/41	0.098	0.317	558	174
中8週〜半年	27-26-21-167/241	0.112	0.307	145	98

長距離になるとフレッシュな方が走るので、休み明け〜叩き数戦以内や、延長、凡走後などが面白い。

中山ダ1200m、中京ダ1200m、京都ダ1200mの短縮（複勝）

買い条件 2

短縮ダート1200m　競馬場別成績

競馬場	着別度数	勝率	複勝率	単回収	複回収
新潟	2-5-5-71/83	0.024	0.145	30	46
中山	13-10-10-94/127	0.102	0.260	73	106
中京	4-1-3-17/25	0.160	0.320	100	173
京都	4-8-6-43/61	0.066	0.295	34	105
阪神	2-9-5-54/70	0.029	0.229	27	80

短距離ダートの短縮は軽すぎると間に合わず、1200mはかなり忙しくなる新潟以外で複勝回収率が高い。短縮1400mもダートスタートの東京との相性が良い。

キンシャサノキセキ

大系統	サンデー系
小系統	Pサンデー系

適性遺伝 主張型

フジキセキ 青鹿 1992	*サンデーサイレンス Sunday Silence	Halo
		Wishing Well
	*ミルレーサー Millracer	Le Fabuleux
		Marston's Mill
*ケルトシャーン Keltshaan 鹿 1994	Pleasant Colony	His Majesty
		Sun Colony
	Featherhill	Lyphard
		Lady Berry

父小系統（父国タイプ）：Pサンデー系（日）
父母父小系統：セントサイモン系（欧）
母父小系統：リボー系（欧）
母母父小系統：リファール系（欧）

M3タイプ

L

LS
S（CL）

要素

S	C	L	鮮度要求率	逆ショッカー
4	3	3	4	119.7（ダート）

オプション

短縮	延長	内枠	外枠	巻き返し	広い馬場	特殊馬場	硬い馬場	重馬場
B	C	D	B	B	C	B	B	C

多頭数	少頭数	坂	休み明け	間隔詰め	アップ	ダウン	芝替わり	ダ替わり
C	B	B	B	D	C	A	D	A

テン3Fラップ前走比

テン3F	複勝率	単回収	複回収
0.5秒速い牡馬（芝）	0.243	53.5	74.0
0.5秒速い牝馬（芝）	0.222	80.0	61.4

代表産駒 サクセスエナジー、シュウジ、モンドキャンノ、ガロアクリーク、ルフトシュトローム、カシアス（Kemono）、ベルーガ、リバーラ、ブルベアイリーデなど

本質はスプリンターではない

亀谷　キンシャサノキセキはスプリンターだと思われやすいんですよね、ファンからも関係者からも。でも本質はスプリンターではなく、芝のスプリント戦で人気になって消すタイミングが多い種牡馬です。つまり「逆張り種牡馬」になりますね。同じサンデー系ではシルバーステートと同じで、逆張りのタイミングが増えそうな種牡馬です。

今井　Mでもシルバーステートと同じL系になるよ。揉まれ弱くて単調な競馬で強いけど、摩擦のあるレースで嫌なことがあると投げ出す。例えば、芝の内枠は単勝回収率が極端に低い。

キンシャサノキセキ産駒　芝の枠順別成績

枠番	勝率	複勝率	単回収	複回収
1枠	0.038	0.220	27	60
2枠	0.030	0.207	18	77
8枠	0.050	0.220	76	80

亀谷　1枠が27%、2枠が18%とは極端過ぎますね(笑)。

今井　まぁ単勝万馬券の馬が勝つと単勝回収率なんてガツンと上がるからアテにならないけど、ここで重要なのは本質の話だからね。キンシャサノキセキなら「揉まれると危ない」ということだ。例えば5番人気以内くらいの人気馬なら疑った方が馬券になる。とんでもない人気薄が、内枠なのに揉まれず先行して勝って突然回収率を上げることはあっても、本質として苦手だから、悩んだら揉まれそうな馬は切る方が馬券になるわけだよ。

亀谷　データを並べただけでは、仕方ないですもんね。それが実際、その種牡馬の本質を突いているかどうかが重要です。とはいえ、1枠で300回近く走ってこの数字は凄いです(笑)。人気馬限定にすれば、今後も水準以下の回収率を記録し続けるでしょう。

今井　勝率自体が低いから当然としても、回収率がこれだけ低いのは、逃げた馬とか、内枠でも上手く揉まれなかった人気薄が数字を上げちゃうパターンが、ちょうどあまり発生しなかったんだろうね。
亀谷　あ、それ面白いですよ。キンシャサノキセキは短距離で先行すると脆いんです。アメリカ型が得意とする先行力を持続させるスプリンターではなく、タメて直線でスピードを発揮するタイプ。だから、本質はスプリンターではない。先行馬が内枠から揉まれずに押し切るケース自体が少ないんじゃないですかね？
今井　二人の理論がピタっと重なったんで、格言はもうこれで決まりだね(笑)。実際、ガロアクリークにしても、重賞勝ちのスプリングSが10頭立ての7番から捲り、皐月賞が16番から追い込み、セントライト記念が12頭立ての7番から先行、エプソムC(2022年)が12頭立ての8番から捲り。重賞で馬券圏内のレースは全て揉まれなかった。中山記念は多頭数の内枠であわやの4着だったけど･･･、
亀谷　あ、時間がないのでその話は次回に(笑)。

2022/08/10 掲載　本質分析②

キンシャサノキセキは“非日本スピード”向き

亀谷　前回は、キンシャサノキセキは揉まれ弱い。例えばガロアクリークが重賞で馬券圏内に入った4戦も、揉まれないレースだったという話でした。
今井　4着好走の中山記念は16頭立ての3番だったけど、ハイペースをほぼ最後方から大外に出して揉まれなかったからね。あと、休み明け1～2戦目とか惨敗後とかのフレッシュ状態だと、揉まれ弱いタイプも馬群に対応するケースは多いよ。非根幹距離が向くのもあるけど。
亀谷　スプリングS、エプソムCともに1800mでしたね。
今井　キンシャサノキセキの根幹距離は、余程フレッシュな時期か、荒れ馬場とかの極端な馬場か、逃げ追い込みとかの極端な競馬の嵌まり待ち以外、普通のレースだと買いにくいよね。
亀谷　根幹距離の“距離”を取っちゃえ！って話ですね。日本の根幹

ガロアクリークの戦績(対談時点)

日付	レース名	コース	人気	着順	ゲート	位置取り
2022/6/12	エプソムC(G3)	東京芝1800重	8	2	6枠8番	7-7-5
2022/5/14	都大路S(L)	中京芝2000稍	4	6	6枠6番	3-3-3-3
2022/2/27	中山記念(G2)	中山芝1800良	8	4	2枠3番	12-12-13-11
2021/6/13	エプソムC(G3)	東京芝1800良	12	12	7枠14番	6-5-8
2021/5/15	都大路S(L)	中京芝2000良		除外	1枠1番	
2020/12/20	ディセンバーS(L)	中山芝1800良	1	3	6枠10番	9-9-8-7
2020/10/25	菊花賞(G1)	京都芝3000良	10	9	1枠2番	4-4-3-2
2020/9/21	セントライト記念(G2)	中山芝2200良	2	3	6枠7番	3-3-3-2
2020/5/31	東京優駿(G1)	東京芝2400良	7	6	6枠11番	6-5-7-10
2020/4/19	皐月賞(G1)	中山芝2000稍	8	3	8枠16番	11-11-10-9
2020/3/22	スプリングS(G2)	中山芝1800良	6	1	7枠7番	5-6-7-4
2020/3/1	水仙賞(1勝C)	中山芝2200良	6	4	6枠6番	6-6-5-3
2019/12/28	ホープフルS(G1)	中山芝2000良	9	11	4枠4番	6-6-5-9
2019/11/17	2歳新馬	東京芝2000良	6	1	6枠10番	9-9-6

スピードを問われるレース＝根幹距離なんだと。つまり、キンシャサノキセキは“非日本スピード”向きなわけで。

今井　それと先週の「芝短距離の先行で好走したあとの人気馬が危ない」って話、『ウマゲノム版 種牡馬辞典』のダッシュ再現値を調べてみたら、40SSだったよ。

亀谷　それはどういう指数ですか？

今井　「前走先行して好走した馬が、もう一度先行出来るか？」を算出した指数で、平均が50なので、40は相当低い。亀谷君の言った通りの数字だったよ。

亀谷　ノーザンファームの特に関東馬は古馬の芝スプリント戦の成績が中距離ほどではないんですよ。だから、古馬になっての芝短距離は、血統・育成の両面で逆張りが正解です。

今井　確かにノーザンファーム産だと、芝短距離は2歳は良いけど、3歳以降になると好走率がガクンと下がってるね。ところで、そんなこと言って怒られない(笑)？

亀谷　競馬王時代からの読者の方もいらっしゃるので大丈夫でしょう。ゲンダイの巨人批判を読んで喜ぶ巨人ファンみたいな感じで、懐が深い場長もいますし。

今井　なるほど、つまり亀谷君みたいなわけだ(笑)。そういえば権藤さんが、「三浦監督はやる男だ」みたいなことを昨年、ゲンダイで書いてたけど、今年はV戦士がコーチに戻って横浜も盛り上がってるよ。

亀谷　そういえば三浦監督も昔からコラムを読んでくれていますよ(笑)。今年の巨人はねぇ…、地元のチームですし、最近は選手の友人も増えて、ますます愛着はあるんですが。そういえば1998年当時は、野球見ながら週末一緒に予想してましたっけ(笑)。

今井　もう随分昔の話だよね〜。そうそう、それでノーザンファームの短距離だけど、今年小倉1200mで、6歳のアーズローヴァーが単勝155倍の18番人気で2着に激走してるんだ。このレースは前半3ハロンが32.8という超ハイペースで、しかも内外に大きくばらける荒れ馬場を追い込んだんだよね。これが、「根幹距離が非根幹質になるレース」そのものだよ。

2022年1月30日　小倉11R
巌流島S（3勝C）　芝1200m良 18頭立て

着	馬名	父	母父	前走	人気
1	5 ⑨ メイショウミモザ	ハーツクライ	フレンチデピュティ	中京芝1200・17着	11
2	2 ③ アーズローヴァー	キンシャサノキセキ	Sevres Rose	福島芝1200・14着	18
3	8 ⑯ グランレイ	ルーラーシップ	ファルブラヴ	阪神芝1400・1着	3

単勝2,090円　複勝670円 3,280円 290円　枠連5,240円
馬連108,810円　ワイド26,590円 2,690円 17,870円
馬単150,910円　三連複307,480円　三連単2,326,320円

ラップ　11.5 - 10.4 - 10.9 - 11.3 - 12.0 - 11.2

ペース　11.5 - 21.9 - 32.8 - 44.1 - 56.1 - 67.3　(32.8-34.5)

亀谷　特殊な流れや馬場になったわけですね。

今井　14着後の中9週で、フレッシュだったしね。こういう特殊ケースに嵌まると、古馬の根幹距離でも怖い。普通のレースでは期待値低いけど。

亀谷　データでも、6歳以降の芝は勝率1％くらいに下がってますから、そういう特殊なレースで激走した人気薄が回収率を上げているだけで、普通のレースに限定すると、まさに逆張り種牡馬ですよね。

2022/08/10 掲載　本質分析③

ダートだと馬群に対応できる

亀谷　逆にダートの中距離は、タメてパワーを活かすスタイルが合うので、馬券的に面白いレースが多いです。父のフジキセキはカネヒキリを出していますしね。ダート長距離になると、アメリカ血統にも隙が出てくる条件ですし、現役でもブルベアイリーデ、サンダーブリッツなどが活躍してます。

今井　確かウインユニファイドもそうだったよね。

亀谷　みんなミスプロか米国血統が入ってますね。米国系やミスプロが母系に入っている馬が、ダートの中長距離では狙い目ですね。

今井　ブルベアイリーデのマーチSとかシリウスSの重賞好走時は、内枠だったでしょう。ダート、中でも中長距離になると芝と違って、結構馬群を割れるんだよね。特にペースダウンすると対応しやすいから、1700m以上で、差し馬は内しか間に合わない緩い流れの内枠は激走しやすい。

揉まれ弱さには、ギアチェンジが苦手なタイプと、精神的に馬群が駄目な2種類のタイプがいて、前者の要素が比較的強い種牡馬なんだ。だからハロンラップの落ちるダートだと馬群に対応できる。

亀谷　以前に出たドレフォンと同じですね。「芝と違ってダートは安定感がある」という話でした。

今井　同じギアチェンジが苦手な似たタイプだけど、ドレフォンの方がよりダートの速いラップへの反応が良くて、タイセイドレフォンみたいにハイペースでも1700m以上なら、芝と違って馬群で我慢して走れるよ。キンシャサノキセキは、前走より忙しい流れだと馬群に対応出来なくなるケースが、ダートでもやっぱり多くなるけど。

格言

1 芝のスプリント戦で先行型の人気馬は逆張りに妙味あり

2 芝の内枠も人気馬は逆張り

3 芝1200mで先行好走後は危ない

4 ノーザンファームの芝短距離は逆張り

5 ダートはミスプロか米国血統が入っている中長距離に妙味

6 ダート1700m以上で緩いラップになるときは、内枠が怖い

買い条件・消し条件

買い条件 1

3勝クラス以上 ダート1400m以下への短縮（複勝）

3勝クラス以上の短縮 距離別成績

距離	着別度数	勝率	複勝率	単回収	複回収
1000m	0-1-0-1/2	0.000	0.500	0	190
1150m	0-1-1-3/5	0.000	0.400	0	120
1200m	4-2-7-20/33	0.121	0.394	61	114
1400m	1-5-2-8/16	0.063	0.500	50	510
1600m	2-1-0-13/16	0.125	0.188	125	51
1700m	1-0-0-14/15	0.067	0.067	12	7
1800m	0-1-2-13/16	0.000	0.188	0	49

上級条件だと体力的に微妙なので、ダートでのまとまりを活かした短縮短距離で2、3着のヒモ穴狙いが面白い。

消し条件 1

芝1400m以下
前走3角1～3番手

芝1400m以下　前走3角位置別成績					
前走3角	着別度数	勝率	複勝率	単回収	複回収
1番手	11-12-16-90/129	0.085	0.302	34	71
2番手	14-18-10-106/148	0.095	0.284	38	64
3番手	8-15-14-142/179	0.045	0.207	27	47

短距離のダッシュ力の再現性が弱いので、前走前に行っていた馬の単勝期待値は低く差しに回る位置取りショックが嵌まりそうな条件で買いたい。

消し条件 2

ノーザンファーム生産の関東馬
3歳以上の芝1400m以下

芝1400m以下のノーザンF生産・関東馬　年齢別成績					
年齢	着別度数	勝率	複勝率	単回収	複回収
2歳	10-6-8-23/47	0.213	0.511	70	91
3歳	4-1-4-45/54	0.074	0.167	40	29
4歳	2-2-4-23/31	0.065	0.258	57	91
5歳	1-1-1-21/24	0.042	0.125	9	18
6歳	0-0-0-5/5	0.000	0.000	0	0

真のスプリンターではないキンシャサノキセキ産駒に、芝中長距離の最強馬を作る育成を施すと、短距離ではこのような成績になる。

ゴールドシップ

大系統	サンデー系
小系統	Tサンデー系

適性遺伝 主張型

ステイゴールド 黒鹿 1994	*サンデーサイレンス Sunday Silence	Halo
		Wishing Well
	ゴールデンサッシュ	*ディクタス
		ダイナサッシュ
ポイントフラッグ 芦 1998	メジロマックイーン	メジロティターン
		メジロオーロラ
	パストラリズム	*プルラリズム
		トクノエイティー

父小系統(父国タイプ) Tサンデー系(日)

父母父小系統 ファイントップ系(欧)

母父小系統 マイバブー系(欧)

母母父小系統 ノーザンダンサー系(欧)

Northern Dancer 5×5、Princely Gift 5×5

M3タイプ

C	CL(S) S(CL)

要素

S	C	L	鮮度要求率	逆ショッカー
4	5	1	2	100.9(芝)

オプション

短縮	延長	内枠	外枠	巻き返し	広い馬場	特殊馬場	硬い馬場	重馬場
C	A	B	C	B	C	C	D	A

多頭数	少頭数	坂	休み明け	間隔詰め	アップ	ダウン	芝替わり	ダ替わり
C	C	C	B	C	C	D	D	D

テン3Fラップ前走比

テン3F	複勝率	単回収	複回収
0.5秒速い牡馬(芝)	0.218	65.4	96.5
0.5秒速い牝馬(芝)	0.259	86.4	85.9

代表産駒 ユーバーレーベン、ウインキートス、ウインマイティー、マカオンドール、ゴールデンハインド、ブラックホール、ブリュムドール、ウインピクシスなど

2023/04/12掲載 本質分析①

ステイゴールド系のしぶとく頑張れる性質 ラフィアン牝馬に活躍馬が多い理由とは?

亀谷　ステイゴールド系は非根幹距離の馬力競馬に向きますが、ゴールドシップはその特徴がさらに強くなってますね。

今井　ダッシュ力が弱いぶん、馬体を併せるまで持って行ければしぶとく頑張れる性質(C系)が強く出るのがステイゴールド系だけど、その挙動の重さがさらに加速しているね。

亀谷　ラフィアンなどが生産の中心なので、よりその傾向が加速している部分もあります。ユーバーレーベンもビッグレッドファーム生産ですし。同じステイゴールド系でも、オルフェーヴルとは少し違ってくる点には注意です。ゴールドシップの方がよりステイゴールドらしいというか、非根幹距離に向いてくるわけですね。

今井　推進力の面ではオルフェーヴルの方が強いしね。それもあって、しぶとさを活かしやすい牝馬の方が活躍する産駒がゴールドシップでは多くなってるんだ。前への推進力の弱さをしぶとさで補う形だよね。確かに代表産駒にラフィアンが多いけど、そのほとんどが牝馬で、牡馬で活躍しているのはラフィアン以外も多いのは、そういう面でも興味深いね。

亀谷　前半が緩くて徐々に加速していくヨーロッパ型の競馬ではやはり強いですよね。ステイゴールド系は凱旋門賞など欧州のレースで強いわけですが、そのぶんJRAのスピード競馬にはフィットしないシーンが多くなるので、反主流向きになりやすいです。

今井　そこが逆に穴馬券にもなりやすいポイントだよね。ツボに嵌まらないと激走しないぶん、走ると穴になる。ユーバーレーベンやウインマイティーが激走したオークスなんかは、各馬が初距離への多頭数延長だから、牝馬にはかなりタフな競馬になるんだよね。

亀谷　そうなんですよ。オークスは非根幹血統が走りやすい。普通のファンには伝えるの面倒なんで、サロンでないと言いませんけど(笑)。若駒の牝馬では芝2400mを走り切れないので、主流の適性外になってしまうんですよね。

今井　だから、仮に上がりが速くなっても馬には相当の消耗戦に感じるんで、上がり勝負にならない消耗戦に向く性質が根幹距離でも活きてくる。むしろ本質的に不器用なぶん、広くて走りやすく設計されている根幹距離が逆説的にツボになるパターンも出てくるし。

亀谷　根幹距離だと追走はしやすいですもんね。それと牝馬限定戦は3歳の早い時期までは基本的に緩い流れの上がり勝負になりやすいですから。それまで上がり勝負を走ってきた馬たちが、急にタフな流れになって戸惑ったとき、相対的にゴールドシップが浮上して激走するパターンはよくありますね。

今井　あと他の種牡馬でもそうだけど、消耗戦向きの馬が上がり勝負の根幹距離で走るパターンは、3歳までがどうしても多くなるんだよね。

芝の根幹距離を勝率で見ると、2～3歳限定戦までだと、1600mが4.7％、2000mが6.4％、2400mが7.7％あるんだけど、これが古馬混合戦になると、1600mが3.3％、2000mが1.9％、2400mが2.4％と善戦止まりが急に増えてくる。

鮮度を失うと次第に重さが増してくるんだよね。古馬の根幹距離でも、内回りとか道悪で重いレース質になると悪くないけど。

亀谷　ウインマイティーの京都大賞典3着も稍重でしたよね。

今井　不器用なぶんだけ、特殊なレース質になると逆に根幹距離も走るパターンだよね。

亀谷　あとスタミナがあって、長距離で外目の枠は流れに乗りやすいですよ。延長も流れに乗りやすくて、芝の単勝回収率では延長83％に対して、短縮は33％とかなりの差が付いてます。

今井　延長は特に非根幹距離向きが加速して、根幹距離の延長は1600mが複勝率9.1％、2000mが15.6％だけど、非根幹距離の延長だと1800mが31％、2200mが20％と、凄く差が出てくるよ。複勝回収率では1600mの延長は16％で、1800mは120％だから10倍近い(笑)。

根幹距離でも2400mの延長は高くなるけど、これはさっき話した3歳までのツボに嵌まって激走するパターンが押し上げてるぶんもあるんだ。

ゴールドシップ産駒　芝延長時の距離別成績

距離	勝率	複勝率	単回収	複回収
1600m	0.045	0.091	10	16
1800m	0.082	0.311	92	120
2000m	0.039	0.156	22	76
2200m	0.050	0.200	179	78
2400m	0.083	0.274	168	97
2500m	0.143	0.286	32	70
2600m	0.164	0.373	81	81

亀谷　3歳馬の延長2400mは7勝していて、古馬はまだ未勝利です。さっきも言ったように、若駒限定の芝2400mは根幹適性が問われないレースが多いからゴールドシップに合うんでしょう。それと長距離の延長は追走しやすくなるので、元々どの距離でも好走率が高くなってますし。

今井　集中して走るタイプはスタミナがあっても、延長だと流れが緩いんで道中でそのストロングポイントの集中力が切れちゃうんだよね。非根幹距離だとトリッキーなぶんだけ延長の緩ペースでも集中力が持続しやすいんで、持ち前のしぶとさが活かせる。だから小回りとかでタイトな競馬場の多い2600mへの延長は複勝率37％と爆発的に走るよ。

　しかも、より混戦になりやすい16頭立だと、頭数が増えるのに複勝率4割と好走率が逆に上がっちゃうくらいだから。

亀谷　延長2600mは67戦して11勝ですから、かなりの安定感がありますよね。

馬券のポイントはコースと枠順の関係

今井　先週のゴールドシップも、早速ハマってたよね。「延長2600mは爆発的に走る」っていう解説だけど。

亀谷　先週唯一の2600mだった奥の細道特別（4/16・福島10R）ですよね。人気薄のゴールドシップがワンツースリーで3連単36万馬券の高配当でした。しかも勝ったのが「延長」の11番人気でしたよね。

2023年4月16日 福島10R

奥の細道特別（2勝C）　芝2600m稍重 13頭立て

着	馬名	父	母父	前走	人気
1	6 ⑨ ウインエアフォルク	ゴールドシップ	ティッカネン	東京芝2400・10着	11
2	8 ⑬ ホウオウユニコーン	ゴールドシップ	ルーラーシップ	小倉芝2600・8着	8
3	7 ⑩ シーグラス	ゴールドシップ	マイネルラヴ	小倉芝2600・5着	7

単勝4,750円　複勝930円 400円 360円　枠連1,660円　馬連21,850円
ワイド4,240円 3,980円 1,100円　馬単50,870円　三連複38,960円　三連単366,380円

今井　実は7番人気3着のゴールドシップが◎で、8番人気2着のゴールドシップが▲だったんだ。減量騎手の特別戦で評価を下げた11番人気に激走されて、僕の馬券はワイドになっちゃったけど…。

亀谷　ゴールドシップ3頭の中で、唯一の延長ステップだった11番人気が勝つのが、血統の恐ろしさですよね。

今井　先週話したばかりだから、参考にして当てた読者が一杯いれば嬉しいけどね。

亀谷　サロンメンバーからも「血統とゴールドシップってすごいですね！」って話を聞きましたよ（笑）。「同じ2600mなら延長馬を買え！」でしたね。「馬は条件だけで走るのではなく、生命リズムが重要」という、まさにMで最も大切な概念ですよね。

今井　それと3頭とも外目の枠で、「長距離の外目の枠は流れに乗りやすいから買い」の解説にも綺麗にハマってたね（笑）。

亀谷　不器用でダッシュ力がないぶん、外枠の長距離は流れに乗り

やすいですから。

今井　内枠だと流れに乗りきれないケースは確かに不器用なぶん起きやすいよね。ただ広いコースに限るとペースが単調になるんで、外枠だと集中力が切れやすいんだよね。広い東京、阪神、京都、新潟の内回り以外だと、1～3枠がすべて複勝回収率85%を超えて、4枠以降は8枠以外ガクンと落ちるんだ。広いコースでもペースが上がれば外枠も走るけど。

ゴールドシップ産駒
東京、阪神外、京都外、新潟外の芝　枠順別成績

枠番	勝率	複勝率	単回収	複回収
1枠	0.068	0.305	73	99
2枠	0.034	0.224	20	85
3枠	0.068	0.305	228	178
4枠	0.019	0.148	2	35
5枠	0.032	0.222	21	45
6枠	0.050	0.217	11	44
7枠	0.024	0.220	7	50
8枠	0.103	0.282	56	112

亀谷　8枠だと特殊バイアスに嵌まるケースも結構多いですしね。

今井　新潟でも内回りだとかなりタイトになるから外枠も嵌まりやすいんだよね。新潟、京都、阪神の外回りに限定すると、1～3枠は全て複勝回収率170%以上で、4枠以降は全て50%以下だから、かなりの差が出るよ。広いコースだと内枠でも不器用さが出にくくて、集中力を存分に生かせる。

亀谷　特に内枠は内々をゲリラ的に乗る形が合いますよね。スルスル捲ったりとか。3枠以内だと戸崎騎手が複勝率56.3%、デムーロ騎手が70.6%とかなり走ってますし、松岡、丹内騎手なんかも好走率が高いです。

今井　矯めすぎず、動きたいときに一気に脚を使う騎乗が合うよね。

亀谷　枠に関係なく田辺騎手なんかも走ってますし、騎手も反主流的な乗り方がゴールドシップには合いますね。そしてダート戦ですが、パワー型のためダートを使われやすいですが、基本的に芝血統なので合わないですね。

今井　ダッシュ力が弱いのもキツいよね。追走が楽になる長距離ダートで追い込みバイアスが発生したときに、穴で狙うくらいが無難かな。

亀谷　1900m、2000m、2400mとか、長距離でも特殊な距離が特に面白いですよね。1800mとかと違ってダートの主流血統に隙が出やすい条件ですし。

今井　前走からの追走面ではやっぱり延長だよね。複勝率で延長19.4%、短縮9.9%だから倍近い差があるし、回収率だと更に差がつくよ。

亀谷　特に1600m以下の短縮になるとまだ2勝で、追走が忙しいと厳しいですね。配合面では、母父米国型以外の牝馬は走らないので逆張り作戦が正解になります。

格言

1. 非根幹距離など反主流レースで買い
2. 2～3歳の消耗戦は根幹距離も○
3. 特に古馬の延長は非根幹距離が◎
4. 広いコースは内枠、タイトなレースは外枠が面白い
5. 騎手もデムーロなど、反主流騎乗を狙い撃て！
6. ダートは延長▲ 短縮×

2023/04/26 掲載　的中例①

前走より体力的にタイトな条件だと集中力が切れない!!

亀谷　ゴールドシップを取り挙げるタイミング、多少狙っていたとはいえ、ハマりましたね〜。

今井　先週のフローラS、人気薄のゴールドシップ(ゴールデンハインド)が激走したけど、ちょうどここ2週取り挙げていたんでタイムリーだったね。ゴールデンハインドは3番手の▲にして馬連当てたけど、あれが前々回話した「3歳牝馬の延長根幹距離パターン」になるよ。

ゴールデンハインドの戦績

日付	レース名	コース	人気	着順	着差	位置取り
2023/4/23	フローラS(G2)	東京芝2000良	7	1	-0.2	1-1-1
2023/3/18	フラワーC(G3)	中山芝1800不	7	4	0.4	3-4-3-2
2023/2/26	デイジー賞(1勝C)	中山芝1800良	1	2	0.2	3-3-3-3
2022/10/22	アイビーS(L)	東京芝1800良	5	4	0.5	4-4-4
2022/10/1	芙蓉S(OP)	中山芝2000良	5	2	0.1	1-1-1-1
2022/7/23	2歳未勝利	福島芝1800稍	4	1	-0.1	1-1-1-1
2022/7/3	2歳新馬	福島芝1800良	7	5	0.3	1-2-2-3

亀谷　「3歳牝馬はそれまでのレースが単調な上がり勝負になりやすいので、延長の根幹距離が牝馬にとって相当体力的に辛く感じる」という話ですよね。

今井　だから仮に根幹距離らしい上がり勝負になっても、各馬にとっては体力的にタフな消耗戦、つまり根幹距離ではなく非根幹距離に感じるんだ。

亀谷　逃げて自ら消耗戦に持ち込んだのも嵌まりましたね。逃げは距離適性を自分の領域に持ち込めますからね。

今井　馬が最も気持ちよく走れる、逃げの位置取りショックだもんね。「ステップによって、同じ条件でも走りの質は全然違ってくる」

という、競馬では大切な概念だよね。

亀谷　ただし、ショック後は凡走しやすいんですけどね。似たような話を福永元騎手も言ってました。ですから当連載の最初で話したように、「根幹距離」という表現ではなく、「主流スピード」とかの表現がいいですよね。「根幹」、「非根幹」と距離を取っちゃう方が、より分かりやすいと思うんですよ。

今井　そういえば、2週前も同じパターンで福島民報杯を人気薄のゴールドシップ(エリオトローピオ)が延長で2着したけど、あれも▲で当てたんだ。「延長の根幹距離」でも、3勝クラス11着後で、格下を惨敗した馬にとって延長のOPは体力的に相当タイトに感じる。2000mなんだけど、自身の感覚としては自己条件の2200mとか2600mを走るのと同じなんだよね。

エリオトローピオの戦績

日付	レース名	コース	人気	着順	着差	位置取り
2023/4/16	福島民報杯(L)	福島芝2000稍	5	2	0.2	4-4-6-5
2023/3/19	スピカS(3勝C)	中山芝1800重	10	11	1.6	8-7-9-9
2023/2/25	幕張S(3勝C)	中山芝1600良	13	4	0.5	7-8-11
2023/1/7	寿S(3勝C)	中京芝2000良	8	5	0.6	8-8-8-11
2022/12/11	常総S(3勝C)	中山芝1800良	7	8	0.5	3-3-4-4
2022/10/23	新潟牝馬S(OP)	新潟芝2200稍	4	11	0.8	5-5-5-5
2022/7/24	白河特別(2勝C)	福島芝1800良	2	1	-0.1	4-3-4-4
2022/7/10	織姫賞(1勝C)	福島芝1800良	2	1	0.0	3-3-3-2
2022/4/16	3歳未勝利	福島芝2000稍	4	1	-0.3	4-3-2-2
2022/3/27	3歳未勝利	中山芝1800重	5	5	0.8	3-4-5-6
2022/3/5	3歳未勝利	中山芝1800良	3	4	0.4	4-5-5-4
2022/2/12	3歳未勝利	東京芝1800良	5	4	0.5	1-1-1
2021/9/26	2歳新馬	中山芝2000良	12	4	0.2	2-2-2-1

亀谷　根幹の流れを馬が感じなくていい競馬で馬券になったわけですね。

今井　だから「前走より体力的にタイトな条件だと集中力が切れない」という特徴(C系)が、根幹距離でも最大限に発揮される。普通のステップで根幹距離の延長なら危ないけど。

亀谷　道悪の荒れ馬場で余計に非主流に感じたのもありましたね。ただこの概念を説明するのは大変。「非根幹距離向きも、3歳牝馬など体力的に今までよりハードなレースなら根幹距離も買い」と、取り敢えず格言で覚えて貰うのが手っ取り早くなりますよね(笑)。

買い条件・消し条件

2、3歳の芝延長（1800m～2500m）

買い条件 1

芝延長 距離別成績 2、3歳馬と古馬

距離	着別度数	勝率	複勝率	単回収	複回収	古馬 単回収	古馬 複回収
1800m	6-4-8-38/56	0.107	0.321	132	77	40	198
2000m	8-15-9-136/168	0.048	0.190	33	95	125	45
2200m	5-5-4-62/76	0.066	0.184	212	79	0	50
2400m	7-8-5-56/76	0.092	0.263	186	108	0	82
2500m	1-0-0-0/1	1.000	1.000	230	110	0	38
2600m	7-4-8-31/50	0.140	0.380	50	86	200	70
3000m以上	0-0-0-2/2	0.000	0.000	0	0	41	52

2、3歳は中央場所での延長もよく走る。古馬で1800m～2500mの延長を勝ったのは逃げのショックとダートから芝だけで、ショック馬以外はいまいち。

福島芝2600m、小倉芝2600mの延長

買い条件 2

芝2600mの延長と芝全距離の延長

2600m限定	着別度数	勝率	複勝率	単回収	複回収	延長全距離 単回収	延長全距離 複回収
札幌	2-1-1-13/17	0.118	0.235	57	43	67	59
函館	0-1-1-16/18	0.000	0.111	0	30	0	26
福島	5-3-8-21/37	0.135	0.432	165	118	115	80
阪神	1-1-0-2/4	0.250	0.500	32	77	59	50
小倉	5-0-1-9/15	0.333	0.400	235	84	176	126

延長の2600mは驚異の安定感だが、洋芝北海道の延長だとやや体力に難がある。距離に関わらず北海道は同距離や短縮の方が面白い。

ゴールドシップ

コパノリッキー

大系統	サンデー系
小系統	Dサンデー系

適性遺伝 主張型

ゴールドアリュール 栗 1999	*サンデーサイレンス Sunday Silence	Halo	父小系統（父国タイプ） Dサンデー系（日）
		Wishing Well	
	*ニキーヤ Nikiya	Nureyev	父母父小系統 ヌレイエフ系（欧）
		Reluctant Guest	
コパノニキータ 栗 2001	*ティンバーカントリー Timber Country	Woodman	母父小系統 ミスプロ系（米）
		Fall Aspen	
	ニホンピロローズ	*トニービン	母母父小系統 グレイソヴリン系（欧）
		ウェディングブーケ	

M3タイプ

S	SL S(LC)

要素

S	C	L	鮮度要求率	逆ショッカー
5	2	2	2	77.4（ダート）

オプション

短縮	延長	内枠	外枠	巻き返し	広い馬場	特殊馬場	硬い馬場	重馬場
B	D	B	B	C	C	B	B	C

多頭数	少頭数	坂	休み明け	間隔詰め	アップ	ダウン	芝替わり	ダ替わり
C	C	B	C	C	B	C	E	D

テン3Fラップ前走比

テン3F	複勝率	単回収	複回収
0.5秒速い牡馬（ダート）	0.113	3.1	35.2
0.5秒速い牝馬（ダート）	0.207	358.6	69.0

代表産駒 セブンカラーズ、エコロクラージュ、コパノニコルソン、アームズレイン、コパノハサディナ、リッキーナイト、コパノミッキー、セブンスレターなど

2023/07/26 掲載　本質分析①

ダート短縮時のポイントは距離と馬体重にあり!!

亀谷　コパノリッキーは米国の短距離要素が全然ない血統です。米国型血統は1800mまでだと強いですが、1900mを超えると失速することが多いです。一方、コパノリッキーはヨーロッパ血統と日本の砂血統を合わせたような配合なので、1900m以上なんか向きますよ。出走数が少ないのに2400mではもう2勝しています。

今井　いまいちダート馬としてはスピードの乗りが悪いよね。だから短縮でも、1600m以下の主要距離だと、どの距離も複勝率2割以下だけど、1700mを超える短縮はかなり安定感が出てくる。複勝率では4割を超えているよ。

コパノリッキー産駒　ダート短縮時の距離別成績

距離	勝率	複勝率	単回収	複回収
1600m以下	0.074	0.155	120	51
1700m以上	0.100	0.467	38	116

亀谷　短縮は走りますね。1700mの短縮は複勝率が5割もあります。

今井　MでダートS系というんだけど、このタイプは気分転換や目先の変化を特に好むので、距離変更、中でも短縮は、流れに上手く乗れさえすれば激走率が高くなるんだよね。

　だけどスピードについて行けないケースも多く、短い距離だとハマるか惨敗か極端で、安定感には欠く。このあいだ、福島ダート1150m（7/15・米沢特別）でコパノパサディナっていう産駒が1400mからの短縮で単勝2.4倍の断然人気だったんだ。で、少し怪しいからパロットビークっていう穴馬から入って万馬券を当てたんだよ。

亀谷　お、単勝55倍の超人気薄で2着に激走してますね。

今井　こっちも短縮だけど、ハーツクライなんだよね。1150mは中途半端な距離で、結構スタミナも必要なのでハーツクライみたいな血統は走りやすい。その辺は1000mにも通じるけど、芝スタートのぶん、よりハーツクライも対応しやすくなるんだ。

2023年7月15日 福島10R
米沢特別（2勝C） ダ1150m稍重 16頭立て

着	馬名	父	母父	前走	人気
1	8 ⑯ エコロアイ	Shackleford	Dixie Union	福島ダ1150・2着	3
2	6 ⑫ パロットビーク	ハーツクライ	Redoute's Choice	京都ダ1200・12着	8
3	8 ⑮ ロードミッドナイト	カレンブラックヒル	ザール	福島ダ1150・3着	2
9	6 ⑪ コパノパサディナ	コパノリッキー	アグネスデジタル	阪神ダ1400・1着	1

単勝500円　複勝190円 680円 160円　枠連300円　馬連11,050円
ワイド2,810円 430円 2,030円　馬単17,360円　三連複11,450円　三連単86,740円

コパノリッキー

亀谷　それとコパノパサディナは510キロ台の大型馬ですね。

今井　大型馬だと良くない？

亀谷　コパノリッキーは、小型馬でコンパクトに作ったほうがキレを補えますし、長所も削がれにくいんですよ。だから小さい牝馬に付けたほうが良さが出ます。特に短縮なら大型馬より小型馬が向きますよ。

今井　確かに産駒の戦績を見ると、大型馬はかなり不器用で、短縮だとスムーズに流れに乗れない形での2、3着が多くなってるね。

あと気分転換という意味では、位置取りショックも好きだよ。特に極端な脚質で精神コントロールさせる形が合う。ただ馬群は結構対応するけど。

亀谷　データ的にも内枠は穴が出てますね。

今井　内枠から逃げちゃう形で、ダッシュ力不足を補うパターンも多いけどね。それと1600mは結構穴が出てるよ。東京の忙しすぎない流れにスムーズに乗る形で激走しやすい。

亀谷　逆に1400mは極端に勝率が落ちますよね。この舞台は米国型のスピードの持続性が発揮しやすく、それが足りないコパノリッキー産駒は、なかなか勝ちきれない要因になっています。

2023/07/26掲載　本質分析②

今後は芝長距離にも注目

亀谷　Dr.コパさんともお話ししたんですが(笑)、芝はまだあんまり使われてないですけど、長距離で面白いと思うんですよ。母父のティンバーカントリーみたいに、体力のある芝長距離向きの血統なので。

今井　確かにティンバーカントリーはアドマイヤドンみたいにダートで走る産駒の印象が強いけど、トウショウナイトとか芝中長距離を体力で押し切る馬も結構いたよね。

亀谷　ええ。牝馬はキレもあるので短距離も良いと思いますが、牡馬は長めのほうが合うので、馬券的にも今後、面白い狙いになってきますよ。それに芝中距離を使った後にダートを使えば短縮になるケースも増えますから。

今井　芝はダートS系らしく、硬い高速馬場とか、逆に重馬場とかを、行くか捲るか追い込むか、極端に乗って激走するタイプだね。矯めてキレるわけでもないから。あと、前走で多頭数を揉まれたり、忙しい競馬をして苦戦した後にスムーズに流れに乗って体力を活かす形が合う。

亀谷　前走からの違いですよね。マインドユアビスケッツなんかも、前走で前向きな経験をすると良いタイプなんですよ。

今井　前向きな経験というと？

亀谷　例えば前走で3番手以内で先行したりですね。そういう経験をすると激走しやすいタイプなわけです。

今井　Mで「S質の活性化」と呼んでいるやつに近いかな。先行したり、ハイペースを経験したり、ダートを走ったりとかで馬を刺激する方法だけど、二人で同じような結論に到達しているのは面白いね。

亀谷　競馬を真剣に考えていると、そこにはどうしても到達するんじゃないですか。短縮ショックとか、今では普通に使っている若い人も多いですけど(笑)。キムラヨウヘイさんも「短縮ショッカー」を今井さんが作ったって知りませんでしたから(笑)。

今井　20～30年くらい前はそんな話をする人、僕らくらいしかいなかったけどね～。みんな競馬は単純に近走成績で決まると思ってたっけ。

亀谷　今でもファンの90%近くはそうじゃないですか？「馬への前向きな経験によって発揮できる能力が変わる」なんて考え方は、昔だったら1%の人も理解してはくれませんでした。でも、今は「亀谷競馬サロン」の読者、そして、超一流馬を作っているホースマンも興味を持って話を聞いてくれる時代になりました。まぁ「亀谷競馬サロン」の読者も超一流馬を作っているホースマンも、競馬ファン、関係者のなかでは1%に満たないんで、知っている人の比率は昔と大して変わらないのかもしれません(笑)。

格言

1. ダート短縮は1600m以上から狙い目
2. 小型牝馬との配合に妙味
3. 芝は牡馬の長めの距離が面白い

買い条件・消し条件

ダート1700m以上の短縮（複勝）

買い条件 1

ダート短縮　距離・性別成績

距離	性	着別度数	勝率	複勝率	単回収	複回収
1400m以下	牡馬	5-5-2-65/77	0.065	0.156	22	46
	牝馬	7-5-3-58/73	0.096	0.205	222	73
1700m以上	牡馬	2-5-4-15/26	0.077	0.423	28	111
	牝馬	1-2-1-5/9	0.111	0.444	45	106

短距離の短縮だと牡馬は揉まれると嫌がる。1700m以上の短縮は性別に関係なく安定感があり、特にヒモ穴に向く。

買い条件 2

ダート1枠の牝馬

牝馬　ダート枠番別成績（牡馬との比較）

枠番	着別度数	勝率	複勝率	単回収	複回収	牡馬 単回収	牡馬 複回収
1枠	3-2-2-23/30	0.100	0.233	904	170	115	80
2枠	2-1-5-31/39	0.051	0.205	288	62	39	61
3枠	2-3-2-24/31	0.065	0.226	21	43	12	37
4枠	3-1-2-43/49	0.061	0.122	269	71	21	37
5枠	2-3-3-35/43	0.047	0.186	24	55	37	30
6枠	2-3-3-36/44	0.045	0.182	20	36	126	58
7枠	2-5-4-32/43	0.047	0.256	27	45	19	71
8枠	3-2-3-37/45	0.067	0.178	83	66	71	92

牝馬は内目の枠の方が穴を開けやすい。牡馬はＳ質が強く、極端な状況を好む。

消し条件 1

ダート1400m

ダート距離別成績

距離	着別度数	勝率	複勝率	単回収	複回収
1400m	5-10-9-106/130	0.038	0.185	25	56
1600m	4-1-5-55/65	0.062	0.154	351	98

忙しすぎないダート1600mに対し、ダート1400mはスピードの持続性に欠けるため勝ちきれない。

サウスヴィグラス

大系統　ミスプロ系
小系統　フォーティナイナー系

適性遺伝　主張型

*エンドスウィープ End Sweep 鹿 1991	*フォーティナイナー Forty Niner	Mr. Prospector
		File
	Broom Dance	Dance Spell
		Witching Hour
*ダーケストスター Darkest Star 黒鹿 1989	Star de Naskra	Naskra
		Candle Star
	Minnie Riperton	Cornish Prince
		English Harbor

父小系統（父国タイプ）　フォーティナイナー系（米）
父母父小系統　ノーザンダンサー系（米）
母父小系統　ナスルーラ系（米）
母母父小系統　ボールドルーラー系（米）

Double Jay 5×5、Nasrullah 5·5(母方)

M3タイプ

S	S（SL） S（LS）

要素

S	C	L	鮮度要求率	逆ショッカー
5	2	3	2	134.0（ダート）

オプション

短縮	延長	内枠	外枠	巻き返し	広い馬場	特殊馬場	硬い馬場	重馬場
A	C	C	B	A	B	B	B	B

多頭数	少頭数	坂	休み明け	間隔詰め	アップ	ダウン	芝替わり	ダ替わり
B	C	B	B	B	D	A	E	A

テン3Fラップ前走比

テン3F	複勝率	単回収	複回収
0.5秒速い牡馬（ダート）	0.241	65.0	84.1
0.5秒速い牝馬（ダート）	0.253	53.8	82.7

代表産駒　ラブミーチャン、コーリンベリー、サブノジュニア、テイエムサウスダン、ヒガシウィルウィン、タイニーダンサー、ナムラタイタンなど

2022/08/31 掲載　本質分析①

凡走後の巻き返しを狙い打て!!

亀谷　サウスヴィグラスはアメリカダート血統の典型的なタイプ。気持ちが乗れば強引に走って、気持ちが乗らないと凡走します。
今井　そうだね。これまではシニスターミニスターやヘニーヒューズとか、どちらかというとダート血統としては珍しい、しぶとい競馬も出来るタイプを見てきたけど、サウスヴィグラスはM的にもまさに典型的なダートS系になる。単調なパワー競馬向きだよね。
亀谷　狙いはやっぱり気分良く走れるときになりますね。ダート1400m以下の短距離では特に外枠が狙い目です。なかでもお勧めは内枠で揉まれて凡走した後、外枠に入って激走するパターンです。特に前走8～13着くらいのゾーンは単勝回収率もかなり高く面白いです。
今井　前走より気分良く走れると、馬は激走しやすいから、揉まれ弱い馬だと余計に外枠替わりは利くよね。辞典で出してる巻返し指数でも、62Lだから相当高いよ。Lは1回の凡走後だけでなく、連続で凡走した後でも巻き返せるタイプに付くんだけど、例えば指数を出すときの元データの1つ、「前3走を2か月以内に走って全て6着以下」の馬は、複勝回収率でも他の種牡馬の倍近くも高い数字だった。
亀谷　そんなに差が出ない複勝回収率で、2倍はさすがに凄いですね(笑)。それと揉まれなかったときの激走に加え、脱落戦のスタミナ勝負に強いので、阪神とかダートスタートで坂があるコースは狙い目です。ただし、近年は1200m以下というか1150m以下くらいじゃないとスタミナが持たない産駒も多くなっていますが･･･。
今井　昔は中長距離でも走る馬がいたけど、最近は1700m以上で連対した例がほとんどないよね。強い産駒もいるけど、全体の活力は低下している感じだ。逆に1150mとか1300mとか、そういう超マイナー距離の成績はかなり上がってるし。

あとダートS系は、道悪、なかでも極端な道悪は強引な競馬になるぶん得意になる。特にトップクラスでは、単調に押し切れる軽い馬場がマッチするよ。

亀谷　フェブラリーSのテイエムサウスダンも重馬場の逃げで2着に激走でした。

今井　軽い前残り馬場が発生してスムーズに先行出来そうなときは、淡泊になっているぶん、むしろ今まで以上に穴で注意した方が良さそうだよね。

亀谷　もう1つの特徴としては、叩かれて上昇するのもありますよね。休み明け4～5戦目は特に回収率が高いです。

今井　肉体的にも疲労に強いしね。疲労耐久指数53Sと高くて、「60日間に3走して連闘」とか、「2か月以内に4走して中2週」とかの指数の元になったデータでは、単勝回収率100%を超えていた。「短期疲労」系のデータで、特に高い数字だったよ。実際、単純に中1週や2週の単勝回収率は100%を超えてるし。

まぁダート中心だから、心身の消耗度が芝より少ないのもあるけど。以前話に出た、キャリア15戦の目安でもやっぱり良い？

亀谷　ええ、キャリア16戦目以降も極端にキャリアを重ねて終わったような馬を除けば狙えますよ。現役で走っているヒロシゲゴールドも7歳ですし、テイエムサウスダンもJRA重賞勝ちは5歳の根岸Sが初でしたから。使われた馬の巻き返しが狙えるのも魅力ですよね。

それと、さっき話に出たテイエムサウスダンも母系が米国系です。ダート向きのパワー、その長所を伸ばした米国系との配合が特にお勧めです。

格言

1 内枠で揉まれた後の外枠が狙い目

2 トップクラスは湿った砂が特にお勧め

3 疲れに強く、間隔が詰まった馬の穴が怖い

買い条件・消し条件

買い条件 1

ダート戦における前走4～11着の牡馬

牡馬　ダート前走着順別成績（牝馬との比較）

前走着順	着別度数	勝率	複勝率	単回収	複回収	牝馬 単回収	牝馬 複回収
1着	30-32-18-323/403	0.074	0.199	43	52	54	62
2着	83-59-41-172/355	0.234	0.515	76	82	83	87
3着	58-40-42-198/338	0.172	0.414	73	80	85	87
4着	39-37-40-178/294	0.133	0.395	82	93	112	96
5着	28-20-39-189/276	0.101	0.315	105	90	83	92
6～11着	75-100-102-1261/1538	0.049	0.180	126	97	102	79

前走凡走からの巻返しが怖い。特に牡馬はブレの少ない複勝回収率だと3着以内と4着以下では確実に差が出る。

買い条件 2

叩き4～5戦目のダート1600m以下

ダート1600m以上　叩き回数別成績

臨戦過程	着別度数	勝率	複勝率	単回収	複回収
中2ヶ月以上	98-98-98-1159/1453	0.067	0.202	84	89
叩き2戦目	84-80-58-691/913	0.092	0.243	73	73
叩き3戦目	63-51-57-483/654	0.096	0.261	81	75
叩き4戦目	38-40-45-308/431	0.088	0.285	99	101
叩き5戦目	43-29-22-205/299	0.144	0.314	257	125
叩き6戦目以降	66-55-57-560/738	0.089	0.241	102	81

叩かれて上昇するのもサウスヴィグラス産駒の特徴。特に叩き4～5戦目の回収率が高い。

サトノクラウン

大系統	ノーザンダンサー系
小系統	ノーザンダンサー系

適性遺伝 **主張型**

Marju 黒鹿 1988	*ラストタイクーン Last Tycoon	*トライマイベスト	父小系統（父国タイプ） ノーザンダンサー系（欧）
		Mill Princess	
	Flame of Tara	*アーテイアス	父母父小系統 セントサイモン系（欧）
		Welsh Flame	
*ジョコンダII Jioconda 鹿 2003	Rossini	Miswaki	母父小系統 ミスプロ系（欧）
		Touch of Greatness	
	La Joconde	Vettori	母母父小系統 ミスプロ系（欧）
		Lust	

Northern Dancer 4×5、Mr. Prospector 4×5（母方）
Buckpasser 5×5、Sir Ivor 5×5（母方）

M3タイプ

L ｜ LC(S) L(SC)

要素

S	C	L	鮮度要求率	逆ショッカー
4	2	5	3	1055.6（芝）

オプション

短縮	延長	内枠	外枠	巻き返し	広い馬場	特殊馬場	硬い馬場	重馬場
C	C	C	D	B	A	C	D	C

多頭数	少頭数	坂	休み明け	間隔詰め	アップ	ダウン	芝替わり	ダ替わり
C	B	B	D	B	D	C	D	C

テン3Fラップ前走比

テン3F	複勝率	単回収	複回収
0.5秒速い牡馬（芝）	0.152	80.2	138.0
0.5秒速い牝馬（芝）	0.100	9.0	62.6

代表産駒 タスティエーラ、トーセンローリエ、ウヴァロヴァイト、レガテアドール、メイショウコギク、ニシノコウフク、サトノクロークなど

2023/08/02掲載　本質分析①

体力を活かせるステップで買い！

亀谷　サトノクラウンの本質は欧州型の中長距離タイプ。スタミナ体力型です。いきなり初年度産駒でダービー馬を出しましたが、どちらかというと非根幹距離向きと考えています。
今井　初年度は少し異質な馬を出すことも多いから、タスティエーラで全体のイメージを掴もうとすると失敗するかもだね。
亀谷　イクイノックスでキタサンブラック全体をイメージすると失敗するのと同じですね。ダービーそのものが、最近はキレが要求されにくくなって、スタミナ、体力勝負になっているということもあります。
今井　高速化して、速いラップで行ってそのまま押し切るようなパワー競馬になりつつある、という感じはあるね。
亀谷　フサイチコンコルドのダービーを思い出しましたよ。あの馬も非根幹距離向きの体力型でした。
今井　デビュー3戦目でダービーを勝って話題になったよね。ただ、逆に使われていってどうだったかは微妙で、心身が硬くなっていた可能性もあったけど。
亀谷　タスティエーラは母父マンハッタンカフェですけど、マンハッタンカフェも非根幹距離型なんです。ひとつ言えるのは、体力を強化した配合のほうがいいのかなと。逆に、王道スピードタイプのディープインパクト系が母父だといまいちで、牡馬は小型でキレを活かすようなタイプはあんまり良くないんですよね。そのうち大物は出るでしょうけど。
今井　マンハッタンカフェはMで量(L)系と呼んで、サトノクラウンに近いタイプなんだよね。安定して気の良さと体力を供給するタイプとの配合が合ってる。
　タスティエーラは体力と量が十分供給されているのと、まだ若くてフレッシュだから安定してるけど、基本は揉まれ弱くて前走よりタイトな競馬だとあっさり凡走するタイプの種牡馬になるよ。また、

サトノクラウン

そういうタイプにしては気の強さもあるんで、余計に安定感がない。気が強いぶんフレッシュだと馬群を割るケースもあるけど、基本は揉まれ弱いよ。ウヴァロヴァイトが13頭立ての13番枠から追い込みに回る位置取りショックでスイートピーSを勝ったようにだね。

ウヴァロヴァイトの戦績

日付	レース名	コース	人気	着順	ゲート	位置取り
2023/7/2	ラジオNIKKEI賞(G3)	福島芝1800良	8	12	5枠9番	7-9-8-8
 2023/4/30	スイートピーS(L)	東京芝1800良	2	1	8枠13番	7-8-8
2023/2/11	クイーンC(G3)	東京芝1600稍	4	10	3枠5番	3-3
2022/11/20	赤松賞(1勝C)	東京芝1600良	2	3	5枠5番	4-3
2022/10/10	2歳未勝利	東京芝1600稍	1	1	3枠4番	4-6
2022/7/24	2歳新馬	札幌芝1800良	1	2	8枠9番	4-4-4-5

亀谷　前走のクイーンCは速い流れを先行して凡走してましたね。
今井　前走より道中で楽に競馬が出来たから好走したわけだよね。それでスイートピーSの次走、小回り福島のラジオNIKKEI賞では揉まれて惨敗した。前走よりスムーズに競馬出来ると激走するけど、その逆だと凡走するというリズムだね。

　ただ、この馬は牝馬だからしぶとさもあるし速い上がりで追い込みも出来るけど、牡馬は揉まれず先行したり捲ったりの消耗戦でスムーズな形以外は投げ出す確率がかなり高くなるよ。
亀谷　牝馬の場合、スピードとキレもあるので、短い距離にも対応しますしね。牡馬だと1200mとかの短距離は基本的に逆張りが正解ですよ。実際、牡馬の1600m以下は、まだ2連対で複勝率1割を割ってます。特に根幹距離のマイルは、牡馬は合わないですね。
今井　確かに新馬戦で走ったくらいだね。
亀谷　忙しい条件でも、1400mの非根幹距離なら多少対応しやすくなるわけですが。
今井　短縮も忙しくて、休み明けとかで鮮度の高いとき以外は、揉まれると危ないよ。
亀谷　短縮でも牡馬と牝馬では凄い差が出てますよね。牡馬の短縮は複勝率6.7％ですが、牝馬だと16.7％なので、倍以上も差が付いてます。

サトノクラウン産駒　芝の牡牝別ローテ成績

性	ローテ	勝率	複勝率	単回収	複回収
牡馬	延長	0.091	0.136	117	31
	短縮	0.000	0.067	0	16
牝馬	延長	0.047	0.163	20	46
	短縮	0.067	0.167	21	672

今井　短縮で2勝してるけど両方とも牝馬で、しかも直線競馬と広い東京マイルだから短縮でも揉まれる心配の少ないレースだったね。
亀谷　その2勝は両方とも稍重ですから、馬場も重かったですね。
今井　走りそのものは芝向きだから、あんまり酷い道悪は得意でもないけど、少し時計の掛かる馬場はパワーが活きて向くよね。したがって、稍重とか洋芝とかは向く。「力の要る良馬場」なんかはピッタリになるよ。
亀谷　好走率だと延長が1番高くなってますね。タスティエーラのダービーも延長でしたし、やっぱり体力を活かせるステップのほうがよりベターです。初重賞勝ちの弥生賞も延長でした。
今井　今のところ牡馬の芝の勝ち鞍はみんな延長になってるね。体力の絶対値で上回っているときに延長は走りやすいから、サトノクラウンの牡馬にはやっぱり向いているよね。
亀谷　ダートは1700m以上でないと、かなり率も低いので狙いにくいです。特に勝率は低いですよ。
今井　好走のほとんどが中長距離か広いコースで、流れに乗れない条件だと芝以上に走りにくくなってるね。

格言

1 牡馬の母父は体力型（非根幹距離）が向く
2 短縮や短距離の牡馬は揉まれると危険
3 芝は酷すぎないコンディションでの消耗戦が◎

買い条件・消し条件

消し条件 1

芝短縮の牡馬

牡馬 芝のローテ別成績（牝馬との比較）

ローテ	着別度数	勝率	複勝率	単回収	複回収	牝馬 単回収	牝馬 複回収
同距離	0-5-5-49/59	0.000	0.169	0	118	18	62
延長	5-2-2-52/61	0.082	0.148	92	30	16	43
短縮	0-1-2-33/36	0.000	0.083	0	24	18	585

短縮は揉まれ弱いので、休み明けなどの鮮度時か、広いコース、重いばらける馬場、少頭数などスムーズに走れる設定が欲しい。特に牡馬は顕著で、牝馬もヒモ穴狙いがベター。

消し条件 2

福島、小倉、中京の芝

芝 競馬場別成績

競馬場	着別度数	勝率	複勝率	単回収	複回収
中央4場	13-13-13-150/189	0.069	0.206	66	151
北海道	4-4-3-41/52	0.077	0.212	108	53
新潟外回り	1-0-3-18/22	0.045	0.182	62	288
福島、小倉、中京	3-2-6-102/113	0.027	0.097	33	35

体力があって揉まれ弱いので広いコースや急坂、洋芝は比較的得意。小回りは道悪など追走が楽になる仕掛けが欲しい。

2023年ダービーを制したタスティエーラ。ただし、タスティエーラでサトノクラウン産駒全体のイメージを掴もうとすると失敗する恐れがあるので注意。

シニスターミニスター

大系統	ナスルーラ系
小系統	エーピーインディ系

適性遺伝 主張型

Old Trieste 栗 1995	A.P. Indy	Seattle Slew	父小系統（父国タイプ） エーピーインディ系（米）
		Weekend Surprise	
	Lovlier Linda	Vigors	父母父小系統 ハンプトン系（米）
		Linda Summers	
Sweet Minister 鹿 1997	The Prime Minister	Deputy Minister	母父小系統 ヴァイスリージェント系（米）
		Stick to Beauty	
	Sweet Blue	Hurry Up Blue	母母父小系統 ターントゥ系（米）
		Sugar Gold	

Hail to Reason 5·5(母方)

M3タイプ

M S(LC) S(CL)

要素

S	C	L	鮮度要求率	逆ショッカー
4	4	2	2	148.6（ダート）

オプション

短縮	延長	内枠	外枠	巻き返し	広い馬場	特殊馬場	硬い馬場	重馬場
A	A	B	B	A	B	B	B	C

多頭数	少頭数	坂	休み明け	間隔詰め	アップ	ダウン	芝替わり	ダ替わり
B	C	B	B	B	B	B	E	A

テン3Fラップ前走比

テン3F	複勝率	単回収	複回収
0.5秒速い牡馬（ダート）	0.281	68.5	108.2
0.5秒速い牝馬（ダート）	0.217	128.4	85.0

代表産駒 テーオーケインズ、ミックファイア、インカンテーション、キングズガード、ヤマニンアンプリメ、グランブリッジ、ドライスタウトなど

2022/07/27 掲載　本質分析①

実際よりも過小評価されやすい順張り種牡馬

亀谷　シニスターミニスターは「順張り種牡馬」と言えます。好走後でも狙えるタイミングなら、どんどん買っていく。血統的に地味な産駒が多いので、実際よりも過小評価されやすい種牡馬で、そのぶん人気になりにくいですし。

今井　トータルでも、ダートの単勝回収率は100%を超える美味しい種牡馬だもんね。とにかく馬券になる。その中でも、どんな条件を狙っているの？

亀谷　一番面白いのは、キャリア2～6戦のダ1600m以上ですね。ここは馬券の宝庫ですよ。使い減りしないので、叩いていっての中距離が狙い目になります。

今井　確かにデータを見ると、キャリア2～6戦は抜群に回収率が高いね。

亀谷　それで中だるみがあるんですけど、10戦目以降も結構高い回収率になる。使われながらスタミナを強化していくわけです。

今井　なんでもプラスになる種牡馬だから、短縮も延長も回収率は100%を超えているよ(笑)。特にダ1700m以上の延長は抜群に走る。

亀谷　適性そのものが、そこにある産駒が多いですよね。

今井　それと精神的に動じないのもあるよ。延長だと掛かったりして駄目な血統が多いけど、シニスターミニスターは延長でも落ち着いて走れるのが長所だ。

亀谷　1700mとか2100mの延長なんかは爆発的な回収率ですね。

今井　ただ延長の場合、マイルとか1400mはあんまり良くないよ。マイルと1400mは芝に近いキレが必要なんだけど、そういう距離に延長で向かうと、余計に矯めてキレを引き出す資質を要求されるんだ。特にダ1600mは芝に近いぶん、勝ちきれないリスクも出てくる。

　これが短縮で向う場合なら、キレを引き出す必要はなくて、短縮で得られるパワーの優位性を強引にぶつけて押し切る競馬でOKな

シニスターミニスター産駒の延長　ダート距離別成績

距離	勝率	複勝率	単回収	複回収
1400m	0.066	0.217	78	85
1600m	0.018	0.055	6	16
1700m	0.096	0.224	246	116
1800m	0.100	0.214	95	98
2100m	0.125	0.275	355	222

んで、ダ1600mも走るけど。揉まれても平気なタイプだから、短縮は短距離が一番面白いよ。

2022/08/03 掲載　本質分析②

どんなローテーションでも隙がないが不良時の取り扱いには注意が必要

亀谷　前回は「シニスターミニスターは順張り種牡馬」という話でした。何せ、トータルでダートの単勝回収率100%を超えて、短縮も延長も100%超えと、隙がありません(笑)。

今井　休み明けも問題なく走って、単勝回収率なんかも凄いしね。

亀谷　その上、叩いて上昇して、間隔を詰めても走りますから。キャリアを重ねて良くなる血統はあまりいないので、自然と期待値が高くなるわけです。最初から分かりやすい能力を示さないので、そのぶん人気になりにくい。

今井　人気に織り込まれていない伸びしろが大きいわけだね。

亀谷　強いて弱点を挙げるとすると何でしょうか。マイルとか、切れを要求される条件でやや信頼度が落ちる面でしょうか。

今井　真面目で完成度が高いぶん、強引さ、ダート馬らしい押しの強さにやや欠ける側面はあるよ。普通、ダート専門の強引なタイプは、重、不良のパワー競馬が得意だけど、単勝回収率が良、稍重の半分くらいに落ちて、好走率も落ちる。

そこまで苦手でもないけど、例えばハイペースでも前が残るような強引なパワー比べだと、ダート血統としては相対的に少し弱い。重賞になると若干成績が落ちるのは、その辺りも関係しているかもね。

亀谷　配合の質もありそうですね。テーオーケインズがGIを勝ちましたし、配合によっては重賞でも活躍していく可能性はあります。普通、サンデー系と配合するとダート適性が落ちるケースが多いですが、その現象が起きにくい種牡馬であることも注目ポイントです。テーオーケインズも母父がマンハッタンカフェ。スケールとスタミナを補強しつつ、砂適性も下げていない配合です。

今井　テーオーケインズは初GI勝ちとなった帝王賞の前に、重・不良で連勝したでしょう。逆に言うと、極端な道悪を展開に恵まれたわけでもないのに、先行とかのパワーレースで押し切った馬は、そのまま格上の相手にも活躍出来るという判断指標にもなるよ。

チャンピオンズC(2021年)を内枠から差し切ったように、馬群も大丈夫なタフさがあるのもシニスターミニスターの長所で、そこに強引なスピードの爆発力も証明した馬は、相手強化しても追いかけて損はないから覚えておこう。

亀谷　とにかく、追いかけて損のない種牡馬、ということはよくわかりました(笑)。

格言

1 キャリア2〜6戦の1600m以上は黙って買い

2 延長は1700m以上で激走連発！

3 サンデーを配合してもダート適性は落ちない

4 重、不良を強引に押し切った馬は特に追いかけ続けろ！

2023/08/09掲載　的中例①

「不良馬場」を自力で勝ってきたライオットガールがレパードSを制覇!!

今井　牡牝の違いがこの連載でよく話題に出るけど、先週のレパードSのライオットガールなんかも好例だったよ。

亀谷　シニスターミニスター産駒の牝馬でした。

今井　レパードSは、シニスターミニスターは良くないんだよね。道悪だとダートのパワータイプも走るけど、良馬場になるとMのC要素、つまりしぶとさもあるタイプの芝血統のほうが走るレース質になりやすいんだ。

亀谷　牡馬のシニスターミニスター産駒であるインカンテーションが勝った年は道悪でした。

今井　今年はパサパサの良馬場だったけど、ライオットガールは牝馬なんだよね。だから牡馬のシニスターミニスターより、C要素がさらに強まってくる。それで敢えて対抗にして、6点買いだけど馬単83倍を当てたよ。

亀谷　ボクは欧州芝血統の中で砂適性も強い血統が走りやすいレースと見ました。ライオットガールは牝馬で母父がハーツクライ。砂適性に加えて欧州芝要素も強化されたタイプと分析しています。いずれにせよ、種牡馬の分析を性別によって変えることが効果的なレースでしたね。

今井　それと以前に解説したように、不良を自力で勝ってきたシニスターミニスターは、上のクラスでも通用する可能性が高いんだ。元々、不良を自ら動いて勝ち切る強引さ(S質)のやや希薄な種牡馬なんで、これは指標になるよ。

亀谷　ライオットガールは不良の1勝クラスを好位差しで圧勝した後、2勝クラスも連勝してますね。「マクり勝ちは強さの証」は有効な格言ですからね。

ライオットガールの戦績

日付	レース名	コース	人気	着順	着差	位置取り
2023/8/6	レパードS(G3)	新潟ダ1800良	5	1	0.0	2-2-2-2
2023/7/8	マレーシアC(3勝C)	中京ダ1800良	6	4	0.3	6-8-8-8
2023/6/10	3歳以上2勝クラス	阪神ダ1800稍	1	1	-0.1	3-3-3-3
2023/5/7	3歳1勝クラス	京都ダ1800不	3	1	-0.2	5-4-4-4
2023/4/16	3歳1勝クラス	阪神ダ1800不	9	3	0.4	6-7-9-7
2023/1/29	くすのき賞(1勝C)	小倉ダ1700重	14	10	1.4	10-9-9-9
2022/12/28	2歳1勝クラス	阪神ダ1800良	9	7	1.5	9-9-8-7
2022/10/9	2歳未勝利	阪神ダ1800稍	2	1	-0.1	2-2-3-4
2022/9/24	2歳新馬	中京ダ1400不	8	4	0.9	6-5

シニスターミニスター

買い条件・消し条件

デビュー2~3戦目のダート1600m以上

買い条件 1

ダート1600m以上　キャリア別成績

キャリア	着別度数	勝率	複勝率	単回収	複回収
1戦目	10- 14- 11-119/154	0.065	0.227	77	87
2~3戦目	37- 35- 16-228/316	0.117	0.278	293	144
4~6戦目	52- 28- 36-277/393	0.132	0.295	79	90
7~9戦目	18- 27- 19-165/229	0.079	0.279	43	67
10~19戦目	46- 32- 29-322/429	0.107	0.249	99	74
20戦目以降	20- 19- 21-220/280	0.071	0.214	82	85

本文中にあるように、使い減りしないので、叩いていっての中距離が狙い目になる。2~3戦目に変わり身を見せるパターンには特に注意。

ダート1700m以上の延長 1～4枠（阪神ダ2000mは除く）

買い条件 2

ダート延長1700m以上 枠番別成績 全体と牡馬限定

枠番	着別度数	勝率	複勝率	単回収	複回収	牡馬 単回収	牡馬 複回収
1枠	9-3-2-50/64	0.141	0.219	180	100	224	130
2枠	8-6-5-48/67	0.119	0.284	393	183	593	249
3枠	8-4-4-52/68	0.118	0.235	101	124	115	69
4枠	11-7-2-52/72	0.153	0.278	371	149	484	180
5枠	7-7-5-64/83	0.084	0.229	162	76	243	107
6枠	6-9-8-61/84	0.071	0.274	56	112	46	132
7枠	9-5-7-69/90	0.100	0.233	72	108	114	133
8枠	7-9-7-69/92	0.076	0.250	38	97	57	107

長距離の延長は芝スタート以外は安定して走る。中でも体力を補える上に真面目さを活かせる内枠は得意。牡馬は外枠も体力的にこなしやすい。

ダート良～稍重の短縮

買い条件 3

ダート短縮 馬場状態別成績

馬場状態	着別度数	勝率	複勝率	単回収	複回収
良	54-50-44-457/605	0.089	0.245	127	95
稍重	20-12-9-147/188	0.106	0.218	145	116
重	6-7-10-100/123	0.049	0.187	35	90
不良	4-2-4-43/53	0.075	0.189	38	59

ダート馬としての強引なスピードを伴うパワーはそれほどでもないので、短縮だと稍重くらいまでの方がより破壊力は出る。

GⅠ3勝目となるJBCクラシック（2022年）を制したテーオーケインズ。帝王賞勝ちの前2走のように、極端な道悪を強引に押し切ったシニスターミニスター産駒は追いかけて損はない。

ジャスタウェイ

大系統	サンデー系
小系統	Pサンデー系

適性遺伝 主張型

ハーツクライ 鹿　2001	*サンデーサイレンス Sunday Silence	Halo	父小系統（父国タイプ）: Tサンデー系（日）
		Wishing Well	
	アイリッシュダンス	*トニービン	父母父小系統: グレイソヴリン系（欧）
		*ビューパーダンス	
シビル 鹿　1999	Wild Again	Icecapade	母父小系統: ニアークティック系（米）
		Bushel-n-Peck	
	*シャロン Charon	Mo Exception	母母父小系統: ハイペリオン系（欧）
		Double Wiggle	

M3タイプ

M　S（CL）　CL（S）

要素

S	C	L	鮮度要求率	逆ショッカー
5	4	1	4	68.3（芝）

オプション

短縮	延長	内枠	外枠	巻き返し	広い馬場	特殊馬場	硬い馬場	重馬場
C	C	A	D	C	D	B	B	D

多頭数	少頭数	坂	休み明け	間隔詰め	アップ	ダウン	芝替わり	ダ替わり
B	C	C	D	B	B	D	C	C

テン3Fラップ前走比

テン3F	複勝率	単回収	複回収
0.5秒速い牡馬（芝）	0.253	111.9	70.3
0.5秒速い牝馬（芝）	0.229	77.3	79.0

代表産駒　ダノンザキッド、ヴェロックス、マスターフェンサー、テオレーマ、アウィルアウェイ、ロードマイウェイ、ヴェルテックス、アドマイヤジャスタなど

2022/10/19掲載　本質分析①

芝で狙うポイントはペースと枠！最近はダートも熱い！

亀谷　ジャスタウェイは母父ワイルドアゲインの影響もあって、ペースが速くて激しい流れの適性が高いんですよね。以前取り挙げた前走比ラップデータでもそうですか？

今井　前半ラップが前走より0.5秒以上速いと複勝率25.9%、単勝回収率108%、複勝回収率84%で、0.5秒以上遅いと25.9%、単勝回収率52%、複勝回収率60%だから、回収率ではかなりの差が出てるよ。

ジャスタウェイは精神コントロールが難しくて、気持ちが安定しないんだよね。集中するとタフな状況で頑張れるけど、気持ちがキレると弱い相手でもあっさり凡走する。だから、前走より速い流れの方が集中力を切らさないで最後まで走りきれる確率が高いよ。

亀谷　激しい流れ向きで成長力もあるので、古馬になって芝の短距離を走る産駒も多いんですよね。例えば、アウィルアウェイは超ハイペースになった北九州記念、スプリンターズSでともに10番人気ながら3着に激走。この2レースはモズスーパーフレアが前半32秒台のハイラップで逃げたレースでもありました。

今井　スプリンターズSみたいに相手強化でも怯まないというか、激戦になるぶん集中しやすいんだよね。でも相手が弱くなって好走出来るかというとそうでもなくて、結局集中期だった2歳時以降は、相手強化＋超ハイペースだったスプリンターズSを除けば、一度も連続で馬券圏内に入ることなく引退した。最後に好走したCBC賞も超ハイペースだったけど、次走は同じ小倉、しかも前年激走した北九州記念で人気になったのに14着だったよ。

集中期を過ぎると、基本は人気薄で買って、激走した次走は同じような条件なら飽きやすいので切るのが基本線かな。特に弱い相手に人気になるようなら。それと馬群に入る形で集中力を持続しやすくて、内枠は得意なんだ。

亀谷　芝だと内枠の成績が良いです。特に最内の不利も受けにくい

2枠だと単複ともに回収率100%を超えています。

ジャスタウェイ産駒　芝の枠順別成績

枠番	勝率	複勝率	単回収	複回収
1枠	0.106	0.206	77	58
2枠	0.103	0.304	160	126
3枠	0.091	0.198	60	71
4枠	0.060	0.221	72	60
5枠	0.075	0.239	65	61
6枠	0.079	0.220	60	50
7枠	0.069	0.235	55	75
8枠	0.050	0.201	34	59

トニービンが影響して消耗戦に強いところもあるので、しぶとい走りはハーツクライに似てますよね。使われていって強くなるのもそうですし。血統的にはそこまで短距離向きでもないのですが、サンデー系の他種牡馬が短距離で成長するパターンが少ないので、相対的に短距離での激戦は有利になります。短縮も速い流れになりやすい1400m以下の複勝回収率が高くて、特に1200m以下は単複ともに回収率が高いです。

今井　消耗戦で上がりの掛かる良馬場が一番得意だから、洋芝の北海道も走るよね。あと消耗戦になる福島や内回りの新潟とか。上がりが速すぎると、2・3着止まりが多いけど。

亀谷　芝の中長距離は根幹距離を結構走りますね。2000m、2400mの成績は良いですが、2200mは連対率が結構落ちます。

今井　2600mは小回りと阪神なんで、消耗戦になりやすくて、気を抜く暇がないんでよく走るよ。長距離だと体力はあるけど途中で飽きちゃうリスクが高いんだよね。若くて連続好走する集中期を過ぎると、逆に逃げ、追い込みとかの極端な競馬で気持ちをリセットさせる作戦が嵌まるパターンもたまに出てくる。

亀谷　母父との配合パターンも傾向があります。芝は欧州型が良くて米国型は勝ち上がり率が下がります。ただダートは逆で、米国型が良い。最近はダートの中距離で母父米国型が結構走ってるんですよ。特に2～3歳世代で。この夏の小倉新馬で、ヤマニンウルスが1:44.3の高速時計で4.3秒差なんていう凄い圧勝を見せました。母父米国型ではないですが、エルデストサンもダート替わりの未勝利で1.4秒差の圧勝劇でした。

今井　この2頭とも道悪もあったけど、時計が速かったよね～。ダートが芝質になってきたのも影響があるんじゃないのかな。

亀谷　それはあると思います。グリップが利くようになってきてますから。関係者も『最近のダートは、追走していても道中苦しくならない』って言ってましたよ。芝血統の差し馬でも、脚が残っちゃうわけです。

今井　昔は届かないようなしぶといタイプの差し馬、特に芝質の馬が混戦になって差し届くケースが3年くらい前から多くなってるよね。だからよくそういう穴馬を狙って万馬券とか、お世話になってるよ(笑)。

亀谷　そういえば今井さんが6月に56万馬券を当てたレースも確かステイゴールドの差し馬(プエルタデルソル)を本命にしてましたね。ああいうのって、昔は勝ち切れなかったですよね。

今井　同じような理由で「芝からダート」のショックも昔より狙えるパターンがいろいろ増えたよね。ちょっとしたダート適性があれば、鮮度で走れちゃう。午前中なんか、そればっかり狙って買うことも多いよ。

亀谷　以前は考えられなかった芝並の時計がバンバン出ますからね。ダートがオールウェザーみたいになってきたというか。芝はさらに独特のスピード化が進んでいるので差別化はできますが、ここ数年のJRAの馬場は芝もダートも造りが変わりました。

ダート戦の狙い方にはちょっとクセがある

今井　前回は最近の砂が芝質になってきて、ジャスタウェイもダートで走る馬が特に現2～3歳世代で増えて来たという話だったね。

亀谷　ダートに限らず芝もですが、馬場は日々進化していきますよね。常に新しい馬場に向けて我々も戦略を立てていかないとです。

ただ、パワーの持続力で先行する競馬が得意なので、1400m以下のダートはイマイチなんですよ。1400m以下の主要3距離は全て複勝回収率50%台で、1300m以下では150回以上走ってまだ4勝のみ。単勝回収率もかなり低いです。

ジャスタウェイ産駒　ダート距離別成績

距離	勝率	複勝率	単回収	複回収
1000m	0.000	0.133	0	51
1150m	0.000	0.125	0	308
1200m	0.033	0.133	14	54
1300m	0.000	0.143	0	150
1400m	0.051	0.121	57	51
1600m	0.099	0.253	77	61
1700m	0.058	0.204	130	73
1800m	0.070	0.209	62	66
1900m	0.136	0.341	107	86
2000m	0.125	0.313	242	95
2100m	0.080	0.240	26	45
2400m	0.071	0.286	242	205
2500m	0.000	0.000	0	0

今井　ダートの忙しい流れは苦手だよね。

亀谷　ダートが主戦場の米国型と違って、ジャスタウェイはダッシュ力が弱いですから。

今井　『ウマゲノム版 種牡馬辞典』で出しているダートハイラップ指数という、ハイペースに強いかどうかの数字では“39LL”と、かなり低くなってるよ。

亀谷　Lは長距離向きということですか？

今井　うん、長距離のハイペースなら対応するけど、短距離のハイペースはかなり苦手になる。だから前走よりペースアップしやすい短縮は良くないよ。

亀谷　単勝回収率で見ると、短縮37%、同距離51%、延長100%で、随分と差がありますね。

今井　特に短い距離の短縮はキツくて、1300m以下は80回近く走ってまだ1勝だから。その1勝も短縮なのに前走より1秒もペースダウンしたレースだったよ。混戦には強いんで穴で2～3着に紛れ込むとかはあるけど、特に人気で忙しい条件だと危ない。

亀谷　逆に広い東京1600mの短縮なんて凄く走っていますよね。

今井　同じ意味で1枠では複勝率が低いよ。ダッシュ力が弱いとダートの速い流れの内枠は致命傷になりやすいから。

亀谷　前回話題になりましたが、芝でも内枠自体は合うけど、不利を受けやすい1枠はイマイチでしたよね。

今井　ダッシュ力の影響が出やすいダートだと2枠もそれほどでなくて、3～5枠が良くなるね。揉まれ弱いわけではなく、むしろ砂を被せると集中する産駒も多いけど、ダッシュ力が弱いんで、やや「内目の中枠」が一番の走り頃なんだ。

特に1600m以上での3～4枠の延長は怖いよ。弱点であるコントロールの難しさを、砂を被せることで押さえ込める確率が上がるんだよね。芝の中長距離だと緩急のある流れになりやすいんで、集中力がキレちゃう怖さの方が大きいけど。

亀谷　パワーがあるので、ダートだと長距離でも安定しますよね。特に阪神の1800m、1900mとか合いますよ。芝馬が走りやすい舞台でもあるダートの1900mなんか、複勝率3割で、単複ともにかなり高い回収率です。あと、2歳馬が立て続けに圧勝したように、ダート中長距離の高速馬場は面白いですね。

今井　1600m以上の重、不良は単複ともに回収率100%を超えて狙い頃だよね。

亀谷　ちょうどスピードとパワーのバランスが合うんでしょう。

今井　最近のダートは雨が降っても水が浮かないで、直ぐ引くから。水はけの良い馬場になったぶん、芝質の馬も重、不良で走るようになってきたね。

格言

1. 前走より速い流れの芝は走る！
2. 芝は内枠得意で、2枠は単複ともに100％超え
3. 最近のトレンドはダート中長距離
4. ダートは忙しい条件への短縮や1400m以下は人気なら消し
5. ダートは混戦メンバーの3～5枠は穴で面白い
6. ダート中長距離の道悪は破壊力抜群！

買い条件・消し条件

芝3勝クラス以上（非リステッド以外）の牝馬　買い条件 1

芝　クラス別成績　全体と牝馬限定

クラス	着別度数	勝率	複勝率	単回収	複回収	牝馬 複回収
1勝クラス	40-40-32-327/439	0.091	0.255	97	81	54
2勝クラス	18-16-15-168/217	0.083	0.226	53	54	40
3勝クラス	8-5-6-73/92	0.087	0.207	130	116	117
非リステッド	1-4-2-13/20	0.050	0.350	7	54	55
リステッド	8-3-2-30/43	0.186	0.302	138	70	112
重賞	7-9-17-111/144	0.049	0.229	82	80	96

相手が強い方が集中しやすいタイプで、上級条件や同じオープンならリステッドの方が穴が出る。牝馬はC要素が強いのでより顕著に。

ダート1900m以上の延長（東京を除く）　買い条件 2

ダート延長　距離別成績

距離	着別度数	勝率	複勝率	単回収	複回収
1800m	14-10-9-143/176	0.080	0.188	108	64
1900m	5-5-2-24/36	0.139	0.333	127	79
2000m	3-4-2-17/26	0.115	0.346	274	129
2100m	2-0-1-25/28	0.071	0.107	23	21
2400m	1-2-1-9/13	0.077	0.308	260	221

ダート延長の特殊距離は、ペースが緩んで集中しにくくなる広い東京を除くと爆発的に走る。

シルバーステート

大系統	サンデー系
小系統	ディープ系

適性遺伝 主張型

ディープインパクト 鹿 2002	*サンデーサイレンス Sunday Silence	Halo
		Wishing Well
	*ウインドインハーヘア Wind in Her Hair	Alzao
		Burghclere
*シルヴァースカヤ Silverskaya 黒鹿 2001	Silver Hawk	Roberto
		Gris Vitesse
	Boubskaia	Niniski
		Frenetique

- 父小系統（父国タイプ）: ディープ系（日）
- 父母父小系統: リファール系（欧）
- 母父小系統: ロベルト系（欧）
- 母母父小系統: ニジンスキー系（欧）

Hail to Reason 4×4、Northern Dancer 5×5

M3タイプ

L ｜ L(S) LS(S)

要素

S	C	L	鮮度要求率	逆ショッカー
4	1	5	4	91.7（芝）

オプション

短縮	延長	内枠	外枠	巻き返し	広い馬場	特殊馬場	硬い馬場	重馬場
C	C	C	C	B	C	B	B	B

多頭数	少頭数	坂	休み明け	間隔詰め	アップ	ダウン	芝替わり	ダ替わり
C	A	B	B	D	D	B	B	D

テン3Fラップ前走比

テン3F	複勝率	単回収	複回収
0.5秒速い牡馬（芝）	0.295	99.2	70.8
0.5秒速い牝馬（芝）	0.239	50.3	64.1

代表産駒 ウォーターナビレラ、セイウンハーデス、エエヤン、メタルスピード、ショウナンバシット、コムストックロード、カルロヴェローチェ、セッションなど

2022/07/20 掲載　本質分析①

スムーズに加速できるかが全て

亀谷　シルバーステートはかなり面白い種牡馬だと思うのですが、今井さんはどういったタイプと考えていますか？

今井　「L系」というタイプになるよ。自分の能力を淡々と出せる条件だとよく走るけど、揉まれたりとか、前走より嫌なことがあると投げ出す。だからスムーズな競馬では圧倒的に強い、単純な種牡馬だよね。

亀谷　ウォーターナビレラなんか、揉まれ弱いですよね。

今井　阪神JFまで揉まれない競馬で連続好走して、チューリップ賞では差しを試みて馬群に入れたから凡走。桜花賞は先行して揉まれずに連対して、オークスは1枠で馬群に入って惨敗。これが基本だよ。

ウォーターナビレラの戦績

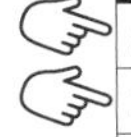

日付	レース名	コース	人気	着順	ゲート	位置取り
2022/5/22	優駿牝馬(G1)	東京芝2400良	7	13	1枠1番	11-11-12-12
2022/4/10	桜花賞(G1)	阪神芝1600良	3	2	3枠6番	2-2
2022/3/5	チューリップ賞(G2)	阪神芝1600良	3	5	5枠9番	4-5
2021/12/12	阪神JF(G1)	阪神芝1600良	4	3	7枠13番	3-3
2021/11/6	ファンタジーS(G3)	阪神芝1400良	2	1	5枠5番	2-2
2021/10/3	サフラン賞(1勝C)	中山芝1600良	6	1	7枠7番	2-2-2
2021/8/21	2歳新馬	札幌芝1500良	6	1	5枠8番	1-1-1

前走より揉まれなければ平気で巻き返すし、揉まれれば好調期でも凡走する。特に「前走よりスムーズに前へ行く位置取りショック」との相性は抜群で、セイウンハーデスとかも同じパターンだよね。

新馬を先行して勝って、次は控えて5着。3戦目は逃げて1着で、毎日杯は内枠で控えて凡走。プリンシパルSは延長で早めに動いて1着だったよね。

亀谷　リトスやコムストックロードも交互に走ってますよね。

今井　それと、シルバーステートは先行馬が圧倒的に多いよね。あ

セイウンハーデスの戦績

日付	レース名	コース	人気	着順	ゲート	位置取り
2022/5/29	東京優駿(G1)	東京芝2400良	16	11	1枠2番	6-7-4-5
2022/5/7	プリンシパルS(L)	東京芝2000良	6	1	4枠8番	4-5-3
2022/3/26	毎日杯(G3)	阪神芝1800稍	7	4	3枠3番	4-5
2022/2/13	こぶし賞(1勝C)	阪神芝1600稍	4	2	3枠3番	1-1
2021/12/5	こうやまき賞(1勝C)	中京芝1600良	5	5	8枠8番	3-4-4
2021/10/31	2歳新馬	阪神芝1400良	1	1	6枠11番	2-2

コムストックロードの近走成績

日付	レース名	コース	人気	着順	ゲート	位置取り
2022/7/17	福島テレビOP(OP)	福島芝1200良	1	4	1枠2番	7-7
2022/6/26	パラダイスS(L)	東京芝1400良	6	4	2枠4番	3-3
2022/5/28	葵S(G3)	中京芝1200良	9	2	3枠6番	10-9
2022/5/8	橘S(L)	中京芝1400良	6	6	7枠8番	9-9
2021/12/12	つわぶき賞(1勝C)	中京芝1400良	2	1	5枠5番	1-1
2021/11/21	赤松賞(1勝C)	東京芝1600良	3	6	4枠4番	3-3
2021/10/24	2歳1勝クラス	東京芝1400良	2	3	4枠4番	5-5

とは小回りとかの外捲りか。一本調子にブレーキを掛けずに競馬して、揉まれない形だ。差して勝った馬は、外枠や少頭数とかで揉まれない時か、新馬や休み明けとかのフレッシュな瞬間がほとんど。フレッシュだと、揉まれ弱い馬でも我慢しやすいからね。

コムストックロードの葵Sは馬群で差して好走したけど、初の1200mへの短縮で、フレッシュだったよ。牝馬の方がしぶといのも、あったかな。

亀谷　葵Sではコムストックロードを推奨していたんですよ。

今井　おおっ！ 9番人気だからかなり稼いだんじゃないの(笑)。

亀谷　おかげさまで(笑)。重いレース質でしたし、ここでしか走らないと推奨しました。シルバーステートは重い馬力型タイプなので、消耗戦が得意で、高速上がりは良くない。ディープブリランテに近い感じですね。

今井　硬い高速馬場で、惰性で自然に高速上がりが出ちゃうレース以外、高速上がりは合わないよね。

亀谷　思い切って「人気の差し馬は買わない」という基本戦略でも良いぐらいかと。

今井　特に、「差して好走した次走の人気馬は買わない」だね。

亀谷　ですね。シルバーステートは人気で連続好走が続いたら仕方ないと諦めて、人気で切るのが馬券的には正解なスタンスだと考えています。人気で消しやすい「逆張り種牡馬」ってのがいるのですが、シルバーステートはまさにそれです。

2022/07/27 掲載　本質分析②

好走後の人気馬は疑うのが基本

今井　前回の最後に、シルバーステートは「逆張り種牡馬」という話になったね。

亀谷　特に前走好走して人気になっている馬は危ないですよ。前走5着以内で今回5番人気以内だと、回収率もかなり下がります。

今井　勢いがあったり、鮮度が高いと、多少頑張るから昇級戦だと怖さもあるけど、それを除くと好走後の人気馬は切りやすいよね。前回話したように、スムーズに走って激走した後の馬は切り甲斐があるから。

亀谷　昨日は早速、1番人気の馬が差して凡走しましたね（7/24小倉・テーオーソラネル6着）。

今井　スムーズに先行して好走した直後の内枠で好位差しだから、さすがの川田でも無理だったね。コムストックロードも葵Sでは激走したけど、2戦連続好走後の福島テレビOPは1枠で馬群に入って1番人気4着だった。鮮度が落ちたときの連続好走後は、嵌まって走られたら潔く諦める戦法が基本だね。

亀谷　連続好走するパターンは、重めの馬場が嵌まる形なので、安定感ないですから。

今井　上がりの掛かる馬場か、逆に高速馬場なら平均して速い一本調子な流れを、先行して雪崩れ込む形に嵌まらないとだね。

亀谷　シルバーステートは母父がロベルト系のシルヴァーホークで、重いヨーロッパ型ですので、牡馬は今後、中長距離の非根幹距離が特に面白くなりますよ。牝馬だと多少軽さもあるので短距離が多いけど、牡馬は重い持続力を活かした中長距離が面白い。

特に近走で先行して、持続力を磨いてきたタイプに注意です。実際、完成の遅い産駒が、3歳春以降に2000m近辺をパワーレースで押し切るパターンが増えてますよ。

今井　牡馬はより強引だから、好走するときは自然と強い内容になるんで、人気で切る楽しみは、しぶとさもある牝馬よりさらに増しそうだね。ただ、牝馬も非根幹距離が本質的には向いて、一番パフォーマンスを引き出せるのは、平均して速い1400mかな。根幹距離だと、荒れ馬場とか前残りの特殊コンディション向きで。

亀谷　パワー型なので芝で駄目だとダートに路線変更する産駒も増えてくると思いますが、本質的なダート適性は低い馬が多いでしょう。特に短距離で人気だと危ない。

今井　砂を被ると嫌がるので、芝以上に揉まれ弱いよね。フレッシュだと気分良く走れるぶん、芝からのショックはスピードを活かしての激走も怖いけど、激走した後に人気になったら切ってこそだ。逆に「ダートから芝」のショックも、砂を被る嫌な経験から解放されて激走するパターンが怖いけど、やっぱり好走後の次は疑うのが基本になるよ。

格言

1. 前走より揉まれずに、前へ行ける形が怖い
2. 好走した次走の人気馬は「逆張り」がおいしい
3. 牡馬は中長距離の非根幹距離、牝馬は1400mがツボ
4. ダートは芝以上に逆張りがハマる

買い条件・消し条件

消し条件 1

叩き4戦目以降の芝

芝 叩き回数別成績

臨戦過程	着別度数	勝率	複勝率	単回収	複回収
中2ヶ月以上	24-11-15-130/180	0.133	0.278	95	85
叩き2戦目	5-12-8-79/104	0.048	0.240	15	61
叩き3戦目	8-5-2-44/59	0.136	0.254	83	62
叩き4戦目	1-5-4-23/33	0.030	0.303	9	65
叩き5戦目以降	0-7-7-44/58	0.000	0.241	0	65

心身が硬くなりやすく、使われていくと突き抜けにくくなる。使われて一押しを利かせるには距離変更などのショックや適度に間隔を開けたい。

消し条件 2

叩き4戦目以降のダート

ダート 叩き回数別成績

臨戦過程	着別度数	勝率	複勝率	単回収	複回収
初出走	6-1-2-18/27	0.222	0.333	396	131
中2ヶ月以上	1-3-3-47/54	0.019	0.130	60	78
叩き2戦目	1-2-5-40/48	0.021	0.167	12	50
叩き3戦目	3-3-2-26/34	0.088	0.235	93	60
叩き4戦目	3-3-0-17/23	0.130	0.261	35	76
叩き5戦目以降	0-0-2-25/27	0.000	0.074	0	19

ダートも使われると硬くなる。使っていった後は道悪やショック療法など、何かしらの刺激が欲しい。

スクリーンヒーロー

大系統	ターントゥ系
小系統	ロベルト系

適性遺伝	主張型

*グラスワンダー 栗　1995	Silver Hawk	Roberto	父小系統（父国タイプ） ロベルト系（欧）
		Gris Vitesse	
	Ameriflora	Danzig	父母父小系統 ダンチヒ系（米）
		Graceful Touch	
ランニングヒロイン 鹿　1993	*サンデーサイレンス Sunday Silence	Halo	母父小系統 サンデー系（日）
		Wishing Well	
	ダイナアクトレス	*ノーザンテースト	母母父小系統 ノーザンテースト系（欧）
		モデルスポート	

Hail to Reason 4×4、Northern Dancer 4×4

M3タイプ

S	SL S(LC)

要素

S	C	L	鮮度要求率	逆ショッカー
5	3	4	3	191.9 （芝）

オプション

短縮	延長	内枠	外枠	巻き返し	広い馬場	特殊馬場	硬い馬場	重馬場
A	C	A	B	B	B	B	B	B

多頭数	少頭数	坂	休み明け	間隔詰め	アップ	ダウン	芝替わり	ダ替わり
B	C	B	C	D	C	D	C	B

テン3Fラップ前走比

テン3F	複勝率	単回収	複回収
0.5秒速い牡馬（芝）	0.241	57.9	63.0
0.5秒速い牝馬（芝）	0.232	26.1	83.7

代表産駒　モーリス、ゴールドアクター、ウインマリリン、ボルドグフーシュ、グァンチャーレ、ウインカーネリアン、クリノガウディー、ジェネラーレウーノなど

2023/04/26掲載　本質分析①

馬券的なポイントは延長+非根幹距離

亀谷　スクリーンヒーローは、イメージとしてはモーリスよりゴールドアクターで考えると良いのかなと。スピードの持続力で走るタイプですね。

今井　闘う意欲、パワー共に豊富なんで、ブレーキを掛けない強引な競馬で強い。だからモーリスよりはモーリス産駒に近いタイプと言えるかな。

亀谷　なので、やっぱり非根幹距離の成績が良くなりますよね。パワーで押し切るタイプで、キャリアを重ねながら強くなっていく。

今井　元々が柔らかさ、柔軟性で走るわけではないから、使われて硬くなっても致命傷にはならないしね。

亀谷　筋力のパワーで走るので、牡馬に活躍馬が多く出やすい、所謂コルトサイアーと言えるでしょう。ゴールドアクター、モーリス、現役ではボルドグフーシュもそうですね。こう解説すると、ウインマリリンが走ったじゃないかみたいに言われるんですけど(笑)。非根幹レースでは強いんですよ。

今井　あくまで傾向の話だもんね。ただウインマリリンも3歳のフローラS、オークスと根幹距離で激走していて、これは同じ非根幹距離系のゴールドシップ牝馬と本質的には同じ構造になる。

ウインマリリンも古馬になると2200mのエリザベス女王杯で激走したり、JRAで非根幹距離を激走しまくって、海外(香港)で延長の根幹距離GⅠを勝つという。JRAでの基本は、延長だと非根幹距離がベターなんだけどね。

亀谷　延長2400mだと複勝率14.8%で、延長2500mは複勝率50%ですから、たった100mでも大きな違いになってますね。

今井　それと精神面では馬群に怯まないんだけど、不器用なんだよね。だから短縮とかでごちゃつくと捌き損なう。この間の阪神大賞典はボルドグフーシュが単勝1.6倍の断然人気だったけど、阪神内回りの最内枠で捌き損なうと読んでジャスティンパレスから買った

スクリーンヒーロー産駒　芝延長時の距離別成績

距離	勝率	複勝率	単回収	複回収
2000m	0.061	0.156	55	60
2200m	0.065	0.145	134	52
2400m	0.056	0.148	14	53
2500m	0.167	0.500	88	108
2600m	0.152	0.242	59	103

よ。

亀谷　僕も同じですよ(笑)。あと切れ味勝負になったらディープインパクトの方が上ですしね。

今井　神戸新聞杯もタフな消耗戦にはならなさそうだったんで、休み明けで鮮度が高くて人気もなかったジャスティンパレスの方を本命にしたんだ。

亀谷　パワーレースのスタミナ勝負になった菊花賞と有馬記念はボルドグフーシュがジャスティンパレスを完封して、もう逆転は無理みたいに言われてましたもんね。ステップとレース質でいくらでも結果は違ってくるという、これは競馬の基本ですよね。

ボルドグフーシュの戦績

日付	レース名	コース	人気	着順	ゲート	位置取り
2023/3/19	阪神大賞典(G2)	阪神芝3000良	1	2	1枠1番	6-6-6-2
2022/12/25	有馬記念(G1)	中山芝2500良	6	2	2枠3番	14-14-15-6
2022/10/23	菊花賞(G1)	阪神芝3000良	7	2	2枠4番	12-13-10-4
2022/9/25	神戸新聞杯(G2)	中京芝2200良	4	3	1枠2番	15-15-13-16
2022/6/5	一宮特別(2勝C)	中京芝2200良	1	1	7枠7番	7-7-7-7
2022/5/7	京都新聞杯(G2)	中京芝2200良	5	3	7枠9番	12-12-12-12
2022/3/12	ゆきやなぎ賞(1勝C)	阪神芝2400良	2	1	5枠5番	8-8-8-7
2022/1/5	3歳1勝クラス	中京芝2000良	6	3	7枠8番	9-9-9-9
2021/12/11	エリカ賞(1勝C)	阪神芝2000良	6	7	8枠11番	10-10-9-6
2021/10/31	2歳未勝利	阪神芝2000良	5	1	4枠4番	10-10-11-11
2021/10/9	2歳新馬	阪神芝2000良	11	6	6枠7番	10-10-10-11

2023/05/03掲載　本質分析②

休み明け好走後の反動に注意！

亀谷　前回は非根幹距離向きという話をしましたが、牡馬だとその傾向は顕著ですね。スピードの持続力で走るので1800mなどが合うわけです。牡馬の複勝率をみると、1800m・27.1%、2000m・22%、2200m・25.6%、2400m・22.4%、2500m・53.6%ですから、見事なほど根幹距離、非根幹距離との差が交互に出てますよ。

ウインカーネリアンはマイルで走ってますけど、距離適性にブレが出る逃げ馬というのもあります。持続型なのはスクリーンヒーローっぽいですね。

ウインカーネリアンの戦績（2021年以降）

日付	レース名	コース	人気	着順	タイム	上がり	位置取り
2023/3/25	ゴドルフィンM(G2)	ドバイダ1600良	7	6			
2023/2/5	東京新聞杯(G3)	東京芝1600良	4	1	1.31.8	34.7	1-1
2022/11/20	マイルCS(G1)	阪神芝1600良	9	12	1.33.4	34.3	7-6
2022/8/14	関屋記念(G3)	新潟芝1600稍	1	1	1.33.3	32.9	2-2
2022/6/18	米子S(L)	阪神芝1600良	1	1	1.32.9	34.7	3-3
2022/5/7	谷川岳S(L)	新潟芝1600良	1	1	1.33.6	33.0	2-2
2022/3/27	六甲S(L)	阪神芝1600稍	7	6	1.34.3	35.3	1-1
2021/4/3	ダービー卿CT(G3)	中山芝1600良		取			
2021/2/27	幕張S(3勝C)	中山芝1600良	3	1	1.31.8	34.5	2-2-2
2021/1/10	若潮S(3勝C)	中山芝1600良	2	2	1.33.4	35.6	1-1-1

今井　キレより、平均して速いペースを刻んで最後までラップが落ちない形だよね。だから速い上がりの場合は、ペースも速いけど上がりも速いような高速馬場を先行する形なら向く。

ウインカーネリアンも、1分31秒台の高速時計でラップを落とさずそのまま押し切り勝ちを2回もしてるし。前半は速すぎない流れでスムーズに先行して、そのまま押し切る競馬だよね。グァンチャーレがマイラーズCで逃げて2着のときも上がり32.5秒だから、スピードに乗るとなかなか止まらない。
亀谷　上がり勝負向きでないので外回りも合わないですよね。外回りは阪神が単勝回収率46%、京都が46%、新潟が27%と低調です。
今井　激走しているのはほとんど酷い道悪だよね。京都外回りの全7勝中2勝が不良で、新潟外回りも全8勝中2勝が出走数5回しかない重、不良時のものだから、重い馬場なら不器用さが出ないぶん広いコースもむしろ向く。
　つまり、良〜稍重の切れ勝負だと外回りの回収率はさらに下がるわけだけど、東京は広いのに良でも単勝回収率69%あるんだよね。ただほとんどが先行馬で、3角7番手以降だと勝率2%を割っちゃうけど。
亀谷　東京芝の3角7番手以降の平均勝率は4%くらいなので、半分しかないですね。単勝回収率だと7番手以下の東京芝は9%しかありませんよ。
今井　ダッシュ力がそんなにないんで、広いコースなら楽に前に行けるぶん先行馬は逆に走りやすくなる。だから新潟や東京の先行馬は、前半のラップ次第で結構粘り込むんだよね。
亀谷　使われて良くなるのも特徴の1つですよ。ロベルト系は叩いて上昇しますので。キャリア3戦目以降の未勝利戦なんかは、絶好の狙い目になってきますよ。牡馬に活躍馬が多いタイプらしく、キレではなく筋力で走るので使われて硬くなっても問題ないですし。
今井　気持ちが強いんで一所懸命走るぶん、反動は怖いけどね。特にテンションが上がりやすい産駒は反動が出やすい。フライライクバードなんかは間隔開けると走るけど、その後に詰めると危ないし、アートハウスもそういうタイプだよね。
亀谷　休み明けのローズS勝ち後の秋華賞は5着で、愛知杯勝ち後も中山牝馬Sで4着ですもんね。中内田厩舎とか、間隔開ける方が合う陣営だと余計に反動は注意になりますよ。
今井　特に入れ込みやすくて、輸送に弱いタイプは反動が出やすいね。休み明けで入れ込んで激走して、次走も入れ込んでたらまず危ないから、パドックを見るのも効果的だよ。あと輸送時間が長いと、

アートハウスの戦績

日付	レース名	コース	人気	着順	着差	位置取り
2023/3/11	中山牝馬S(G3)	中山芝1800良	1	4	0.5	3-3-3-3
2023/1/14	愛知杯(G3)	中京芝2000重	1	1	-0.3	3-3-3-3
2022/10/16	秋華賞(G1)	阪神芝2000良	4	5	0.4	3-3-3-2
2022/9/18	ローズS(G2)	中京芝2000良	1	1	-0.1	4-4-5-3
2022/5/22	優駿牝馬(G1)	東京芝2400良	2	7	1.0	3-3-3-3
2022/4/10	忘れな草賞(L)	阪神芝2000良	1	1	-0.5	4-4-5-4
2021/12/11	エリカ賞(1勝C)	阪神芝2000良	1	6	0.9	2-2-2-2
2021/10/9	2歳新馬	阪神芝2000良	3	1	-0.5	2-2-2-2

反動の可能性は高くなる。硬いタイプでかつ闘う意欲の強い種牡馬は、反動が出やすいものだけど。

亀谷　叩き2戦目の単勝回収率が49%で、3戦目が116%なので、数字的にもかなりの差が出てますよね。

2023/05/03 掲載　本質分析③

ダート戦は叩き3戦目以降に注目！

亀谷　次にダートですが、パワーがあるため使われることも多いので、その特徴を見ていきましょう。

今井　ダートは芝からのショックを狙うのが好きなんだよね。落ち着いた頭数や外目の枠でスムーズだと、結構走るよ。特に流れに乗りやすい1700m以上は面白い。

亀谷　ロベルト系なのでダートも結構合いますもんね。基本的に芝向きのぶん、下級条件が多くなりますが。

今井　芝スタートのコースはスピードに乗りやすくて得意だよね。芝と同じで、基本は逃げ、先行か捲りといったブレーキを掛けないパワー競馬が合うんで、小回り1700mも脚質的に嵌まりやすい。道中でごちゃつく展開になると嫌がるけど。

亀谷　1700mは単複ともに回収率が100%を超えてますよね。芝スタートの福島1150m、中京・京都の1400mもかなり高い好走率です。ダートも反主流な条件で強い傾向がありますね。それとダートでもキャリアを重ねると良くなりますよ。叩き2戦目は芝同様に複勝率が落ちますが、3戦目以降は安定して高い傾向にあるので狙い目です。

今井　それと反動が出やすいのとダートは芝以上に好走条件を選ぶんで、前走5～9着くらいに凡走した馬の、短縮や延長のショックは穴が結構出るから狙い目になるよ。

スクリーンヒーロー産駒　ダートの前走着順別（今回延長）

前走着順	勝率	複勝率	単回収	複回収
7着	0.083	0.139	262	75
8着	0.080	0.200	127	159
9着	0.030	0.121	398	127

スクリーンヒーロー産駒　ダートの前走着順別（今回短縮）

前走着順	勝率	複勝率	単回収	複回収
7着	0.038	0.385	73	201
8着	0.079	0.184	316	112
9着	0.024	0.098	129	45

格言

1. 使われながら強くなる
2. 根幹距離は前走よりタイトな競馬にならないと×
3. 芝もダートも叩き2戦目△、3戦目以降◎
4. 広いコースは先行馬が面白い
5. ダートは凡走後の距離変更で穴が出る

買い条件・消し条件

買い条件 1

芝1200～1400mの短縮（複勝）

芝の短縮　距離別成績

距離	着別度数	勝率	複勝率	単回収	複回収
1000m	2-1-2-25/30	0.067	0.167	133	65
1200m	9-13-18-99/139	0.065	0.288	37	112
1400m	7-12-11-83/113	0.062	0.265	40	170
1500m	1-1-0-8/10	0.100	0.200	31	39
1600m	7-14-9-100/130	0.054	0.231	38	72
1800m	5-6-10-97/118	0.042	0.178	17	106
2000m	5-3-3-51/62	0.081	0.177	169	69
2200m	5-4-3-14/26	0.192	0.462	161	127

馬群に怯まず短縮も走るが、不器用なので間に合わずの2、3着も多く複勝回収率が高い。短距離など忙しい条件ではその傾向が顕著で、逆に直線競馬や長距離だと単勝も面白くなる。

買い条件 2

ダート短縮の牡馬 前走1着 or 6～12着

牡馬のダート短縮　前走着順別成績

前走着順	着別度数	勝率	複勝率	単回収	複回収
1着	3-2-1-16/22	0.136	0.273	143	112
6着	1-2-5-14/22	0.045	0.364	22	98
7着	0-3-4-8/15	0.000	0.467	0	294
8着	3-1-2-21/27	0.111	0.222	445	147
9~12着	4-6-2-86/98	0.041	0.122	111	131

ダートは距離変更の巻き返しが怖い。特に短縮は牡馬の巻き返しに妙味。短縮はフレッシュ時に強く昇級戦も注意。

ダイワメジャー

大系統	サンデー系
小系統	Pサンデー系

適性遺伝	主張型

*サンデーサイレンス Sunday Silence 青鹿　1986	Halo	Hail to Reason	父小系統（父国タイプ） サンデー系（日）
		Cosmah	
	Wishing Well	Understanding	父母父小系統 マイナー系（米）
		Mountain Flower	
スカーレットブーケ 栗　1988	*ノーザンテースト Northern Taste	Northern Dancer	母父小系統 ノーザンテースト系（欧）
		Lady Victoria	
	*スカーレットインク Scarlet Ink	Crimson Satan	母母父小系統 マイナー系（米）
		Consentida	

Almahmoud 4×5、Lady Angela 5·4（母方）、
Royal Charger 5×5

M3タイプ

S	S（LC） SL

要素

S	C	L	鮮度要求率	逆ショッカー
5	4	3	4	117.8（芝）

オプション

短縮	延長	内枠	外枠	巻き返し	広い馬場	特殊馬場	硬い馬場	重馬場
B	C	B	B	C	B	B	B	B

多頭数	少頭数	坂	休み明け	間隔詰め	アップ	ダウン	芝替わり	ダ替わり
B	B	B	B	C	C	C	C	C

テン3Fラップ前走比

テン3F	複勝率	単回収	複回収
0.5秒速い牡馬（芝）	0.292	51.8	84.7
0.5秒速い牝馬（芝）	0.259	63.2	75.1

代表産駒　アドマイヤマーズ、セリフォス、レシステンシア、カレンブラックヒル、メジャーエンブレム、コパノリチャード、レーヌミノル、ブルドッグボスなど

2023/06/28掲載　本質分析①

ダイワメジャーの本質は誤解されている!!

亀谷　Mの法則ではどういうタイプになりますか？

今井　まとまっていて真面目なタイプだよ。体力とパワーがあって。

亀谷　そこなんですよね。短距離血統でスピードタイプだとイメージされやすいですが、本質は欧州の馬力型なんですよ。それを陣営が誤解している部分も大きい。

今井　どう誤解しているの？

亀谷　先行して押し切る競馬が向くと思われやすいわけです。

今井　持続した脚を使おうと騎手が考えるわけだ。

亀谷　それが根本的な間違いなんです。ダイワメジャーはタメて伸びるのが基本ですから。

今井　なるほど、そういう見方は面白いなぁ。確かにセリフォスなんかは藤岡佑が「脚を矯めた方が良い」って判断して、脚質転換してから覚醒したよね。マイルCSも上がり勝負の流れでキレにキレて追い込んだし。安田記念も追い込むと思って本命にしたら、何故か積極策でソングラインに差されちゃったけど。あのレースは前崩れのハイペースでもあったけどね。

亀谷　タイプ的にヨーロッパ寄りなので、タメた方が伸びるわけですが、ほとんどのトップジョッキーのコメントを読むと、先行した方が良いと考えているんですよ。アドマイヤマーズの香港マイルなんかは、先入観のないスミヨンが乗るので、これは差しに回るだろうと狙って本命にしたんです。

今井　確かに差して勝ったよね。その後はずっと先行して勝てなかったっけ。

亀谷　そこに気づくかが重要で、日本の騎手に勘違いされていなかったら、もっと活躍していた馬ですよ。アドマイヤマーズの場合は友道厩舎だったのもありますけどね。中距離でタメる馬を作るのが上手い厩舎なんで。

今井　精神面では揉まれても大丈夫なんで、前に目標を作った方が気持ちが持続しやすい面もありそうだね。次回は具体的な得意条件も見ていこう。

2023/07/05掲載　本質分析②

イメージとは異なる長距離狙いが面白い!

亀谷　さて、具体的な狙い方を見ていきましょう。欧州型なのでタメて体力を引き出す競馬が良いという話をしましたが、やはり母父も欧州型で体力を活かす競馬が向くんですよね。短距離のイメージもありますが、本質的には1600～2000mで直線が長くて坂のあるコースが合うわけです。

今井　短中距離タイプにしてはそこまでダッシュ力がないのもあるよね。ウマゲノム辞典で出しているダッシュ値でも「52」と平均を少し上回る程度で、前半3ハロン34.5秒を切るようなペースだと、むしろ平均より劣るんだ。まぁ牝馬だとダッシュ力の高いのもいるけどね。

亀谷　特に2～3歳の牝馬だとスピードで1200mを通用するケースが多いんですよね。それにイメージを引きずられやすいわけで。「キタサンブラックをマイル寄りにしたサンデー系」というイメージです。

今井　1200mなら少し重いレース質が向くね。

亀谷　ただ乗りにくさもあるので、人気を裏切ることも多いですよ。

今井　1800m以上も穴向きだよ。体力的に長いから安定感がないんで、好凡走が激しくなるぶん馬券的には面白い。特に長距離で前に行く位置取りショックは破壊力抜群だよ。

亀谷　確かに1800m以上は前走5～9着で単勝回収率が90%を超えて、10着以下だと余裕で100%を超えてますね。あと短縮もやっぱりスピードの関係でイメージほど良くなく、平均的なデータですよ。

今井　だから短縮も2000～2400mくらいの方が穴が出て回収率も全般に高いよ。体力補完出来るし、短縮なら掛からずに済むから。

あと気の良さはあるけど少し心身が重いんで、短い休養は向くけど、あんまり間隔が開き過ぎると良くないんだよね。

ダイワメジャー産駒　芝2000〜2400mのローテ別成績

ローテ	勝率	複勝率	単回収	複回収
延長	0.061	0.197	68	65
短縮	0.086	0.286	209	95

亀谷　次にダートですが、欧州指向の芝血統なので基本は向きませんよね。大型の馬が出やすいのでよく使われますが。欧州の馬力はあるけど、ダート向きのパワーはない。

今井　そのぶんダートだと短縮でパワーを補う形は向くね。特に東京以外のキレを要求されないような競馬だと面白いよ。

亀谷　内枠も母父米国型以外だと苦戦しやすいです。芝向きの傾向が強くなるので、コーナーリングが苦手で、砂を被って嫌がるケースも目立ちます。

今井　ダッシュ力が鈍いのもあるから、短縮の短距離だとスムーズな外枠の方が良いよね。基本的には真面目なタイプなんで、特にフレッシュ時なら芝もダートも馬群に対応出来るんだけど、その馬の限界値に近くなるとタイト過ぎる競馬の馬群は嫌がりやすい。

格言

1. タメた方が伸びるので、差しに回るときを狙い撃て！
2. 芝長距離は凡走後が買い！
3. 母父米国型以外のダート内枠は消し
4. ダートの短縮は東京以外が狙い目

買い条件・消し条件

牡馬の芝短縮（中間距離の単勝以外）

買い条件 1

牡馬の芝短縮　距離別成績

距離	着別度数	勝率	複勝率	単回収	複回収
1200m	23-29-15-205/272	0.085	0.246	86	100
1400m	28-28-26-172/254	0.110	0.323	63	105
1600m	21-17-26-177/241	0.087	0.266	50	74
1800m	12-8-16-102/138	0.087	0.261	48	110
2000m	4-9-5-44/62	0.065	0.290	59	91
2200m	2-1-1-20/24	0.083	0.167	593	107
2400m	3-0-3-6/12	0.250	0.50	337	123

牡馬の短縮は安定感がある。ただ中間距離でスピードとキレを同時に要求されると単勝回収率はいまいち伸びない。

芝1400～1800mの稍重～重馬場

買い条件 2

芝　距離別成績　良馬場と稍重～重

距離	着別度数	勝率	複勝率	単回収	複回収	稍重～重 単回収	稍重～重 複回収
1200m	173-178-162-1464/1977	0.088	0.259	78	79	54	98
1400m	123-126-116-968/1333	0.092	0.274	71	82	92	89
1500m	10-8-9-60/87	0.115	0.310	63	62	58	85
1600m	171-166-181-1296/1814	0.094	0.286	62	78	97	83
1800m	80-115-78-742/1015	0.079	0.269	48	72	235	92
2000m	50-58-52-481/641	0.078	0.250	81	77	72	72

スピードとキレを要求される中間距離は酷すぎない程度の道悪の方が基本的に回収率が高くなる。

ダートの1、2枠 母父が米国型ではない馬

消し条件 1

ダートの1、2枠　母父国タイプ別成績

母父国タイプ	着別度数	勝率	複勝率	単回収	複回収
米国型	55-44-41-511/651	0.084	0.215	96	69
米国型以外	31-27-38-490/586	0.053	0.164	25	48

母父が米国型ではない馬は芝向きの傾向が強くなるため、ダートで砂をかぶると脆い。

ダノンレジェンド

大系統	マイナー系
小系統	マイナー系

適性遺伝 主張型

Macho Uno 芦 1998	Holy Bull	Great Above	父小系統（父国タイプ） マイナー系（米）
		Sharon Brown	
	Primal Force	Blushing Groom	父母父小系統 レッドゴッド系（欧）
		Prime Prospect	
*マイグッドネス My Goodness 黒鹿 2005	Storm Cat	Storm Bird	母父小系統 ストームバード系（米）
		Terlingua	
	Caressing	Honour and Glory	母母父小系統 マッチェム系（米）
		Lovin Touch	

Raise a Native 5×5

M3タイプ

M　S（CL）　S（LC）

要素

S	C	L	鮮度要求率	逆ショッカー
4	4	2	2	131.5（ダート）

オプション

短縮	延長	内枠	外枠	巻き返し	広い馬場	特殊馬場	硬い馬場	重馬場
A	B	B	B	A	B	C	C	C

多頭数	少頭数	坂	休み明け	間隔詰め	アップ	ダウン	芝替わり	ダ替わり
C	B	A	B	B	B	C	E	B

テン3Fラップ前走比

テン3F	複勝率	単回収	複回収
0.5秒速い牡馬（ダート）	0.265	122.2	78.4
0.5秒速い牝馬（ダート）	0.390	258.3	169.3

代表産駒 ベストリーガード、ジュディッタ、サンマルレジェンド、スペシャルエックス、モックモック、ダヴァンティ、シンヨモギネス、ミッキーヌチバナなど

2023/07/12掲載　本質分析①

ダート戦の回収率が100%を超える美味しく面白い種牡馬!

亀谷　ダノンレジェンドは半弟に安田記念勝ちのダノンキングリー(父ディープインパクト)がいる良血で、種付け価格や繁殖の印象以上に走る産駒が多いですね。ボクは産駒が走る前から注目種牡馬に取り上げていました。

今井　ダートの回収率は単複ともに100%を超えていて、馬券的に面白い種牡馬だよね。

亀谷　地味なので持ち人気が低く、期待値が高い美味しい馬が多くなってますよね。あとウッド調教で動かないのも期待値を上げていますよ。新馬、未勝利戦での単勝回収率は100%を超えていますから。

今井　体力とパワーがあるタイプで、良馬場だと単複ともに回収率が100%を超えていて馬券になりやすいよ。馬場が軽くなると、崩れないまでも勝ちきれなくなる確率が上がるけど。

亀谷　芝向きの軽いタイプも多いんですけどね。ベストリーガード、ジュディッタは使われながら上昇して、ダ1800mを勝ち上がってオープン入りしました。使われながら上昇するタイプも美味しい馬が出やすい。

今井　長距離は適性距離ということもあって、比較的真面目に走るタイプなんだよね。シンヨモギネスみたいに大崩れしないで相手なりに走れる産駒が多い。逆に短距離は安定しないんだけ、穴が出やすいんだ。

亀谷　確かに1400m以下で6番人気以下の人気薄は複勝回収率で130%以上もありますね。不器用で忙しいと安定しないんだけど。

今井　だから前走凡走してストレスの薄れた人気薄を買うと、特に面白いよ。ダ1400m以下の前走4～5着馬は単複ともに回収率が100%を超えているし、6着以下も複勝回収率100%を超えているから。

亀谷　距離変更では、軽さの生かせる短縮も単複ともに回収率100%を超えていて馬券になりますよ。

今井　中央場所だと複勝回収率144%で、ローカルは77%だから、倍近く回収率が違ってきてる点もポイントだね。

ダノンレジェンド産駒　ダート短縮時の競馬場別成績

競馬場	勝率	複勝率	単回収	複回収
中央	0.148	0.311	202	144
ローカル	0.045	0.159	29	77

亀谷　ローカルの短縮だと忙しい感じがありますかね。ちなみに中京はどちら寄りのコースだと考えていますか？

今井　コーナーがタイトだから新潟と同じで多頭数だと小回りに近い感じはあるよね。中山と違ってゴール直前に急坂があるわけでもないんで、体力で相殺出来ないし。

亀谷　枠順成績では内枠より外枠が優秀になっています。4枠以降の短縮は複勝回収率がかなり高いです。

今井　ただ、不器用なんだけど比較的ダート馬としては真面目なタイプな分、案外馬群は大丈夫なんだよね。だから同距離や延長とかで、前走より忙しすぎない流れであれば内枠も対応するよ。

それと「芝からダート」も結構馬券になって好きなんだけど、このショックの場合は短縮と同じであんまり揉まれない形が良い。芝からのスピードを生かして、スムーズに先行出来そうな時に狙うとかなり期待値の高い種牡馬だよ。

亀谷　小型の馬でもダートを走るんですけど、配合的にはパワーを強化した方が良いですね。Pサンデー系と分類している母父がスピード型のサンデーサイレンス系だと失敗しやすいです。それ以外の配合だとさらに期待値の上がる、ものすごく美味しい種牡馬になります。特にキングカメハメハ系は狙い目ですね。

格言

1. 母父Pサンデー系以外は期待値◎
2. 短距離は不安定な分、凡走馬の激走には要注意!!
3. 短縮は外枠や広いコースが狙い目

あと、軽さはあるので2～3歳戦の芝短距離も美味しいです。
今井　長時間我慢して上がりを伸ばすような競馬の適性がかなり低いんで、芝はダートと違って短距離で揉まれない形で走るパターンがほとんどになるんだよね。よっぽど鮮度がある時でないと、揉まれると嫌がるよ。

買い条件・消し条件

買い条件 1

牡馬のダート短縮

牡馬のダート短縮　前走着順別成績

前入線順位	着別度数	勝率	複勝率	単回収	複回収
1着	3-4-1-11/19	0.158	0.421	316	150
2～5着	3-1-1-23/28	0.107	0.179	172	136
6～10着	3-3-1-11/18	0.167	0.389	333	123
11着以下	3-1-1-23/28	0.049	0.115	79	167

巻返しが得意な種牡馬だが、特に牡馬の短縮は昇級戦や凡走後など、フレッシュなときの穴が怖い。

買い条件 2

ダート1700m以上の1～3枠
ダート1400m以下の4～8枠（複勝）

ダート1700m以上　枠番別成績（1400m以下と比較）

枠番	着別度数	勝率	複勝率	単回収	複回収	1400m以下 単回収	1400m以下 複回収
1枠	3-3-1-15/22	0.136	0.318	102	84	171	62
2枠	2-3-4-9/18	0.111	0.500	306	125	50	64
3枠	5-2-2-20/29	0.172	0.310	147	90	20	77
4枠	5-2-0-16/23	0.217	0.304	101	60	272	142
5枠	4-2-0-15/21	0.190	0.286	126	78	79	83
6枠	2-4-2-13/21	0.095	0.381	56	83	50	108
7枠	0-1-2-11/14	0.000	0.214	0	62	21	149
8枠	0-3-2-22/27	0.000	0.185	0	72	51	146

ダートは追走に余裕がある長距離では内枠が狙い目。忙しい短い距離や短縮だと外の方が複勝向きの安定感がある（勝ち切るとなると内の方が面白いが）。

ディープインパクト

大系統	サンデー系
小系統	ディープ系

適性遺伝 主張型

*サンデーサイレンス Sunday Silence 青鹿 1986	Halo	Hail to Reason
		Cosmah
	Wishing Well	Understanding
		Mountain Flower
*ウインドインハーヘア Wind in Her Hair 鹿 1991	Alzao	Lyphard
		Lady Rebecca
	Burghclere	Busted
		Highclere

父小系統（父国タイプ）: サンデー系（日）

父母父小系統: マイナー系（米）

母父小系統: リファール系（欧）

母母父小系統: スターリング系（欧）

M3タイプ

M | SC（LC） LC（S）

要素

S	C	L	鮮度要求率	逆ショッカー
4	4	6	5	87.5（芝）

オプション

短縮	延長	内枠	外枠	巻き返し	広い馬場	特殊馬場	硬い馬場	重馬場
C	B	C	C	C	A	C	C	C

多頭数	少頭数	坂	休み明け	間隔詰め	アップ	ダウン	芝替わり	ダ替わり
C	A	C	B	C	B	A	C	C

テン3Fラップ前走比

テン3F	複勝率	単回収	複回収
0.5秒速い牡馬（芝）	0.371	79.1	73.8
0.5秒速い牝馬（芝）	0.335	80.1	85.6

代表産駒 ジェンティルドンナ、コントレイル、グランアレグリア、キズナ、サトノダイヤモンド、フィエールマン、ショウナンパンドラ、シャフリヤールなど

2022/10/26掲載　本質分析①

鮮度が高いと、あらゆる条件を乗り越えるが使われていくと心身が硬くなる

亀谷　ディープインパクトは広いコース、長い直線で強い、根幹距離も走る、主流の王道血統ですね。

今井　非根幹距離の1800mも外回りの京都、阪神で数字を稼いでいるし、基本的にはやっぱり王道種牡馬だよね。それと最大の特徴は鮮度要求率の高さかな。鮮度が高いと、あらゆる条件を乗り越えて走ろうとする。だから重賞挑戦1回目は他の種牡馬と比べてもかなり好走率が高いんだ。サラブレッドは基本的にフレッシュな方が有利な生き物だけど、その中でも格別の存在だよ。

亀谷　前走条件戦から重賞に出てきた馬は好走率が凄く高いです。気持ちが前向きなので、相手強化でもフレッシュな時期は怯まない。

今井　鮮度があると馬群に怯みにくいのもサラブレッド共通の特徴だけど、その度合いが顕著だよね。フレッシュだと馬群を平気で割ってくる。最近の種牡馬は馬群が苦手なのが多いんで、馬群を割れることは相対的に大きな武器になるし。

亀谷　新馬や2戦目が強いのも同じ理由ですね。休み明けも強いですし。勝率なんかは、むしろ間隔を開けている方が高かったりしますよ。

今井　そのぶん、使われて鮮度を失っていくと心身が硬くなるリスクも高いけどね。そうなると、今度は普通の種牡馬以上にかなり揉まれ弱くなっちゃうよ。特に牡馬は。

亀谷　そうなんですよね。特に母父米国型だとディープインパクトの柔らかさを強引に筋肉で補って走るので、次第に硬さが強調されていく。その辺りの話は、また次回に詳しくしていきましょう。

2022/11/02 掲載　本質分析②

柔らかさと硬さ、古馬ディープの狙い方

亀谷　それで前回の続きですが、ディープインパクトも鮮度が大事という話でした。特に牡馬は。

今井　使い込んで鮮度を失うと心身が硬くなって揉まれ弱くなるよね。牝馬はそこまで硬くならないけど。それはどの種牡馬でも本質的には同じだけど、特に顕著なんだ。

亀谷　クラシックに間に合わせるために、元々柔らかさが売りのディープインパクト産駒を、無理に筋肉で硬さを補って早く造るので、古馬になって硬さの方が勝って前面に出ちゃうんですよね。育成もそうですが、競馬の番組体系が硬さを助長させている面もありますよ。

今井　エピファネイアの時も話したけど、早熟とか、そういう単純なことでもなくて、表に出てくるタイミングもあるよね。クラシックに間に合わないでピークが後ろにズレれば、古馬になってもある程度柔らかさを保持できる。

　例えばスピルバーグは、ダービーで完成されてなかったんで、毎日王冠で負けた後、相手強化の天皇賞秋で内枠からしぶとい走りを見せて勝ったし。

亀谷　スピルバーグは5歳馬でも、3走前が条件戦でフレッシュでした。年齢よりも鮮度ですよね、大事なのは。

今井　それと中距離馬の方が柔らかい走りを維持しやすいかな。サングレーザーなんかは、古馬のディープインパクト牡馬としてはかなりしぶといタイプだったよ。

亀谷　最初からパワーを活かすタイプは高齢でも走りますよね。それと持久力を活かした「持久力全振りタイプ」も面白いです。カデナとかサトノノブレスとか。その理論でアルアインを大阪杯で推奨しました。

今井　おお、9番人気だから凄いな。僕も大阪杯がGIになった当初から、「これは硬くなったディープインパクト古馬の救済GIになる

ぞ」って解説して、買い目には挙げてたんだけどね。他の馬から予想して見事に外しちゃったよ。

亀谷　今年の大阪杯も方向性は同じですよね。あと、ハンデ戦も怖いですよ。

今井　硬くて一本調子に走るタイプだよね。捲るか追い込むか、逃げるか、あるいはばらける荒れ馬場か。カツジとか、スワンSの逃げ切り勝ちの前、最後に馬券圏内だったのは少頭数での追い込みだったように、ずっと一定のペースで競馬をして、嵌まるのを待つ形が合うよ。

亀谷　マカヒキなんか、ダービー制覇まで全レースで上がり33秒台を計時してのオール連対でした。そのイメージを引きずって古馬のレースで買うと、間違いやすい。キレがなくなってくるんで。

今井　硬くなったディープインパクトは、基本的にそのときの体力レベルより1～2ハロン短い距離か、小回りや内回りで一瞬のパワーを活かして強引に押し切る競馬向きになりやすい。それか逆に長距離でスローになって揉まれない、心身負荷の少ない競馬で、かつ少し上がりの掛かるパターンね。

　マカヒキは古馬になって3着以内だった4戦は全て短縮で、レース間隔が開いてフレッシュで、凡走後だったよ。

亀谷　4戦とも持久力勝負向きになって、少し上がりの掛かるレースでもありました。アイスバブルもそういうタイプでしたよね。函館記念、目黒記念と、少し上がりの掛かるハンデ戦で激走しました。

今井　あの馬も本質的には長距離なんだけど、最後に走ったのは短縮の函館記念だったよね。フィエールマンみたいに間隔開けつつ、距離や馬場とかのステージを変えてフレッシュさを保ちながら丁寧に使うと、スローの天皇賞春を連勝したみたいに5歳でも長距離ＧＩを勝てるスピリットが残るけど。

亀谷　そのフィエールマンも、結局最後に連対したのは休み明けで大幅短縮の天皇賞秋でしたよね。でも、牝馬だとまた違ってくるんですよ。これからは若駒のディープが少なくなるので、古馬で狙うタイミングを知っておくことが大事ですよね。

短距離戦と重賞で狙えるパターンとは?

今井　前回は牡馬は使い込まれると硬くなる話だったね。鮮度を失うと揉まれ弱くなる。

亀谷　牝馬だと硬くなりにくいので、古馬になって走る産駒も多いですよね。ショウナンパンドラやジェンティルドンナとか。

今井　柔らかさ、しぶとさを持続出来る割合は牝馬の方が必然的に多いよね。長距離でも使われながら鍛えられていく面があるから。

亀谷　ただ、母系が欧州型であれば、牡馬も古馬長距離で悪くはないですけどね。前回話題に挙がったスピルバーグは、母系にサドラーズウェルズを持っていて、成長曲線がダービーに間に合わない分、古馬になって硬くならずに成長した側面がありました。

今井　表舞台に出てくるタイミングと、本来的に持っているその馬の硬さだよね。現役だとアスクビクターモアは面白いタイプで、最初からかなり硬いパワー系なんで、ある程度叩かれながら上昇する。同じ強引な先行馬、ミッキーアイルに似た感じがあるよ。

亀谷　3歳時に瞬発力で走って硬くなるより、最初から硬いパワータイプの方が長続きもしますし、確かに気になりますよね。

今井　これからに向けて、普通の古馬産駒の狙い所も見ていこうか。

亀谷　まず短距離ですが、速い流れを追走するのが苦手なので、基本的に逆張りで考えて良いです。短距離で走って人気になった馬は、次走で切るのがポイントになります。短距離が苦手なディープが走るのですから、何かしら特殊なレース質が発生した訳です。特殊なレース質が続くことは少ないですから。

今井　短距離だと余計に揉まれ弱いんで、馬群がばらけてスムーズに差せた時とか、逆にペースダウンして先行した時に嵌まる形が多いよね。

　あとはやっぱり鮮度で激走する形。ダノンファンタジーが分かりやすいけど、ファンタジーS以来約2年ぶりの1400mへの短縮になった阪神C(2020年)では4番人気で馬群を割って圧勝したけど、次走全く同じ条件だった阪急杯は人気になって揉まれて惨敗。翌年も7ヶ月ぶりの短縮だったスワンSを完勝して、次走は全く同じ条件の阪神C(2021年)を2番人気で3着に負けた。

距離が短かったりとか本質的ゾーンでない場合、ショックを頼っ

ダノンファンタジーの戦績(2020年以降)

日付	レース名	コース	人気	着順	着差	位置取り
2021/12/25	阪神C(G2)	阪神芝1400良	2	3	0.3	6-5
2021/10/30	スワンS(G2)	阪神芝1400良	1	1	-0.1	7-9
2021/5/16	ヴィクトリアマイル(G1)	東京芝1600良	9	7	0.9	14-14
2021/3/28	高松宮記念(G1)	中京芝1200重	8	12	0.8	2-2
2021/2/28	阪急杯(G3)	阪神芝1400良	2	5	0.6	11-10
2020/12/26	阪神C(G2)	阪神芝1400良	4	1	-0.3	3-4
2020/10/17	府中牝馬S(G2)	東京芝1800重	2	6	1.1	2-2-2
2020/5/17	ヴィクトリアマイル(G1)	東京芝1600良	6	5	0.9	6-6
2020/4/11	阪神牝馬S(G2)	阪神芝1600良	1	5	0.4	4-4

2020年12月26日 阪神11R
阪神C(GⅡ) 芝1400m良 16頭立て

着	馬名	父	母父	前走	人気
1	3 ⑥ ダノンファンタジー	ディープインパクト	Not For Sale	東京芝1800·6着	4
2	8 ⑯ マルターズディオサ	キズナ	Grand Slam	京都芝2000·7着	6
3	6 ⑫ インディチャンプ	ステイゴールド	キングカメハメハ	阪神芝1600·2着	1

単勝960円 複勝240円 330円 110円 枠連8,040円 馬連11,360円
ワイド2,330円 420円 540円 馬単24,910円 三連複3,360円 三連単59,980円

競馬放送局で公開した今井雅宏の準推奨レース

阪神11R
6番ダノンファンタジー 6点 間隔開けて疲れ取れ、短縮で4番手くらいの位置取りショックならベター。
1番クリノガウディー 5.5点 疲れ心配もハイペース内枠向いて。少し上がり掛かれば理想に。
あとは16番、12番、7番、8番、9番、2番

ディープインパクト

て激走することになるので、そのストレスで全く同じ条件を次走は人気で凡走する。馬は「阪神1400m」とかの固定された条件の得意、不得意だけで走るわけではないからね。ステップが如何に大事か、中長期視点で硬くなるだけでなく、特に古馬になると短期スパンでも心身は硬くなるから。

亀谷　「競走馬の能力は一定ではない」ですからね。それとやはり広いコース、緩い流れ、上がり勝負が基本です。

今井　前回短縮が向く話をしたけど、それはある程度のレベルで使い込まれて硬くなった産駒の話になるよ。ただ漫然と走っている産駒は、そもそも硬くならないで終わるのも多いんで、揉まれずに、前走より気分良く追走して上がり勝負に持ち込む形が基本だから、延長も合う。休み明けとか、条件変更とか、生涯に1～2回の集中期に入ってる時とかは、揉まれても我慢するけど。

亀谷　特に忙しくなる短縮は、広いコースとかスムーズに追走出来そうなときが良いですよね。基本的にずっと加速していく、ひたすらタメて伸びる競馬が合うので。そういうレース質だと、直仔に関わらずディープの血を持っている馬が独占しやすいですよ。「ディープボックス」の馬券作戦が炸裂する瞬間です。サウジアラビアRCとか、京成杯AHとか、あと阪神の長距離も合いますね。菊花賞もそうでした。

今井　あ、それで思い出した。神戸新聞杯で人気薄のジャスティンパレスを本命にしたんだよ。

亀谷　お、結構儲かったでしょう？

今井　単勝11倍ついたからかなり美味しかったよ。得意の鮮度時で馬群を割れる状態だったから、多頭数の内目も良いんでね。内枠にはエピファネイアとか、馬群を嫌がる血統が多かったから余計に。で、菊花賞はその反動が怖いんで評価を下げたら3着に走られて、結果的にディープが1着、3着。亀谷君がレース前に僕に話してた通りだったよ(笑)。

亀谷　ディープは怖いですよね(笑)。ああいうレース質だとディープしか持っていないスペシャルな血が騒ぐんですよ。

今井　キズナとかミッキーアイルとか、自身と違うタイプの種牡馬を輩出しているのも、懐の深さだよね。

亀谷　世界レベルのスーパーサイヤーですから、孫世代はもっと多様な馬が出ますよね。ただし、ディープの本質は受け継ぐ、この辺が奥深さです。今後はディープの血を交えて語る機会がずっと続きますね。だから、今回は基礎編ですね。

　最後にダートですが、これは馬場につきますね。芝向きの特殊馬場かどうか。

今井　ダートだと、パワーを補える短縮は向くよ。ハイペースを先行して追走する競馬は合わないけど。あと芝短距離同様、自身のゾーンではないから、前走好走して人気になったストレス馬は切るのが基本戦略になる。

格言

1. 牡馬は早い時期に走らせると硬くなりやすい
2. パワーや持久力に特化した馬は古馬の特にハンデ戦で狙い目
3. 古馬牡馬は体力レベルより1〜2ハロン短い距離か、小回りや内回りの穴が面白い
4. 短距離は好走後の人気馬が危ない
5. 重賞は「ディープボックス」が嵌まるレースで狙い撃て!
6. ダートは短縮と逆張り。特殊馬場が面白い

買い条件・消し条件

牡馬のダート良馬場での短縮

買い条件 1

牡馬のダート　馬場状態別成績　全体と短縮時

馬場状態	着別度数	勝率	複勝率	単回収	複回収	短縮時 単回収	短縮時 複回収
良	122-83-105-937/1247	0.098	0.249	90	80	122	95
稍重	32-37-26-275/370	0.086	0.257	49	64	57	62
重	21-14-21-178/234	0.090	0.239	66	77	71	66
不良	6-17-16-94/133	0.045	0.293	28	80	11	90

芝血統らしく好走率は軽い砂の方が若干高いが、単勝は良の方が伸びる。ダート向きのS質を要求される短縮だとその傾向は顕著。

4歳以上の牡馬
叩き5戦目以降の芝延長

消し条件 1

古馬の牡馬 距離延長　叩き回数別成績

臨戦過程	着別度数	勝率	複勝率	単回収	複回収
中2ヶ月以上	55-63-46-399/563	0.098	0.291	68	69
叩き2戦目	44-42-38-335/459	0.096	0.270	85	71
叩き3戦目	22-31-14-218/285	0.077	0.235	49	66
叩き4戦目	19-13-14-109/155	0.123	0.297	73	71
叩き5戦目	6-6-5-74/91	0.066	0.187	30	57
叩き6戦目以降	10-11-18-150/189	0.053	0.206	48	71

特に古馬の牡馬は使われていくと硬くなるので、鮮度を失った後の延長は勝ちきれない。

2023年天皇賞春を勝利したジャスティンパレス。「柔らかさ」と「鮮度」が、ディープ牡馬が古馬になって活躍できるかどうかの鍵になる。

ディスクリートキャット

大系統 ノーザンダンサー系
小系統 ストームバード系

適性遺伝 中間型

Forestry 鹿 1996	Storm Cat	Storm Bird
		Terlingua
	Shared Interest	Pleasant Colony
		Surgery
Pretty Discreet 鹿 1992	Private Account	Damascus
		Numbered Account
	Pretty Persuasive	Believe It
		Bury the Hatchet

父小系統（父国タイプ） ストームバード系（米）
父母父小系統 リボー系（欧）
母父小系統 ダマスカス系（米）
母母父小系統 マッチェム系（米）

Northern Dancer 4×5、Buckpasser 4·5(母方)、
Bold Ruler 5·5(父方)、Ribot 5×5

M3タイプ

S | S(LC) LC(S)

要素

S	C	L	鮮度要求率	逆ショッカー
4	2	4	3	211.3（ダート）

オプション

短縮	延長	内枠	外枠	巻き返し	広い馬場	特殊馬場	硬い馬場	重馬場
B	D	D	B	B	B	B	B	AA

多頭数	少頭数	坂	休み明け	間隔詰め	アップ	ダウン	芝替わり	ダ替わり
C	A	B	C	B	B	B	B	D

テン3Fラップ前走比

テン3F	複勝率	単回収	複回収
0.5秒速い牡馬（ダート）	0.337	101.2	97.0
0.5秒速い牝馬（ダート）	0.234	23.9	66.3

代表産駒（国内） オオバンブルマイ、エアハリファ、コンバスチョン、キズマ、スズカコテキタイ、ワールドバローズ、メイショウユズルハ、ルチェカリーナなど

2023/04/05掲載　本質分析①

芝とダートで狙い方が明確な種牡馬

亀谷　ディスクリートキャットはストームキャット系のなかでも軽いタイプで、母父の影響を受けやすく、例えば母父がサンデー系だと芝馬も出ます。昨年の京王杯2歳Sを勝ったオオバンブルマイは母父ディープインパクトです。

ダートの場合、母父が米国型の馬は短距離に適性がありますね。ただ、アメリカのスピード型なので体力自体はあんまりない。例えばキングマンボ系などであれば体力があるので、日本のダートでも走れるゾーンが広くなる訳ですが。

あと、デビューから数戦すると体力と前向きさが強化されるので、キャリア5戦目以降が狙い目になりますね。

今井　なるほど、それは面白い考え方だね(笑)。そこそこ真面目なんだけど、軽いんだよね。だから芝は外枠とか少頭数とかでスムーズだと好走するけど、タイトな競馬になると最後に踏ん張れない。でも淡々と自分の競馬をするから、大崩れはあまりしないんだ。

芝は、使われていくと次第に勝ち切れなくなっていくタイプが多いよ。心身が平行状態になるというか、Mでは均衡状態と呼ぶんだけど。

亀谷　ワールドバローズみたいなイメージですね。

今井　「ダートから芝」とか、「前に行く位置取りショック」とかでフレッシュだと、タイトな競馬でもそれなりに頑張るけど。

亀谷　距離は1600mくらいまでがベターですね。1800m以上はまだ1勝ですよ。

今井　今のところ芝1800m以上の新馬、未勝利以外で3着以内に好走したのは、ワールドバローズが延長で前走8番手から今回2番手のショックを掛けたのと、ダートから芝のショック馬が走った2回だね。普通にその条件を使われている馬だと、距離が延びると体力的な脆さを出しやすくて、善戦しても勝ちきれないパターンが多くなる。

亀谷　皆が思っているより芝向きの軽い馬もいるんですが、出走比率の70%以上はダートです。
今井　ダートだと、軽さがあるぶん東京は結構走るね。
亀谷　1600mと2100mは期待値も高いですね。好走率だと東京1300m、1400mもよく走ってます。
今井　それと軽くてスムーズな競馬が合うんで延長が向きそうに思うけど、これが案外走らないんだよ。
亀谷　ダートの延長は複勝回収率49%しかないですね。
今井　しかもほとんどが未勝利戦なんだよね。未勝利戦だと複勝率が24%あるけど、1勝クラス以上の延長だと複勝率14%で、複勝回収率は26%しかないから。
亀谷　それは凄いですね〜。やっぱり日本の砂向きの体力がないんでしょうね。タイプ的には軽いスピード型なので本来延長が合うはずなんだけど、古馬になると体力不足で我慢出来ない。これを説明しようとすると壮大な競馬概念を話さないといけないので時間が掛かって大変(笑)。

格言で覚えちゃうと「古馬の1勝クラス以上の延長は危ない」ってことですかね。1勝クラス以上の延長で1番人気になった馬は7頭いますが、勝ったのはまだ1頭だけ。やっぱり逆張りが正解ですね。

ディスクリートキャット産駒　ダートのローテ別成績
2〜3歳戦限定

ローテ	勝率	複勝率	単回収	複回収
延長	0.080	0.221	83	60
短縮	0.058	0.219	63	85

古馬混合戦限定

ローテ	勝率	複勝率	単回収	複回収
延長	0.051	0.153	21	27
短縮	0.066	0.295	83	99

今井　その1勝が1900mなんだよね。1700mとか1900mとか、狭間的なレースで紛れ込む形に古馬の延長はなりやすいよ。もともと

1600mとか、あまりJRAのダートらしくない条件が向くタイプなんだけど。

亀谷　JRAの主流ダートには合わないので、JRAのダートでは反主流のレース質が合うというわけですよね。

今井　短縮なら、1勝クラス以上だと複勝率26%で延長の倍近くもあるし、単複共に回収率が100%を超えていて買えるんだけど。

亀谷　短縮の1300m以上はかなり好走率が高くなってますね。ただ人気馬の短縮だと1200m以外はイマイチなので、人気になるとアタマでは買いにくいですよ。

今井　少し揉まれ弱さがあるしね。短縮は外枠で揉まれない形や、スムーズな先行なら揉まれにくいんで内枠も合うけど。それと重、不良の特殊馬場もかなり向くよ。

亀谷　3/25の春風Sは不良馬場でヴァガボンドが10番人気で勝ちました。重、不良だと連対率がグンと上がってますよね。やはり軽さが出てます。

今井　それと全力で走るというよりは淡々と走るから、終わりそうで終わらないんだよね。ずっと使われていて5着くらいを続けていても、条件がハマると好走する。凡走しても精神的なダメージをあまり引きずらないタイプだし、ダートだと使い減りもしないんだ。

亀谷　叩き5戦目以降の方が好走率も回収率も高い。先に言ったように、アメリカ血統でも珍しいパターンですよね。逆に新馬は複勝率で17%しかなくて、これは他のどのクラスより低い好走率ですから覚えておいて逆張り作戦も効果があるでしょう。

格言

1. 芝1800m以上はフレッシュ馬以外×
2. ダートの延長は古馬になると逆張り
3. ダートのキャリア5戦目以降は要注目!

2023/04/19 掲載　的中例 ①

「前に行く位置取りショック」を使って アーリントンCのオオバンブルマイを指名！

今井　先週土曜日のアーリントンC、ちょうど前々回話題に挙げたディスクリートキャットを本命にして、美味しい馬単が当たったよ。

亀谷　5番人気のオオバンブルマイですね。馬単で86倍付きました。

今井　あのときに話した、「芝は前に行く位置取りショックとかでフレッシュなときに頑張る」というパターンだよね。

亀谷　前走出遅れて後方だったので、今回は前に行くという狙いですね。

今井　前走15番手だから、ほぼ確実な位置取りショックだよね。休み明けでフレッシュだったし、道悪が向くのもあったよ。

オオバンブルマイの戦績

日付	レース名	コース	人気	着順	着差	位置取り
2023/4/15	アーリントンC(G3)	阪神芝1600重	5	1	0.0	7-7
2022/12/18	朝日杯FS(G1)	阪神芝1600良	5	7	0.6	15-14
2022/11/5	京王杯2歳S(G2)	東京芝1400良	10	1	-0.2	4-4
2022/9/24	2歳新馬	中京芝1400良	5	1	-0.2	3-3

亀谷　芝もダートも極端な道悪はよく走りますよね。週末は酷い雨で人気薄のディスクリートキャットが激走しまくりました。

今井　調べてみると、12番人気3着に激走したクムシラコ(4/15・中山8R)も芝で前に行く位置取りショックだったよ。この馬は前回激走したときも道悪で前に行く形だったし、ディスクリートキャットの「道悪で前に行く位置取りショック」は、改めて要注意パターンになるよね。

亀谷　ダート1800mで11番人気3着に激走したオールアルミュール(4/16・中山3R)も不良馬場で一変しました。

2023年4月15日 阪神11R
アーリントンC（GⅢ） 芝1600m重 18頭立て

着	馬名	父	母父	前走	人気
1	3 ⑥ オオバンブルマイ	ディスクリートキャット	ディープインパクト	阪神芝1600·7着	5
2	2 ④ セッション	シルバーステート	Dubawi	中山芝2000·7着	4
3	1 ① ショーモン	マインドユアビスケッツ	ディープインパクト	阪神芝1600·1着	2

単勝700円　複勝280円 240円 180円　枠連1,590円　馬連4,320円
ワイド1,640円 1,060円 710円　馬単8,670円　三連複6,660円　三連単42,710円

競馬放送局で公開した今井雅宏の推奨レース

阪神11R アーリントンC

重想定／フラット／M-H　平均速め、重想定

◎(70点) 6番オオバンブルマイ(5人気)
○(69点) 2番ユリーシャ（1人気）
▲(68点) 5番ナヴォーナ(3人気)
×(67点) 10番スカイロケット(8人気)
×(67点) 4番セッション(4人気)
×(67点) 1番ショーモン(2人気)

※同点の場合は当日人気のない方が上位評価

注目馬のコメント

6番は硬いタイプで道悪の休み明け向いて。4番手くらいのポケットなら精神コントロールしやすく。
2番は間隔開けて疲れ取れ。揉まれると？も道悪かなり得意で上手くばらければ理想。
5番は格上げで新鮮。内枠向いて。差せるタイプの道悪ならしぶとさ活きて。
4番は揉まれると？も道悪でばらけた内差し競馬なら得意のタイプで。

※明日は各競馬場雨量読みにくく難しい。一応阪神は極端過ぎない程度にインも伸びる道悪想定。

ディスクリートキャット

クムシラコの近走成績

日付	レース名	コース	人気	着順	着差	位置取り
2023/4/15	4歳以上2勝クラス	中山芝1200重	12	3	0.8	3-3
2023/4/8	花見山特別(2勝C)	福島芝1200良	12	7	0.6	7-6
2022/12/25	キャンドルライト賞(2勝C)	中山芝1200良	15	15	1.6	9-8
2022/8/7	HBC賞(2勝クラス)	札幌芝1200良	11	7	0.4	15-14
2022/7/17	湯の川温泉特別(2勝C)	函館芝1200重	7	3	0.3	5-5
2022/7/9	潮騒特別(2勝C)	函館芝1200良	9	7	0.1	8-8

オールアルミュールの近走成績

日付	レース名	コース	人気	着順	着差	位置取り
2023/4/16	3歳未勝利	中山ダ1800不	11	3	0.4	6-6-7-8
2023/3/12	3歳未勝利	中山ダ1800良	12	13	3.1	10-10-10-11
2023/2/25	3歳未勝利	中山ダ1800良	8	3	0.5	8-8-6-4
2023/1/9	3歳未勝利	中山ダ1800良	5	8	1.8	8-8-10-9
2022/12/18	2歳未勝利	中山ダ1800稍	13	4	0.6	7-7-7-4
2022/11/26	2歳未勝利	東京ダ1600稍	12	9	1.9	9-9

買い条件・消し条件

買い条件 1

芝の叩き2戦目

芝 叩き回数別成績

臨戦過程	着別度数	勝率	複勝率	単回収	複回収
中2ヶ月以上	6-2-2-54/64	0.094	0.156	61	35
叩き2戦目	6-2-8-37/53	0.113	0.302	136	323
叩き3戦目	1-1-3-30/35	0.029	0.143	20	70
叩き4戦目	0-3-2-17/22	0.000	0.227	0	142
叩き5戦目	0-4-2-13/19	0.000	0.316	0	94
叩き6戦目～	0-1-2-23/26	0.000	0.115	0	73

使われても大丈夫だが、休み明け1、2戦目の勝率が高く、段々善戦止まりが増えていく。

買い条件 2

芝の稍重～不良、ダートの重～不良

芝・ダート 馬場状態別成績

トラック	馬場状態	着別度数	勝率	複勝率	単回収	複回収
芝	良	18-20-14-257/309	0.058	0.168	73	86
	稍重	4-5-5-54/68	0.059	0.206	28	131
	重	2-3-4-20/29	0.069	0.310	48	139
	不良	1-1-1-5/8	0.125	0.375	177	167
ダート	良	41-35-54-447/577	0.071	0.225	57	62
	稍重	11-13-13-137/174	0.063	0.213	34	55
	重	12-13-8-80/113	0.106	0.292	70	109
	不良	7-7-5-41/60	0.117	0.317	165	158

芝もダートも、とにかく馬場が悪化すればするほど、好走率、回収率ともに上昇する。

ドゥラメンテ

大系統	ミスプロ系
小系統	キングマンボ系

適性遺伝 主張型

キングカメハメハ 鹿 2001	Kingmambo	Mr. Prospector	父小系統（父国タイプ） キングマンボ系（欧）
		Miesque	
	*マンファス Manfath	*ラストタイクーン	父母父小系統 ノーザンダンサー系（欧）
		Pilot Bird	
アドマイヤグルーヴ 鹿 2000	*サンデーサイレンス Sunday Silence	Halo	母父小系統 サンデー系（日）
		Wishing Well	
	エアグルーヴ	*トニービン	母母父小系統 グレイソヴリン系（欧）
		ダイナカール	

Northern Dancer 5·5×5

M3タイプ

L　L(SC)　S(LC)

要素

S	C	L	鮮度要求率	逆ショッカー
5	2	5	2	83.7（芝）

オプション

短縮	延長	内枠	外枠	巻き返し	広い馬場	特殊馬場	硬い馬場	重馬場
C	C	D	A	C	A	A	B	B

多頭数	少頭数	坂	休み明け	間隔詰め	アップ	ダウン	芝替わり	ダ替わり
C	B	A	B	C	C	A	C	C

テン3Fラップ前走比

テン3F	複勝率	単回収	複回収
0.5秒速い牡馬（芝）	0.395	77.9	98.5
0.5秒速い牝馬（芝）	0.298	55.0	57.3

代表産駒 タイトルホルダー、リバティアイランド、スターズオンアース、ドゥラエレーデ、シャンパンカラー、アリーヴォ、ヴァレーデラルナ、サウンドビバーチェなど

2022/10/05掲載　本質分析①

激走パターンが距離によって変わる

今井　ドゥラメンテは変革をもたらすだけの存在だっただけに、早くに亡くなっちゃったのは本当に残念だよね。

亀谷　これから強い馬がどんどん出てくると楽しみにしていただけに余計にですね。タイトルホルダーがかなりのパワー型先行馬で、産駒はそのイメージが強いですが、末脚を伸ばす産駒も増えてくると思うんですよね。ディープインパクトと同じ主流型の血統ですから。

今井　スムーズだと爆発的な力を出すという意味で似てるね。ドゥラメンテはどちらかというとS質とL質、つまりパワーと体力を前面に出した競馬で強いけど。そのパワーを後半に持っていけば強烈な末脚型になる。

ただ、ディープは鮮度が高いと器用に馬群を割れるけど、ドゥラメンテはブレーキを掛ける競馬が基本的に合わないよ。その強烈なパワーと引き換えに、不器用さと揉まれ弱さも引き受けているから。差す場合は、ばらける展開とか外差しとかでないと、レースを投げ出すリスクが高くなる。

亀谷　鮮度を要求される面でも、ドゥラメンテはディープに似てますよ。新馬戦は単勝回収率87%、複勝回収率93%と各クラスで回収率が一番高いです。休み明けも複勝率が3割を超えていて、レース間隔を開けるとよく走ります。

今年の大阪杯でアリーヴォが人気薄で激走しましたけど、あのレースは狙っていました。王道、根幹距離の差しで、2走前が3勝クラス＋叩き3戦目と鮮度も高く、充実期でしたから。

今井　確かに鮮度と充実期が重なると、ある程度馬群からも差してくる感じだね。大阪杯激走後の宝塚記念では、鮮度が一段階落ちて、投げ出す癖が出ちゃったけど。

亀谷　基本はフレッシュな時と充実期で買いですね。それ以外、例えば使われていって調子を崩している時は買いにくい。

今井　馬群への対応力では、前回取り挙げたエピファネイア同様、牝馬の方が柔らかさがあるぶん良いよ。まぁそれはどの種牡馬でも同じだけど、その比率がより高い。スターズオンアースなんかは、鮮度があったのもあるけど、桜花賞で馬群を割って抜けてきたし。
亀谷　ただ今のところ、牝馬は牡馬ほど走らないんですよ。勝率、複勝率ともに牡馬の方がかなり上です。気性的にキツさがあって、口向きが繊細なんですよね。そういうタイプだけに、牝馬だと余計に難しさがあります。ただ、そこも育成のコツがわかれば改善されて名馬が出ると思いますが。
今井　本質的にドゥラメンテは硬いパワー型だから、牡馬の方がその長所を最大限に活かしやすいのもあるよ。上がり3ハロンの前走比較成績を出してるんだけど、前走よりレース上がりが0.5秒以上速いと複勝率26.9%、複勝回収率46%だけど、前走よりレース上がりが0.5秒以上遅いと複勝率37.9%、複勝回収率90%。回収率が倍近くもアップするし、単勝回収率は100%を超えているよ。

ドゥラメンテ産駒　レース上がり3ハロン前走比成績

上がり3ハロンの前走比	複勝率	単回収	複回収
0.5秒以上速い	0.269	36	46
0.5秒以上遅い	0.379	126	90

亀谷　なるほど、消耗戦で強いわけですね。
今井　矯めるだけ矯めて後半にパワーを持っていけば、高速上がりを出せるのも多いけどね。タイトルホルダーみたいに強引さでねじ伏せる競馬はどうしても硬い牡馬質だから、あの形だと牝馬には限界がある。ただ、その強引さと引き換えに柔らかさを牝馬は獲得出来るんで、上手くいくとスターズオンアースみたいなのも出てくる。
　それでも基本が牡馬質なぶん、確率として牡馬の方が走る馬は出やすいだろうけど。あと、もともと牝馬の長所である軽快さが強くないのもあるし。
亀谷　短い距離で軽いスピードや敏捷性を活かすような競馬は得意じゃないですよね。データ的にも短距離は牡馬と牝馬の格差がさらに大きくなってますよ。牝馬は芝の1200mではまだ1勝ですし、1400mでは牡馬の半分くらいの複勝率しかありません。

ドゥラメンテ産駒の芝短距離成績

距離	性	勝率	複勝率	単回収	複回収
芝1200m	牡馬	0.078	0.216	72	50
	牝馬	0.016	0.148	4	48
芝1400m	牡馬	0.135	0.327	96	57
	牝馬	0.074	0.167	44	36

今井　1400m以下になると忙しいのと軽さがないぶん、余計に外追い込みとか、捲り、逃げ先行といった強引なブレーキを掛けないパワー競馬になるんで、牡馬質な形での好走が多くなるよ。1200mで初のOP勝ちになったアスコルターレのマーガレットSも、11頭立ての11番手からの追い込みだったし。

以前に取り挙げたロードカナロアは、距離が延びると強引になったけど、ドゥラメンテはその逆で短くなるとより強引になって、むしろ距離が延びると追走に余裕が出て、ある程度器用に走れる。つまり種牡馬の適性条件を外れると、距離の長短に関わらず道中でタメが利かなくなる構造が、そこにはあるんだよね。

亀谷　もちろんM的思考ですから、強い弱いではなく、相対的な特性の話ですね。

今井　同じ種牡馬でも、激走するときのスタイルが距離によって変わるわけだよね。

亀谷　それとやはりステップですよね。それがドゥラメンテなら、フレッシュな時、充実期に踏ん張れると。

2022/10/12掲載　本質分析②

ダート戦は馬券的に面白い&美味しい!

亀谷　前回はフレッシュな時と充実期で走る、王道タイプという話でした。

今井　そこを過ぎると淡泊になって、牡馬の差しはブレーキを掛けない方が良くなるけどね。

亀谷　王道タイプにしては珍しく、母父の影響を受けやすいのも特徴ですよね。キングマンボ系は母父の影響を受けやすいので、母父が米国型やダートでも走る牝系だとダートでもよく走ります。

今井　ダートも馬券的な癖があって面白いよね。

亀谷　ルーラーシップは父がキングカメハメハで母がエアグルーヴなので、ドゥラメンテの叔父にあたるんですよね。フラムドパシオンやデシエルトなどをみても、この牝系にはダートの中距離をこなす血統背景がありますよ。

今井　ルーラーシップも芝血統だけど、回収率はダートの方が人気になりにくいぶん高くて、馬券になるんだ。特に「芝からダート」は穴でよく走るから、予想で狙うことも多いよ。

亀谷　ドゥラメンテもまさにそうなんですよ。ダートの方が芝より人気がないぶん回収率が高いですし、ダート替わりもよく穴を開けています。路線変更でフレッシュさも出ますし。ただサンデーの血が入ってるぶん、アベレージは若干落ちますけど。

今井　両方とも芝質なままダートを強引に走るけど、ドゥラメンテの方がパワー寄りかな。ルーラーシップは体力と、Mの用語で「量」、気の良さが強いけど。だからパワーで押し切る競馬はドゥラメンテの方がしやすい。

　ルーラーシップのダート替わりは、芝からのスピードの優位性でスムーズに前に行く形や、少頭数や広いコースとかの外差し、捲りで総合力と気の良さを活かす競馬が狙い目だよね。

　ドゥラメンテもかなり似てるけど、パワーが強い分だけ前に行って揉まれない形の激走比重が高くなる。

亀谷　芝だと軽さ不足の馬が、スムーズに前に行って穴を開けるパターンですね。

今井　いずれにしても、揉まれない形での激走中心だよね。ダートだから追走ラップが落ちて揉まれ強くなるパターンは、鮮度時や充実期以外は2頭ともあまりないよ。

亀谷　それと、母系が欧州型や日本型だと、母系の影響が強すぎてダートでは中途半端になりますよ。欧州型だと追走スピードが落ちますし、サンデー系の配合だと逆にパワー不足になる。

あと、牝馬は特に短距離では良くないです。気性がキツイ上に小さい馬が出やすいですから。牡馬だけで見てみると、ダートの回収率は相当高くなるんですよ。馬券的には牡馬の母父米国型を狙っていくスタンスで、美味しい思いが出来ます。

今井　ダートだと余計にパワー頼りになるから、前回話した特徴が鮮明に出てくるよね。気分良く走れた時はパワーで圧倒的に強い競馬をするけど、使い込んで嫌なことがあると投げ出しやすく、牝馬は長所が活きにくい。自分の競馬がしやすい1700m以上や、広いコース、あるいは芝スタートとかで、前走よりスムーズな形が狙い目だ。

亀谷　特にトップクラスなら中距離狙いが基本ですが、牡馬であれば短距離の回収率もかなり高いですね。

ドゥラメンテ産駒・牡馬　ダート戦の短縮時距離別成績

距離	勝率	複勝率	単回収	複回収
1200m	0.238	0.333	417	215
1400m	0.130	0.174	368	93
1600m	0.250	0.438	137	76
1700m	0.118	0.176	54	31
1800m	0.233	0.367	114	86

今井　1200mの芝スタートは怖いよね。1400mも芝スタートが多いし、ダートスタートの東京は広いし。芝短距離をダッシュ不足で揉まれてた馬が、ダートになって追走に余裕が出て、パワーを活かして出世街道に乗るパターンは注意だ。

亀谷　距離変更も牡馬だと穴が走ってかなり高い回収率ですよ。フレッシュさで走るパターンは怖いですね。

今井　短縮の牡馬だと、広いコースと芝スタートは破壊力抜群だね。

まだ若いフレッシュな産駒が多いぶんデータも割り引いた方が良いけど。牡馬の1700mは小回りで忙しく感じるリスクがあるから、延長とか同距離で慣れている方が面白いかな。

亀谷　芝の場合だと、短縮は回収率が落ちますね。同距離と延長が複勝回収率70%台ですが、短縮は58%です。

今井　芝は短縮の忙しさで揉まれる展開だと危うさが出るよね。長めの距離だと大崩れしにくく、1800mなんか複勝率は4割だけど。

亀谷　広い新潟とか阪神なんか凄い複勝率ですね。逆に1400mの短縮は重馬場の1勝だけです。

今井　15番手からだったしね。1200mは3勝してるけど、道悪と、最後方と、逃げ切りだから、短距離の短縮だと余計にワンペースの流れで、ブレーキを掛けないで加速出来る瞬間の穴狙い向きになる。あと、芝の道悪は揉まれにくく上がりも掛かってパワーを活かせるのがプラスも、走法的には苦手なんだよね。結局相殺して成績はあまり変わらないけど。

亀谷　そういう意味でも、凱旋門賞は可哀想でしたね。

格言

1. フレッシュな時と充実期が勝負！
2. 前走より上がりが掛かると期待値爆上げ
3. 短距離は牡牝の格差がさらに広がる
4. 芝からダート替わりは要警戒
5. ダートは「母父米国型の牡馬」限定で◎
6. 牡馬のダート短縮は、
広いコースと芝スタートが破壊力抜群
7. 芝短距離への短縮は、ブレーキ掛けない競馬向き

2023/05/10掲載　的中例①

◎シャンパンカラーで NHKマイルCの3連単26万馬券を的中!!

亀谷　先日のNHKマイルC、キングマンボ系のワンツー決着で凄いのを当ててましたね！

今井　馬単300倍を◎▲で当てて、3連単の26万馬券も的中したんだよね。〇もキングマンボ系のダノンタッチダウンにしたから、3連複の400倍本線的中は逃しちゃったけど(笑)。

亀谷　ダノンタッチダウンは仕掛けが早かったぶんの4着ですから、熱かったでしょう？

今井　だよね〜。もちろん全部、ここで解説した通りの狙い方だったよ。勝った9番人気シャンパンカラーは、揉まれ弱いドゥラメンテ牡馬で、中山の内枠で揉まれた後の東京外枠の外差しはかなり楽に感じるんで◎。道悪ならばらけて余計に揉まれにくいし、相対的なパワーの優位性も活かせるよね。

2着の8番人気ウンブライルはGⅡからGⅠへと、何度もここで解説してきた格言『相手強化のロードカナロア』だね。内枠も集中しやすいんで3番手の▲にしたよ。しかも「使われて筋肉を増強するロードカナロア」で、成績を上げてきたのもプラスだった。

3番人気3着のオオバンブルマイは「道悪のディスクリートキャット」になる。ただこの前話題にしたアーリントンCで、「道悪で前に行く位置取りショック」という超得意技で激走したストレスがあるから、臨戦過程が前走より落ちるぶん△にしたんだ。

あと6番人気ダノンタッチダウンは道悪が心配だけど、「短縮のロードカナロア」で〇評価だったよ。

亀谷　確かにここで解説した種牡馬の激走パターンに全部ハマってますね。見事な実演です。

競馬放送局で公開した今井雅宏の推奨レース

東京11R NHKマイルC

稍重想定／フラット／ H-M

速めの流れ、重に近い適度に時計掛かる稍重想定

◎(70点) 11番シャンパンカラー（9人気）
○（69点）18番ダノンタッチダウン(6人気)
▲（68点）3番ウンブライル(8人気)
▲（68点）2番モリアーナ(5人気)
△（68点）10番オオバンブルマイ(3人気)
×（67点）5番シングザットソング(11人気)
×（67点）6番エエヤン(2人気)
×（67点）15番カルロヴェローチェ（1人気)

※同点の場合は当日人気のない方が上位評価

注目馬のコメント

11番は揉まれたくないので東京の外目の枠向いて。活性化の弱いステップなので雨降って重い馬場で矯めて乗って外差し競馬なら量活きて。
18番は道悪どうかも短縮のハイペースならベストのタイプで。軽い降雨までなら理想。
3番は徐々にリズム上げ。精神コントロール難しいのでペース上がって矯めて乗れば。
2番は揉まれたくないので一回思い切って下げて外に出す形ならベストに。

ドゥラメンテ

2023年5月7日 東京11R
NHKマイルC（GI）
芝1600m稍重 17頭立て

着	馬名	父	母父	前走	人気
1	6 ⑪ シャンパンカラー	ドゥラメンテ	Reckless Abandon	中山芝1600・3着	9
2	2 ③ ウンブライル	ロードカナロア	ファルブラヴ	中山芝1600・2着	8
3	5 ⑩ オオバンブルマイ	ディスクリートキャット	ディープインパクト	阪神芝1600・1着	3
4	8 ⑱ ダノンタッチダウン	ロードカナロア	Dansili	中山芝2000・18着	6

単勝2,220円　複勝490円 390円 270円　枠連9,690円　馬連12,990円
ワイド3,310円 2,680円 1,760円　馬単30,450円　三連複27,690円　三連単260,760円

買い条件・消し条件

芝の叩き2戦目

買い条件 1

芝 叩き回数別成績

臨戦過程	着別度数	勝率	複勝率	単回収	複回収
中2ヶ月以上	55-58-45-360/518	0.106	0.305	60	75
叩き2戦目	44-34-41-200/319	0.138	0.373	125	103
叩き3戦目	19-22-17-141/199	0.095	0.291	47	70
叩き4戦目	6-11-13-71/101	0.059	0.297	28	66
叩き5戦目	5-6-6-41/58	0.086	0.293	68	69
叩き6戦目以降	7-2-5-53/67	0.104	0.209	65	45

芝はフレッシュな方が良く、叩き3戦目以内の複勝回収率が相対的に高い。

牡馬のダート1400～1600m、中山ダ1200m、新潟ダ1200m

買い条件 2

牡馬ダート1600m以下 距離別成績

距離	着別度数	勝率	複勝率	単回収	複回収
1200m（新潟）	3-0-0-12/15	0.200	0.200	495	84
1200m（中山）	5-3-1-19/28	0.179	0.321	113	151
1400m	16-9-4-89/118	0.136	0.246	418	141
1600m	14-9-5-39/67	0.209	0.418	104	76

牡馬のダート1600m以下は広いコースや、1200mの芝スタートでスピードに乗ると怖い。

ドレフォン

大系統	ノーザンダンサー系
小系統	ストームバード系

適性遺伝　引き出し型

Gio Ponti 鹿　2005	Tale of the Cat	Storm Cat	父小系統（父国タイプ）ストームバード系（米）
		Yarn	
	Chipeta Springs	Alydar	父母父小系統 レイズアネイティヴ系（米）
		Salt Spring	
Eltimaas 鹿　2007	Ghostzapper	Awesome Again	母父小系統 ヴァイスリージェント系（米）
		Baby Zip	
	Najecam	Trempolino	母母父小系統 ネイティヴダンサー系（欧）
		Sue Warner	

Raise a Native 5×4（父方）

M3タイプ

S	S（CL） S（LC）

要素

S	C	L	鮮度要求率	逆ショッカー
4	4	3	3	183.2（ダート）

オプション

短縮	延長	内枠	外枠	巻き返し	広い馬場	特殊馬場	硬い馬場	重馬場
A	C	A	C	B	B	B	B	B

多頭数	少頭数	坂	休み明け	間隔詰め	アップ	ダウン	芝替わり	ダ替わり
C	C	C	B	C	C	B	C	B

テン3Fラップ前走比

テン3F	複勝率	単回収	複回収
0.5秒速い牡馬（ダート）	0.248	111.9	53.5
0.5秒速い牝馬（ダート）	0.280	38.7	82.4

代表産駒　ジオグリフ、カワキタレブリー、コンシリエーレ、デシエルト、タイセイドレフォン、コンティノアール、カルネアサーダ、カラフルキューブ、エルバリオなど

2022/06/15掲載　本質分析①

母の血統の特徴を引き出す種牡馬

亀谷　ドレフォンは「引き出し型」の種牡馬だと考えています。

今井　引き出し型？

亀谷　配合相手によって適性の影響を受けやすい繁殖ですね。例えば、ジオグリフの母は秋華賞やエリザベス女王杯で3着に好走したアロマティコです。

今井　なるほど、お母さんと似た条件を走っているんだ。

ジオグリフの戦績

日付	レース名	コース	人気	着順	着差	位置取り
2022/5/29	東京優駿(G1)	東京芝2400良	4	7	1.0	10-10-11-11
2022/4/17	皐月賞(G1)	中山芝2000良	5	1	-0.1	5-5-6-3
2022/2/13	共同通信杯(G3)	東京芝1800稍	1	2	0.2	2-4-5
2021/12/19	朝日杯FS(G1)	阪神芝1600良	2	5	0.5	14-13
2021/9/4	札幌2歳S(G3)	札幌芝1800良	1	1	-0.7	9-9-5-3
2021/6/26	2歳新馬	東京芝1800良	3	1	-0.2	3-3-4

亀谷　ダートを走っているタイセイドレフォンは母系がダートですし、素直に母系の良さを引き出すわけです。

タイセイドレフォンの戦績

日付	レース名	コース	人気	着順	着差	位置取り
2022/6/4	弥富特別(2勝C)	中京ダ1800良	1	1	-1.3	4-4-4-4
2022/5/22	鳳雛S(L)	中京ダ1800良	3	2	0.3	4-3-4-4
2022/2/20	ヒヤシンスS(L)	東京ダ1600重	7	11	1.2	10-11
2022/1/16	3歳1勝クラス	小倉ダ1700良	2	1	-0.1	2-2-3-3
2021/10/31	2歳未勝利	阪神ダ1800良	1	1	-1.1	1-1-1-1
2021/10/9	2歳未勝利	阪神ダ1800良	2	2	0.0	2-3-3-3
2021/9/20	2歳新馬	中京芝1600良	2	6	0.6	5-5-5

今井　デシエルトのお母さんは芝馬のアドマイヤセプターで、「ダー

トから芝」だった若葉Sを圧勝したりとかもそう？

亀谷　ええ、そこを押さえれば美味しい馬券が獲れるわけです。特に若い時期の芝だと、よく激走する血統ですよ。今井さんの判断はどうですか？

今井　S質がやや強めのタイプと考えているよ。

亀谷　S系というのは、闘争心、戦う意欲が強いタイプですよね。

今井　だから精神コントロールが難しくて、特に芝では安定感がない。そのぶん、「位置取りショック」の掛かりはよくなるんで、前走から急変しやすいんだ。たとえば皐月賞のジオグリフとか、NHKマイルCのカワキタレブリーとか。

亀谷　「位置取りショック」とは、追走リズムを前走からチェンジする、Mのショック療法ですよね。確かにドレフォンは、そのオプションも考慮したほうがいいですね。それにドレフォンが「引き出し型」といっても、ドレフォンの適性も全く足されないわけではない。その塩梅も含めて議論を続けましょう。

2022/06/22 掲載　本質分析②

追走リズムを変えると激走しやすい

亀谷　ドレフォンはペースを変える「位置取りショック」が効くという話でした。

今井　ドレフォンみたいにS質（闘争心）がきついと、道中、馬をコントロールするのが難しくなって掛かったりするから。リフレッシュすることで気持ちを持続させるショック療法、特に前走と脚質をチェンジする「位置取りショック」はよく嵌まるよ。

亀谷　皐月賞はそれを狙ってジオグリフ本命でしたか。

今井　共同通信杯でいつもと違う先行策をして途中で下がってリズムを崩したんで、本来の差しに回るという読みだよね。スローの前走からペースアップは確実で、無理に抑えずとも、自然体で差しに回るショックを掛けられる。

亀谷　前進気勢を弾けさせる「追走リズムのチェンジ」ですよね。これをやると馬は楽に感じる。

今井　NHKマイルCの18番人気3着カワキタレブリーも全く同じだったよ。前走で先行して、今回は一気に15番手と、ペースアップで追い込みに回るショックを仕掛けた。このショックを騎手が仕掛けるのを読めないで切っちゃったけど。実際、前走と同じ乗り方なら、苦しがって凡走したんじゃないかな。

亀谷　競走馬は走る距離を知らないので、前走までの記憶と今回の条件によって発揮できるパフォーマンスが変わる典型例ですね。

今井　逆に3走前の白梅賞は、シンザン記念で追い込んで凡走した後、ペースダウンして一気に2番手と前へ行くショックを仕掛けて激走した。「ペースに応じた位置取りショックを掛けると、S系は気持ちを切らさず激走する」、それがよく分かる戦績だから参考に載せておこうか。

カワキタレブリーの近走成績

日付	レース名	コース	人気	着順	前半ラップ	位置取り
2022/5/8	NHKマイルC(G1)	東京芝1600良	18	3	34.1-57.4	15-14
2022/4/16	アーリントンC(G3)	阪神芝1600良	12	11	34.3-58.5	3-3
2022/1/29	白梅賞(1勝C)	中京芝1600良	5	1	37.0-61.4	2-2-2
2022/1/9	シンザン記念(G3)	中京芝1600良	7	8	35.2-59.0	11-12-13
2021/11/13	デイリー杯2歳S(G2)	阪神芝1600良	7	3	35.9-61.3	5-6

今井　亀谷君はドレフォンを引き出し型と言ってたけど、その中でもどういうタイプなの？

亀谷　ドレフォン自体は中距離型のパワー勝負に長けた馬。気持ちは前向きです。同じ米国型ノーザンダンサー系のクロフネみたいに、もう少し牝馬が強いかとも思いましたが、好成績は牡馬に偏っています。引き出し型の中でも、パワー勝負の個性を強化した方が成功しやすい種牡馬です。

今井　牡馬質な硬さがあるよね。

亀谷　それにクロフネみたいにトップスピードに達するのも早くな

い。ダッシュ力がクロフネほどではないから、ダートでも中距離型の方が比較的多いですよ。

今井　亀谷君の引き出し型の話だけど、アロマティコは強烈なC系(しぶといタイプ)だったんだ。それを引き出し切った最終形がジオグリフなら、かなりしぶとさは薄いかも(笑)。単調な硬さが強い。

亀谷　そこでボクは、「特に早い時期の芝が面白い」と、産駒を予想していたわけです。体力面の完成が早い血統は、芝だと若い時期の方が走りますから。

今井　ジオグリフのダービーでも分かるよね。性格がきつくて単調さのあるタイプの大幅延長だから、道中で我慢出来ない。それで、一気に7番手まで評価も落としたんだ。

亀谷　「本命にして激走した直後に人気になって切る」。Mの法則らしいですね(笑)。

今井　安田記念のファインルージュと同じパターンだよね。特にS系は位置取りショックで激走した後には反動が出やすいのもあるよ。今度も逆に逃げのショックでも掛ければ、気分転換出来て激走した可能性もあったけど。

亀谷　安定感という意味では、ダートの方がありますね。

今井　緩急があると制御しにくいけど、ダートみたいに平均して流れる競馬なら、ショックがなくても走りに集中しやすいよね。

亀谷　本質はパワーと体力ですからね。

今井　ダートだとついていけるから短縮が決まりやすいけど、芝だとダッシュ不足で短縮を嫌がるケースが多い点も注意だよ。あと芝は、極端な脚質で激走しやすい。

亀谷　カワキタレブリーは後方一気で、デシエルトは逃げで激走でしたね。母系に芝馬を入れれば芝馬は出ますけど、持続競馬が本質ですね。キズナの根幹距離と同じように、一定のリズムを刻んでパワーを活かしたいわけですね。

今井　極端な脚質が嵌まりやすいタイプは、だいたいそうだよね。(デシエルトの配合のように)揉まれ弱さの要素を強くミックスしてパワーを増強するとドゥラメンテ産駒風になって、余計に極端な競馬向きになる。

ドレフォンの場合は、揉まれ弱さよりも、「気持ちがコントロール出来ないんで極端な脚質の方が集中しやすい」という要素が強いけど。そのぶん不安定で芝だと好凡走が激しくなるし、気持ちを制御させる「位置取りショック」への依存度も、必然的に他の種牡馬より高くなるわけだ。

亀谷　芝は穴で怖いけど人気では怪しいですね。

格言

1. 適性は母の血統も重視する
2. 位置取りショック(追走リズムを変える)は激走しやすい
3. ショック療法(位置取りショックなど)を掛けると激走しやすいが、反動には注意
4. 芝重賞は、2〜3歳の早い時期に狙え！
5. ダートは人気で買い、芝は穴で買う
6. ダートは短縮好きも、芝は間に合わないリスクも

2022/06/29 掲載　的中例①

ダートで勢いがあるときは乗るべき 早速、翌週に馬単331倍で証明!!

亀谷　早速、ドレフォンのダートで万馬券を当てたみたいですね。この連載始まってから、一層凄みを感じます。

今井　単勝13倍ついたよ(馬単331倍を3点目的中)。昇級戦だったけど、ドレフォンは前回話したみたいに、ダートだと真面目で安定感がある。だから芝と違って位置取りショックも必要としないし、連続で好走できるよね。勢いがあるときは乗った方が良い。あと、こ

のレースではロードカナロア産駒のナサが人気で飛んだんだよ(ナサの凡走理由はロードカナロアの項を参照)。

2022年6月25日 阪神7R
3歳以上1勝クラス ダ1200m良 16頭立て

着	馬名	父	母父	前走	人気
1	8 ⑮ テキサスフィズ	ドレフォン	キングカメハメハ	福島ダ1150·1着	4
2	6 ⑪ メイショウヒヅクリ	ディーマジェスティ	ウォーエンブレム	阪神ダ1200·1着	13
3	4 ⑦ ゼットノヴァ	ザファクター	ネオユニヴァース	中京ダ1200·2着	1
8	6 ⑫ ナサ	ロードカナロア	マンハッタンカフェ	新潟ダ1200·4着	3

単勝1,360円　複勝350円 820円 130円　枠連1,310円　馬連16,280円
ワイド3,770円 660円 1,480円　馬単33,170円　三連複12,080円　三連単116,860円

競馬放送局で公開した今井雅宏の推奨レース

阪神7R 3歳以上1勝クラス

良想定／フラット／H　　ハイペース想定

◎(70点) 15番テキサスフィズ(4人気)
○(69点) 13番クレド(11人気)
▲(68点) 16番シラキヌ(2人気)
×(67点) 11番メイショウヒヅクリ(13人気)
×(67点) 8番トゥーレツリー (12人気)
×(67点) 12番ナサ(3人気)
×(67点) 7番ゼットノヴァ (1人気)

※同点の場合は当日人気のない方が上位評価

注目馬のコメント

15番は格上げで新鮮。ハイペースの縦長の展開で自然に好位からの位置取りショックなら理想。少しだけ増えればベター。
13番は格上げで新鮮。少し時計掛かる馬場のハイペース消耗戦ならパワー活きて理想。
16番は格上げで新鮮。揉まれたくないので外からスムーズなら。
11番は格上げで新鮮。過度に揉まれたくないので縦長の展開ならベター。

買い条件・消し条件

買い条件 1

牝馬のダート短縮(不良馬場以外)

牝馬のダート短縮　馬場状態別成績

馬場状態	着別度数	勝率	複勝率	単回収	複回収
良	41-21-43-277/382	0.107	0.275	112	77
稍重	19-16-11-65/111	0.171	0.414	131	116
重	8-5-9-49/71	0.113	0.310	92	118
不良	2-4-2-37/45	0.044	0.178	20	37

ショック療法好きで短縮は向く。特に牝馬のダートはスピード負けしないのと揉まれても大丈夫なので強引なパワーが要求される不良以外はよく走る。

買い条件 2

ダート1000m、1150m、1400m、1700mの短縮

ダート短縮　距離別成績

距離	着別度数	勝率	複勝率	単回収	複回収
1000m	4-1-3-12/20	0.200	0.400	228	120
1150m	2-1-2-7/12	0.167	0.417	254	147
1200m	6-4-8-59/77	0.078	0.234	66	69
1400m	8-7-5-43/63	0.127	0.317	111	74
1600m	5-5-4-34/48	0.104	0.292	37	166
1700m	8-3-3-37/51	0.157	0.275	152	82
1800m	1-3-1-23/28	0.036	0.179	17	138

ペースアップして精神コントロールしやすい短縮の中でも体力とキレを要求されない特殊距離や小回りでは単勝回収率も伸びてくる。

ハーツクライ

大系統	サンデー系
小系統	Tサンデー系

適性遺伝 主張型

*サンデーサイレンス Sunday Silence 青鹿 1986	Halo	Hail to Reason	父小系統（父国タイプ） サンデー系（日）
		Cosmah	
	Wishing Well	Understanding	父母父小系統 マイナー系（米）
		Mountain Flower	
アイリッシュダンス 鹿 1990	*トニービン Tony Bin	*カンパラ	母父小系統 グレイソヴリン系（欧）
		Severn Bridge	
	*ビューパーダンス Buper Dance	Lyphard	母母父小系統 リファール系（欧）
		My Bupers	

M3タイプ

M　CS(L)　S(LC)

要素

S	C	L	鮮度要求率	逆ショッカー
4	6	3	3	105.1（芝）

オプション

短縮	延長	内枠	外枠	巻き返し	広い馬場	特殊馬場	硬い馬場	重馬場
A	C	B	C	B	B	B	D	C

多頭数	少頭数	坂	休み明け	間隔詰め	アップ	ダウン	芝替わり	ダ替わり
B	B	B	B	D	B	C	C	A

テン3Fラップ前走比

テン3F	複勝率	単回収	複回収
0.5秒速い牡馬（芝）	0.304	55.6	73.2
0.5秒速い牝馬（芝）	0.263	80.7	78.9

代表産駒 シュヴァルグラン、スワーヴリチャード、リスグラシュー、ジャスタウェイ、ドウデュース、ヌーヴォレコルト、サリオス、ワンアンドオンリーなど

2022/12/07 掲載　本質分析①

精神コントロールが難しく「集中できる条件」になると激走する!!

亀谷　ディープ産駒が少なくなっていることで、ハーツクライの取捨が明暗を分けるレースも増えそうです。ここで1回、しっかりと馬券のポイントを押さえておきましょう。

今井　亀谷君の分類だと、ハーツクライはどういうタイプになるの？

亀谷　種牡馬群全体の中ではディープと適性は近いんですけど、トニービンが入っている分、ディープよりもスタミナに寄ってます。あとは才能を開花させるキャリアの積み方も少し違いますね。

今井　Mではトニービンが入ると使われてしぶとく走る分類(C系)になりやすいよ。ジャングルポケットとか、後継種牡馬のジャスタウェイとか。

亀谷　確かにジャスタウェイもトニービンがしっかり遺伝してますね。物理的な特性だと、同じトニービンの入ったルーラーシップとディープインパクトのちょうど中間みたいな適性って感じでしょうか。

今井　キングカメハメハの孫世代は強力なパワーが全面に出てくる分、しぶとさは薄れるけど、確かに物理的な条件はルーラーシップに似てくるんだろうね。ただし精神面は大きく違う。

亀谷　そこは大事なポイントですね！ ぜひ今井さんに教えていただきたいです。

今井　ハーツクライはルーラーシップよりもしぶとい分、ムラがあって、コントロールが難しい。だからスタミナ面では延長が向くけど、前走より単調な流れになると掛かったり、道中で飽きたりするリスクも高くなるよ。

精神コントロールには内枠とかで馬群に入れるか、淀みない流れや相手強化で走りに集中させる形が合う。その辺はジャスタウェイに継承しているね。ハーツクライの方が体力は上だけど。

亀谷　乗りやすさの指標でもある枠順にも傾向はありますよ。ハーツクライ産駒は、芝の複勝回収率は4枠以内の方が平均して高いです。

今井　これが重賞になるとさらに差が出て、4枠以内は86%、5枠以降は59%になって、馬群に入れて集中させる形が合うよ。

ハーツクライ産駒　芝重賞の枠別成績

枠番	勝率	複勝率	単回収	複回収
1枠	0.109	0.248	124	86
2枠	0.043	0.235	26	97
3枠	0.113	0.321	60	67
4枠	0.075	0.243	114	95
5枠	0.076	0.229	53	76
6枠	0.052	0.215	43	58
7枠	0.027	0.169	12	55
8枠	0.081	0.220	31	47

亀谷　単勝回収率だと1枠と4枠が100%を超えて、7枠12%、8枠31%ですから、さらに強烈になってますね。

今井　外枠でも馬群に潜り込めれば良いんだけどね。

亀谷　予想家の双馬毅さんが指摘していたように、最近のハーツクライは米国型繁殖との配合が増えているのも影響していそうです。だから、延長より短縮の方が走る産駒も増えています。

今井　前走より淀みない流れで、馬に余裕を与えない競馬が短縮では集中できてハマりやすい面はあるよね。あと、近年は心身に少し硬さが出てるのも要因で、ダート向きも増えてる。

それに硬くなるとブレーキを掛ける競馬が苦手になるんで、むしろ外枠から追い込むとか先行するとか、極端な競馬をした方が向くタイプも、特に牡馬の不器用な大型馬には一定数いる点には注意したい。

亀谷　そこも配合傾向の影響ですよね。スワーヴリチャードなどが成功したので、米国型の繁殖をつけてクラシックを狙うパターンが増えたんですよ。米国型をつければ早く完成しますから。ただ、全てがうまくいくわけではなくて、硬さが出やすいし、その分ダート馬が増えます。
今井　惜しいと思うのは、ハーツクライが体力とパワー優先で牡馬質の分か、牡馬の活躍比率が高いんだよね。牝馬なら心身の硬直化が起きにくいんで、持ち前のしぶとさを高齢まで継続させて、スケールの大きい破壊的な馬がさらに多く出るはずなんだけど。
亀谷　確かにそれはありそうですね。ハーツクライはディープインパクトと違ってキャリアを重ねる方がいいので、ダービーに間に合わせようとしなければ、欧州型の方が良さは出ますよね。特に牝馬は欧州型との配合がいい。欧州型と配合されたリスグラシューなんかどんどん強くなる化け物でした。
　データで見ても、牡馬も牝馬も5歳が最も芝の単勝回収率が高く、牝馬の場合は5歳が単複ともに唯一80%を超えてるぐらいですよ。
今井　牝馬はハーツクライ自慢の体力が伝わりきれない産駒も多くて、アベレージは落ちちゃうんだよね。
亀谷　特に最近の牡馬を3歳で仕上がらせちゃおうみたいな配合は牝馬には合わないんですよね。産まれる前はどっちだかわからないので、生産者の立場になれば悩ましいところですよね…。

2022/12/14掲載　本質分析②

芝での得意パターン&馬券的な狙い方

亀谷　前回は、ハーツクライ産駒は内枠が得意、硬い産駒が増えて短縮を走る馬も増えたという話でした。
今井　そういえば先週土曜の中日新聞杯は、5番人気のキラーアビリティ本命だったのに、外枠のマテンロウレオを抜けにして馬単外しちゃったよ…。一応、予想では「上手く馬群に潜り込めば」と書いておいたけど。
亀谷　マテンロウレオは上手く馬群に潜り込みましたよね。「外枠でも馬群に潜り込めば良い」という話も前回していました。
今井　アルゼンチン共和国杯は同じハーツ産駒のハーツイストワー

ルが外枠だったけど、武が馬群に潜り込むのを期待して、勝ち馬の相手に選んで馬単(◎△で154.3倍)も当てたんだけどね。

亀谷　確かにあれも外枠だったのに、上手く馬群に潜り込みましたね。

今井　馬群にさえ入れれば、外枠の長距離でスローでも集中力は切れにくいから。ちなみにキラーアビリティ（中日新聞杯)は、ディープの「鮮度問題」がポイントだったよ。中距離の古馬混合戦が初めてで、1、2番人気に支持された同じディープ2頭より鮮度が高いぶん先着するわけだよね。

亀谷　ここで話したことが重賞だけでも実践されていってますね(笑)。そこでハーツクライの具体的な狙い所ですが、最近は米国型との配合など硬い産駒が増えて、短縮も走るという話でした。スタミナがあるから、本質的には延長が向く血統ではあるんですけどね。

今井　前回話したように、延長や外枠の場合、単調な競馬になると気持ちが空回りしやすいんだよね。馬群に入れたりペースアップすれば集中出来るけど。

亀谷　本来延長が向くのは、前半が速い流れが苦手なのもありますね。速い流れを追走すると良くない血統なので。

今井　前半緩く流れて、徐々にペースアップして最後は激戦になる形がハーツクライとかしぶといタイプ(C系)は一番合う。オルフェーヴルの回でも話したパターンだけど。

亀谷　最初から最後まで緩い流れで差し馬場だと、ディープインパクトなど最後にもっとキレるタイプが有利になりますし。芝重賞でも道悪になると強いのと同じですよ。他の主流種牡馬が軽い馬場向きなので、余計に重い馬場では有利になる。

今井　特に悪すぎない稍重くらいが走るよね。それと速い流れを追走するのが苦手なんで、短縮の場合は前半無理に追いかけず矯める競馬が向く。短縮は気持ちが道中で切れやすい欠点は補えるんで、前半の追走負荷をどうクリアするかになるから。

亀谷　短縮だと中山より広い東京の方がかなり安定感高いですしね。あと重い洋芝の札幌、函館の短縮は単勝回収率100%を超えて、京都外回りも100%を超えてます。前半の追走が楽だと短縮もかなり強烈です。

今井　不器用だからコーナー回数が少ない方が忙しい短縮だと走るけど、延長になると逆でコーナー回数が増えるに従って複勝回収率も上がる。延長の場合、前走より緩い流れで集中力が切れるかどうかが全てなんで、コーナーが多い方が余計なことを考える余裕がないぶん合うんだよね。

ハーツクライ産駒　芝・短縮時のコーナー回数別成績

コーナー回数	勝率	複勝率	単回収	複回収
0回	0.077	0.231	85	102
2回	0.093	0.269	89	89
3回	0.065	0.287	65	70
4回	0.083	0.271	70	71
5回	0.136	0.295	126	71

ハーツクライ産駒　芝・延長時のコーナー回数別成績

コーナー回数	勝率	複勝率	単回収	複回収
2回	0.057	0.197	60	52
3回	0.107	0.250	73	61
4回	0.093	0.264	89	80
5回	0.086	0.275	46	93

同じ理由で延長の場合、余計に馬群に入りやすい内枠の成績が上がるよ。逆に言うと短距離や短縮とかで馬が忙しく感じる流れなら集中力が切れるリスクは少ないんで、外枠も大丈夫なんだ。

亀谷　同じ条件でよく走るのも特徴になりますよ。ディープの場合、鮮度と勢いがあれば、少し苦手舞台でも頑張るんですが、ハーツはそうじゃない。好調でも苦手な条件になると凡走します。

スワーヴリチャードとかシュヴァルグランも同じGⅠで何度も馬券になりました。逆にサリオスはマイルCSは何度挑戦しても一度も馬券になれなかった。

今井　確かにサリオスも毎回臨戦過程は違ってるのに、マイルCS

を走らなかったりとか、来ないレースは結局来なかったよね。硬くなっても、得意の激戦になれば強い相手にでも平気で巻き返すけど。

亀谷　そこもディープと違うところで、鮮度より慣れが重要なタイプでもある。馬券的にもディープとの違いを意識して買うのが最大のポイントになりますよ。トニービンが入っていると硬くなりにくいし、使われて体力が上がるメリットも大きい。初挑戦より2回目、3回目の方がパフォーマンスは上がる。腰に力が付いてきて、先行力も備わってくるわけです。

今井　前半緩い流れで最後激戦になると強いタイプは、基本的に使われながら強くなる傾向も併せ持つんだ。MではC系と呼ぶんだけど、相手との関係性の中で走る面も大きくて、ペースに慣れている方が関係性を結びやすい。

亀谷　使われて硬さより成長力が上回る良い面がハーツクライの本質ですが、それと相反する米国型を配合することは、短所を補う部分はありますが、やはり硬さは出てしまいますよね。それでダートを走る産駒も増えてます。次回はダートの狙い方を見ていきましょう。

2022/12/21 掲載　本質分析③

ダート戦の馬券的ポイントはローテ&馬体重

亀谷　最近はダートもよく走りますよね。これは米国型の繁殖が増えた影響です。母父との配合、単勝10倍以内の人気馬の信頼度も、母父米国型と欧州型では結構差が出ます。

ハーツクライ産駒　ダートの母父国タイプ別成績

母父国タイプ	勝率	複勝率	単回収	複回収
米国型	0.234	0.514	95	86
欧州型	0.174	0.426	72	75

※データは2021年以降・単勝オッズ1〜10倍

今井　それは人気別に分けているんで、馬券的にも価値があるデータだね。以前は芝馬が延長線上でダートを走ってる感じで、ごちゃついたり、タイトな競馬だと投げ出すことが多かったけど、普通に対応する産駒が増えているね。

亀谷　米国ではヨシダがGIを2勝しましたし、ポテンシャルも米国の馬場が合う部分もあるのでしょうが、米国要素は薄い血統です。クラシックまでに完成するのを狙って米国型の繁殖と配合した馬の中で、硬さが強すぎたタイプがダート路線にいくパターンが多くて、馬券的には嵌まって激走した後には切るのが正解でしょう。

今井　芝と同じで精神コントロールが難しくて、集中させると強い相手にも激走するんだよね。だからやっぱり内枠とか短縮は気持ちがキレる隙がなくて回収率も高い。短縮は芝スタートの忙しい流れだと2～3着が多いんで、ダートスタートの方がより面白いけど。

亀谷　特別戦で見ると、延長が単複ともに40%ですが、短縮は単勝回収率155%、複勝回収率81%と全然違います。これは覚えておくと役に立ちそう。

ハーツクライ産駒　ダートの特別戦　ローテ別成績

ローテ	勝率	複勝率	単回収	複回収
延長	0.049	0.167	41	47
短縮	0.089	0.214	155	81

今井　芝からのショックも穴が激走しやすくて、特別戦だと単複ともに100%を超えるけど、前走もダートだと複勝回収率59%で妙味ないからね。あと内枠や昇級戦の激走率も、レベルが高い特別戦になるとさらに高くなるよ。

　つまり、何かしら気持ちを切らさない工夫があると激走するタイプになるから、アテにはならないんだけどね。ただ高齢になっても、嵌まると激走するぶん回収率は高いよね。

ハーツクライ産駒　ダートの特別戦 前走トラック別成績

前走トラック	勝率	複勝率	単回収	複回収
前走·芝	0.078	0.156	406	107
前走·ダート	0.078	0.201	75	59

亀谷　6歳以降の単勝回収率は余裕で100%を超えていて、むしろ高齢馬が回収率を上げてるくらいですもんね。

今井　ダートを走るハーツクライは芝馬よりさらにコントロールが難しいのが多いんで、気持ちが切れるときも分かりやすく切れるよ。ノットゥルノがチャンピオンズCで穴人気になったけど、マイナス13キロだったんだ。

亀谷　凄い入れ込んでいましたよね。

今井　パドック見たら「これは来ない」と分かるよね。タイムフライヤーもダート路線に替わって10キロ以上急に減ってたケースが3回

格言

1. 芝重賞の内枠は穴の宝庫！
2. 叩かれながら成長し、5歳牝馬の穴に注意
3. スタミナ豊富も、米国型配合が増えて短縮向きの馬も
4. 芝重賞は道悪が得意。特に少し重い「稍重」は要注意
5. 短縮はコーナー回数が少なく、延長は多い方が狙い目
6. 好不調や相手関係より、条件が向くかどうかがポイント
7. ダートは短縮や芝からなどショック馬狙いが基本
8. ダートは母系が欧州型だと信頼ダウン

あったけど、シリウスS、武蔵野Sはともに1番人気で凡走したよ。

馬体重は重要な割に人気には反映しないからね。余程太めだった馬以外、突然入れ込んで減ってきたハーツクライは危ない。ダート向きの体力がそれほどないんで、芝と違って馬体減りがより致命傷になりやすいんだ。気持ちの振幅が激しいぶん、凄く分かりやすい形でサインを出してくるんだよね。

亀谷　いい話を聞きました。これからはノットゥルノみたいなパターンで損する機会も減りそうですし(笑)、逆張りで儲ける機会も増えそうです。

2023/01/11 掲載　的中例 ①

前回取り上げた格言が完璧にハマって3連単1365倍を◎○▲本線的中!!!

亀谷　早速前回のテーマだったハーツクライのダートで大きいのを当てたみたいですね(笑)。

今井　中京ダート(1月8日中京2R)で、単勝23倍のハーツクライ産駒(マリアナトレンチ)を狙ったんだよね。結局◎○▲の順で入線したんで、3連単1365倍の13万馬券が1点目で当たったよ。

亀谷　実はボクも本命でした。サロン読者の払い戻し総額は結構多かったと思います。相手も○▲とお見事でした！

今井　前走のパドックがかなり硬くて、案の定、延長の芝外回りで惨敗したんだ。あの硬さなら、短縮でワンターンのダート1400mがピッタリ嵌まるって読みだよね。

亀谷　短縮はコーナー数が少なくて、延長は多い方が集中しやすいって話もしてましたよね。

今井　それと「芝からダート」と、あと亀谷君の言ってた「母系が米国型」だよ(笑)。

亀谷　毎回、すぐに実践して結果を出すのはさすがです。

今井　やっぱりああいう配合のハーツクライは硬くなるよね。新馬

2023年1月8日 中京2R
3歳未勝利 ダ1400m良 16頭立て

着	馬名	父	母父	前走	人気
1	6 ⑪ マリアナトレンチ	ハーツクライ	Saint Liam	阪神芝1800・12着	9
2	5 ⑨ スリーアイランド	Zoustar	Pivotal	東京芝1600・2着	2
3	6 ⑫ ファイアネイド	パイロ	ハードスパン	阪神ダ1400・5着	3

単勝2,310円　複勝650円 220円 210円　枠連1,360円　馬連8,980円
ワイド3,320円 2,750円 800円　馬単20,720円　三連複15,970円　三連単136,510円

競馬放送局で公開した今井雅宏の準推奨レース

中京2R
11番マリアナトレンチ 6点 芝からダート。ペース上がれば集中しやすく。
9番スリーアイランド 6点 芝からダート。揉まれずスムーズならパワー活きて。
あとは12番、14番、13番、5番、4番、2番

競馬放送局で公開した亀谷敬正の推奨レース

中京2R 3歳未勝利

11番マリアナトレンチ(9人気)
○12番ファイアネイド(3人気)
▲4番マイネルフォーコン(4人気)
☆3番タガノヴィクター(13人気)
△2,1,5,13,9,10,7,14

注目馬のコメント

◎の母はダート短距離の準オープン勝ち馬。産駒は芝中距離向き種牡馬をつけてもダート短距離馬ばかり。近走芝経験馬が走りやすい馬場も有利。
☆はキャリア重ねて上昇するデクラレーションオブウォー産駒。母の産駒は勝ち星がダートのみ。芝指向の血統も走りやすい今の中京ダート合う。
推定上位人気の5の前走は外枠、短縮、逃げで好走。内枠は乗りにくい。9、13は父、母系ともダート短距離適性に乏しい。

はそうでもなかったけど2戦目に硬さが出て凡走したんで、年末を挟んで硬さが抜けてくるのも期待して狙ったんだ。そしたら、前走ほどパドックで硬さを見せなかったよ。間隔開けて激走すると、特に硬いタイプは反動が出やすい。でも凡走した後だと、硬さも抜けやすいんだ。

亀谷　2走前は新馬なので、前走は実質2走ボケみたいなものですもんね。母系が米国型だと硬さが出やすいという典型例でした。それと以前話したように、やっぱり最近のダートは芝からの馬が激走しやすい砂質ですね。2着も芝からの転戦でした。

今井　特に差しが利くタイプの馬場では、「芝からダート」は絶好の狙い目になってくるよね。

2023/02/15 掲載　的中例②

マテンロウレオの京都記念はハーツクライが一番好きな「延長の内枠」

今井　先週の京都記念も格言にピッタリだったよ。内枠向きのハーツクライ産駒マテンロウレオから予想して○◎で当てたんだけど。

亀谷　はい。同じくボクもマテンロウレオ本命でした(笑)。『芝重賞の内枠は穴の宝庫！』というハーツクライの格言ですね。確かに今回は6番人気で最内枠でした。

今井　2着に好走した中日新聞杯は外枠だったけど、上手くインに潜り込んで内枠と同じ競馬をしたんだ。

亀谷　ハーツクライの回で解説していましたよね。

今井　それで前走は内枠でも2走前激走のストレスがあって負けて、今回はハーツクライが一番好きな「延長の内枠」になったんだよ。

亀谷　「延長などでペースが緩むと気持ちをコントロールしにくいので、内枠とかで馬群に入れて集中させる競馬が合う」という趣旨の解説もありましたよね。

マテンロウレオの近走成績

日付	レース名	コース	人気	着順	ゲート	位置取り
2023/2/12	京都記念(G2)	阪神芝2200良	6	2	1枠1番	5-5-8-9
2023/1/5	中山金杯(G3)	中山芝2000良	3	5	1枠1番	10-10-8-9
2022/12/10	中日新聞杯(G3)	中京芝2000良	4	2	8枠16番	5-5-5-4
2022/11/19	アンドロメダS(L)	阪神芝2000良	5	1	4枠4番	3-3-4-3
2022/5/29	東京優駿(G1)	東京芝2400良	18	13	2枠4番	13-10-8-8

今井　これもあのとき話したけど、中日新聞杯はキラーアビリティの方が有利だったんだよね。大幅短縮だったから。

亀谷　「ディープインパクトは鮮度の高い馬を狙え」という解説の通りだったんですよね。単純に外枠不利な馬場で最内枠は有利。マテンロウレオは外枠だったのもありました。

今井　キラーアビリティは500mもの短縮だったよ。

亀谷　そういえば、ディープインパクト牡馬は「使われていくと適性より短い距離でよく走る」っていう話もしてました。

今井　その中日新聞杯を激走した後だから、鮮度が一時的に落ちている状態での延長なんで、今度はマテンロウレオに先着されるという読みだったんだ。エフフォーリアはエピファネイア牡馬で、休み明けのGⅠを5着に頑張った後だから、心身の硬直化が少し気になったよ。

亀谷　『エピファネイア牡馬は使われていくとズブくなる』という格言も、ここで盛り上がった話題でしたね。

今井　その状態で、今回は内回りへの短縮だったから。

亀谷　確かに全部、ここで解説した格言をなぞるかのような決着でした。実践方法を学べるし、格言も忘れないようになるので(笑)、この企画はいいですね。

2023/03/08 掲載　　的中例 ③

「コーナー回数の少ない短縮」でスカーフェイスが8番人気1着!!

今井　今週も格言にピッタリのレースがあったよ。日曜の阪神メイン(大阪城S・芝1800m)、3連複の万馬券本線的中で3連単10万馬券も的中したけど、8番人気のスカーフェイスが対抗だったんだ。

亀谷　ハーツクライ産駒で、京都記念からの短縮馬でした。

今井　格言の『短縮はコーナーが少なく、延長は多い方が狙い目』だよね。短縮だと気持ちが切れにくいのはプラスだけど、忙しくて不器用さがネックになるんで、それをコーナーの少なさで補う形。実際、直近2回の短縮1800mはコーナー 4つで凡走してたよ。

亀谷　3走前のディセンバー S(中山1800m)は4番人気10着でした。

スカーフェイスの近走成績

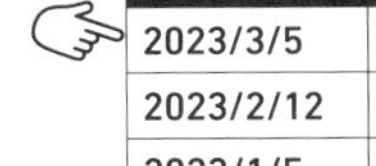

日付	レース名	コース	人気	着順	ゲート	位置取り
2023/3/5	大阪城S(L)	阪神芝1800良	8	1	8枠16番	7-7
2023/2/12	京都記念(G2)	阪神芝2200良	13	8	8枠13番	13-12-11-12
2023/1/5	中山金杯(G3)	中山芝2000良	13	11	3枠6番	17-17-17-17
2022/12/18	ディセンバーS(L)	中山芝1800稍	4	10	2枠3番	16-16-16-15
2022/9/4	新潟記念(G3)	新潟芝2000良	6	11	7枠15番	12-12
2022/7/17	函館記念(G3)	函館芝2000重	4	3	4枠8番	14-13-13-11
2022/4/3	大阪杯(G1)	阪神芝2000良	15	6	1枠1番	14-14-13-10
2022/2/20	小倉大賞典(G3)	小倉芝1800稍	5	5	3枠6番	14-13-15-13
2022/1/5	中山金杯(G3)	中山芝2000良	7	2	8枠17番	10-9-8-9

今井　自分の中では特徴が分かっていても、対談で格言としてまとめておくと、予想してる時もスムーズに頭に浮かぶから良いよ(笑)。

亀谷　即効性がありますよね。

今井　「格言メモ」を作って、部屋のどこかに貼り付けとかないとだね〜。

亀谷　取り上げた種牡馬もかなり増えてきたので、ほとんどのレー

ハーツクライ

スで格言を使えるようになってきました。今後もどんどんストックを増やしていきましょう。

2023年3月5日 阪神11R
大阪城S（L） 芝1800m良 16頭立て

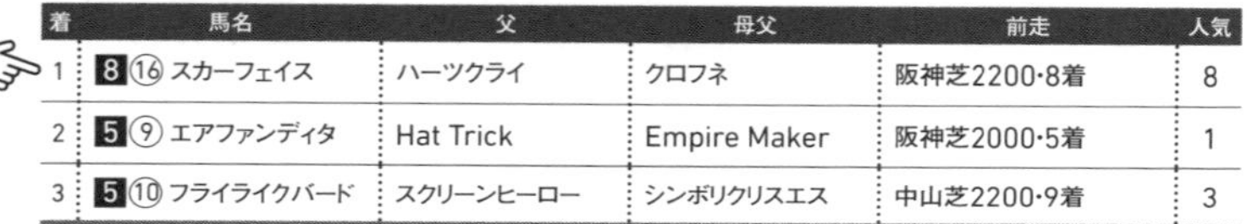

着	馬名	父	母父	前走	人気
1	8 ⑯ スカーフェイス	ハーツクライ	クロフネ	阪神芝2200・8着	8
2	5 ⑨ エアファンディタ	Hat Trick	Empire Maker	阪神芝2000・5着	1
3	5 ⑩ フライライクバード	スクリーンヒーロー	シンボリクリスエス	中山芝2200・9着	3

単勝1,840円　複勝390円 170円 230円　枠連2,100円　馬連4,800円
ワイド1,470円 2,300円 640円　馬単13,120円　三連複11,090円　三連単102,060円

競馬放送局で公開した今井雅宏の推奨レース

阪神11R 大阪城S

良想定／フラット／H-M　　速めの流れ想定

◎(70点) 10番フライライクバード(3人気)
○(69点) 16番スカーフェイス(8人気)
▲(69点) 9番エアファンディタ(1人気)
△(68点) 7番シュヴァリエローズ(5人気)
△(68点) 6番ワールドバローズ(4人気)
×(67点) 13番プリンスリターン(2人気)

※同点の場合は当日人気のない方が上位評価

注目馬のコメント

10番は休み明けから走れるタイプで。極端な上がり勝負？で適度に流れればベター。ある程度増えた方が良い。
16番は内枠ベターも、土曜の内めの枠で内回った差しは潰れる馬場継続していれば有利で。ペース上がればしぶとさ活きて。転厩初戦で状態どうかで極端な入れ込み発汗注意。
9番は休み明けの外回りベストで。速い上がりの外差し競馬なら量活きて理想に。
7番は延長1800m向いて。揉まれずばらけての差し競馬なら量活きて理想に。
6番は揉まれたくないので延長で出入りの少ない競馬をスムーズに先行出来れば。

買い条件・消し条件

前走4着以下に負けた牡馬のダート短縮

買い条件 1

牡馬のダート短縮　前走着順別成績

前走入線順位	着別度数	勝率	複勝率	単回収	複回収
1着	7-4-5-55/71	0.099	0.225	39	46
2着	10-7-4-26/47	0.213	0.447	60	65
3着	10-7-8-23/48	0.208	0.521	63	79
4着	14-9-4-44/71	0.197	0.380	136	80
5着	4-9-9-39/61	0.066	0.361	42	98
6〜9着	27-23-21-231/302	0.089	0.235	103	87
10〜13着	10-15-12-174/211	0.047	0.175	154	98

ダートは不安定なので特に牡馬の短縮は凡走後が狙い目。中でも芝からの短縮は激走が怖い。

京都、阪神、新潟の芝外回り1600m以上延長の5〜8枠

消し条件 1

京都、阪神、新潟の芝外回り1600m以上の延長　枠番別成績

枠番	着別度数	勝率	複勝率	単回収	複回収
1枠	6-6-5-56/73	0.082	0.233	63	115
2枠	6-8-12-47/73	0.082	0.356	51	96
3枠	8-10-5-63/86	0.093	0.267	87	56
4枠	8-7-6-59/80	0.100	0.263	236	108
5枠	6-5-7-69/87	0.069	0.207	33	46
6枠	5-10-4-72/91	0.055	0.209	37	38
7枠	3-9-9-74/95	0.032	0.221	45	70
8枠	5-10-7-83/105	0.048	0.210	31	60

単調なレースの延長だと馬群に入れないと集中力がキレやすいので、5枠以降は全て単勝回収率50%以下。

ハービンジャー

大系統	ノーザンダンサー系
小系統	ダンチヒ系

適性遺伝　主張型

Dansili 黒鹿　1996	*デインヒル Danehill	Danzig	父小系統（父国タイプ） ダンチヒ系（欧）
		Razyana	
	Hasili	Kahyasi	父母父小系統 ニジンスキー系（欧）
		Kerali	
Penang Pearl 鹿　1996	Bering	Arctic Tern	母父小系統 ネイティヴダンサー系（欧）
		Beaune	
	Guapa	Shareef Dancer	母母父小系統 ノーザンダンサー系（欧）
		Sauceboat	

Northern Dancer 4×5·4、Natalma 5·5×5

M3タイプ

L	LC（S） CL（S）

要素

S	C	L	鮮度要求率	逆ショッカー
3	3	5	3	94.5 （芝）

オプション

短縮	延長	内枠	外枠	巻き返し	広い馬場	特殊馬場	硬い馬場	重馬場
C	C	C	C	C	C	B	D	B

多頭数	少頭数	坂	休み明け	間隔詰め	アップ	ダウン	芝替わり	ダ替わり
C	A	B	B	D	C	B	C	D

テン3Fラップ前走比

テン3F	複勝率	単回収	複回収
0.5秒速い牡馬（芝）	0.265	58.8	64.2
0.5秒速い牝馬（芝）	0.240	109.8	83.6

代表産駒　ディアドラ、ノームコア、ブラストワンピース、ペルシアンナイト、モズカッチャン、ドレッドノータス、ローシャムパーク、ナミュール、ニシノデイジーなど

2023/01/18 掲載　本質分析①

揉まれ弱いL系統に分類されるが牝馬は比較的馬群に対応できる

今井　ここ1～2年は繁殖の質が良くなったのか、走る産駒がまた出て盛り返しているよね。

亀谷　ペルシアンナイト、ブラストワンピースなどが走ったので、2018年くらいからの種付けは質が良いのが集まってきてますね。育成も含めて育て方が分かってきたので、産駒の質が全体的に上がっています。

今井　ナミュールもそうだけど、以前より素軽さのある産駒が増えてる印象だね。

亀谷　ナミュールは母父ダイワメジャーですし、スピード型の配合が増えて速さも出てますね。M的には、揉まれ弱いL系統に分類されるんじゃないですか？

今井　お、鋭いね(笑)。揉まれ弱くて、スムーズに自分のレースをして強いタイプになるよ。

亀谷　不器用ですもんね。内枠も苦手ですし。

今井　特に牡馬や短い距離とかで揉まれると嫌がるよね。ハービンジャーも牡牝の差が激しくて、牝馬だとモズカッチャンみたいに比較的揉まれ強いタイプも出てくる。ただそれも鮮度の高い時期で、使われていっての好走後とかで揉まれると投げ出しやすいけど。

亀谷　やっぱりハービンジャーもダンチヒ系で硬くなりやすさはありますね。

今井　ニシノデイジーなんかは牡馬でも、札幌2歳S、東スポ杯と2戦連続で内枠から激走したんだよね。でもあれは、初重賞と休み明けで、しかも2～3歳戦で鮮度満載の時期だったから。鮮度が落ちると、心身両面で硬くなって気力も落ちやすいね。

亀谷　ニシノデイジーといえば中山大障害で本命にしたんですけど、そういえば、障害戦では初GⅠでしたね(笑)。

パワーはあるが、ダッシュ力が低いため牡馬は2200mを境に成績が一変

亀谷　ハービンジャーはダンチヒの血が入っていて、特に牡馬は硬くなりやすいというのが前回までの話でした。

今井　ヒンドゥタイムズが小倉記念を1年半ぶりの休み明けで10番人気2着に激走したのなんか、それらしいよね。外枠の追い込みで、ブレーキを全く掛けないで加速する、得意の形に上手く持ち込んだんだ。

亀谷　ヒンドゥタイムズはダンチヒの硬さを柔らかくするセン馬でしすね。それでも、その後2戦は人気になって尻下がりに着順が落ちました。中3週以内や叩き2～3戦目もいまいち回収率が上がらないですし、反動の出やすさが数字にも表れてますよ。

今井　基本が淡泊で心身が硬いのが常態だし、体力とパワーは凄いあるんで、凡走後とかストレスのないレースなら、使われていっても気分良く走ると再三巻き返すんで注意は必要だけど。

亀谷　確かにペルシアンナイトも7歳まで走りましたもんね。

今井　引退まで凡走後に何度となく巻き返したよね。特に牡馬は淡々と走るぶん、鮮度が落ちてスケールダウンしていっても燃え尽きることは少ないよ。

亀谷　ヒンドゥタイムズの小倉記念激走も6歳の夏でしたしね。

今井　休み明けに加えて去勢明け初戦だから、相当鮮度が高くてやる気も満ちてた訳だけど。

亀谷　それとホー騎手が乗ったのもありましたよ。大型で動かしにくいので、「外国人ショック」が合う。というか、外国人でないとなかなか動かし切れないですね。

複勝回収率で見ると、ハービンジャー産駒は外国人騎手騎乗時に100%を超えていて、日本人騎手だと69%ですから、かなりの差があります。

今井　確かに女性騎手になると45%で、地方騎手では結構穴を開け

ているし、柔らかさより動かせるタイプでないと大変そうだ。

亀谷　現役時はイギリスの2400mで強かった馬ですから、そういうタフな競馬向きになりますね。日本の血統は軽い芝向きが多いので、重いタフなレース質が発生するとハービンジャーなどのイギリス系がまとめて走りやすいです。

具体的な条件で言うと、パワータイプだけにやっぱり洋芝は向いて、北海道は勝率が高い。広い中央開催も悪くないですけど。

今井　本質が芝馬だから、不良まで馬場が悪化するといまいちになるけど、基本は重いタフな馬場が合うよね。あと揉まれ弱いから、牡馬は短距離の短縮が苦手になるよ。

亀谷　芝2200m以下の全8距離で、牡馬は短縮の単勝回収率が50％未満になってますね。忙しく感じない2300m以上だと短縮も爆発的に走ってますが。

ハービンジャー産駒　芝短縮の距離別成績

	距離	勝率	複勝率	単回収	複回収
牡馬	1200m	0.050	0.250	22	55
	1400m	0.068	0.119	49	36
	1600m	0.070	0.236	30	68
	1800m	0.089	0.227	34	54
	2000m	0.088	0.231	49	53
	2400m	0.129	0.290	354	109

	距離	勝率	複勝率	単回収	複回収
牝馬	1200m	0.085	0.145	159	78
	1400m	0.094	0.247	65	64
	1600m	0.065	0.220	44	94
	1800m	0.096	0.253	66	65
	2000m	0.101	0.292	61	98
	2400m	0.143	0.286	347	115

今井　牝馬だとしぶとさがあるのと、闘う意欲も結構強いんで掛かりやすいタイプが多いぶん、短縮での穴も出るけどね。それと短縮

に関しては、ダッシュ力がもの凄く低いのもあるよ。『ウマゲノム版 種牡馬辞典』で出している芝のダッシュ値では36だから、これは有力種牡馬の中ではダントツに低い。

亀谷　欧州血統だと、ゆっくり追走して重い馬場で走るように特化されているので、ダッシュ力は弱くなりやすいですよね。

今井　前半が遅くて、そこからペースアップするのがヨーロッパ競馬だよね。ただダッシュ力が弱い上に不器用でも、オルフェーヴルやハーツクライみたいに馬群に入るとファイトするタイプだとむしろ混戦向きになるんだけど、牡馬のハービンジャーはそういうところがない。

ダッシュ力が弱くて外枠だと、位置を取れないで全く競馬にならないケースも多いのには注意だけど。重い馬場の落ち着いた頭数とかで平均して流れて接触が少ないレースだと、内目が逆にツボになるパターンもあるんだよね。

2023/01/25 掲載　本質分析③

砂適性はなくダートは基本的に苦戦 延長、外枠、少頭数などの助けが欲しい

亀谷　次にダートですが、馬力型なので芝で駄目なタイプが使われやすいですが、アメリカ血統のような砂適性はないので、基本苦戦しますね。

今井　芝以上に揉まれ弱くもなるよね。

亀谷　なので、やっぱり外枠が良いですね。5枠以内は全体的に好走率が低いです。砂を被りにくい道悪だと内枠でもたまに穴が出ますが、良馬場の1 ～ 2枠はかなり好走率が低いですよ。

今井　延長だと流れに乗りやすいから、たまに内枠でも激走があるけどね。

亀谷　勝率で比べると短縮は延長の半分くらいで、回収率だと3倍以上の差で延長が高くなってます。短縮は複勝回収率で35％しかあ

りませんよ。特に牝馬はパワーがないのと小型に出やすいので苦戦してます。

今井　ブレの少ない複勝回収率で短縮の牝馬は19％だから、相当悪いよね。延長なら牝馬も70％あるけど。

亀谷　距離変更に関わらず、小回りも軒並み数字が悪いですしね。

今井　現役だとフィロロッソも、少頭数とか外枠とかで何度も激走してるよね。

亀谷　阪神で連続好走しましたし、広い中央場所、特に力の要る中山、阪神がやっぱり好走率も高くなってますよね。まぁ基本的にダートは、短距離中心に人気で消してこそ馬券になりますが。

格言

1. 特に牡馬は反動に注意
2. 外国人が乗ってきたら要警戒！
3. ダートは短縮と内枠の人気馬は消し

買い条件・消し条件

買い条件 1

芝の重馬場

芝 馬場状態別成績

馬場状態	着別度数	勝率	複勝率	単回収	複回収
良	444-415-504-4088/5451	0.081	0.250	66	70
稍重	101-99-90-841/1131	0.089	0.256	56	68
重	39-28-42-327/436	0.089	0.250	139	99
不良	3-3-8-70/84	0.036	0.167	17	39

力の要る馬場が合うので重の回収率は高いが、本質的な芝血統らしく不良までいくと勝ちきれないケースが目立つ。

消し条件 1

牡馬の芝短縮(1000~2200m)

牡馬の芝短縮 距離別成績

距離	着別度数	勝率	複勝率	単回収	複回収
1000m	0-0-0-3/3	0.000	0.000	0	0
1200m	2-4-4-33/43	0.047	0.233	20	51
1400m	5-2-3-58/68	0.074	0.147	152	70
1500m	1-1-1-10/13	0.077	0.231	14	55
1600m	11-11-18-131/171	0.064	0.234	28	72
1800m	24-18-18-213/273	0.088	0.220	34	52
2000m	16-14-18-152/200	0.080	0.240	44	55
2200m	6-6-4-56/72	0.083	0.222	44	56
2300m	1-0-0-0/1	1.000	1.000	490	150
2400m	4-5-2-28/39	0.103	0.282	282	101
2500m	1-0-2-9/12	0.083	0.250	74	52

牡馬の短距離、中距離への短縮は軒並み回収率が低い。ダート1400mは単勝7480円が飛び出し単勝回収率が跳ね上がったものの、好走率は依然として低い。

消し条件 2

牝馬のダート短縮

ダート ローテ別成績　全体と牝馬限定

ローテ	着別度数	勝率	複勝率	単回収	複回収	牝馬 単回収	牝馬 複回収
延長	13-17-16-285/331	0.039	0.139	92	80	108	71
短縮	14-18-20-450/502	0.028	0.104	41	37	12	21

ダートだと揉まれ弱さが加速するので短縮の回収率は伸びない。特に牝馬だと顕著に。

パイロ

大系統	ナスルーラ系
小系統	エーピーインディ系

適性遺伝 **主張型**

Pulpit 鹿 1994	A.P. Indy	Seattle Slew	父小系統（父国タイプ） エーピーインディ系（米）
		Weekend Surprise	
	Preach	Mr. Prospector	父母父小系統 ミスプロ系（米）
		Narrate	
Wild Vision 鹿 1998	Wild Again	Icecapade	母父小系統 ニアークティック系（米）
		Bushel-n-Peck	
	Carol's Wonder	Pass the Tab	母母父小系統 スターリング系（欧）
		Carols Christmas	

Native Dancer 5×5

M3タイプ

S ｜ SL L（SC）

要素

S	C	L	鮮度要求率	逆ショッカー
4	3	3	4	105.9（ダート）

オプション

短縮	延長	内枠	外枠	巻き返し	広い馬場	特殊馬場	硬い馬場	重馬場
C	B	C	C	C	A	C	B	B

多頭数	少頭数	坂	休み明け	間隔詰め	アップ	ダウン	芝替わり	ダ替わり
C	B	C	C	C	C	B	D	C

テン3Fラップ前走比

テン3F	複勝率	単回収	複回収
0.5秒速い牡馬（ダート）	0.299	52.2	101.7
0.5秒速い牝馬（ダート）	0.219	56.5	55.8

代表産駒 メイショウハリオ、ミューチャリー、デルマルーヴル、ケイアイパープル、ケンシンコウ、クインズサターン、ビービーバーレル、ラインカリーナなど

2022/11/16掲載　本質分析①

中距離ダートは順張りOK!
一方で、短縮の短距離は罠

亀谷　「亀谷競馬サロン」での大人気種牡馬パイロです。基礎期待値が高い上に狙い方も色々とコツがあります。
今井　この連載を始めた当初から、「パイロやりましょう」って言ってたよね(笑)。
亀谷　今年も5番人気以内の人気馬でも回収率100%超えの美味しい種牡馬です。
今井　確かに最近よく走ってるね。
亀谷　配合相手や育て方も質が上がってるんですよね。芝だと社台グループになかなか敵わないんで、日高とかがダートのパイロに力を入れているのもあって。
今井　例えば、どんなときに買ってる?
亀谷　今年の2歳も質は高いですし、今は買えば儲かるような順張り状態じゃないですかね。特に中距離ダートは。
今井　平均速めくらいの流れが合うから、中距離はちょうど良いよね。ダート血統にしては案外真面目でまとまっていて、そのぶんダッシュ力は高くないんだ。それで短縮は善戦止まりが多くて、ヒモ穴くらいの扱いがちょうど良いよ。
亀谷　そこは大事ですよね。延長の方が穴は出やすいですよね。ペースアップする1400m以下への短縮は数字がいまいちです。ダート血統だとみんな短縮の短距離なんて飛びつきたくなるんで、これは罠ですね。短縮ショッカー好きのファンは引っかかりやすいポイントだと思うので、注意を喚起しておいた方が良いですよ(笑)。
今井　真面目ですぐレースを投げ出すようなタイプでもないんで、ハイペースも走るけど、穴なら前走と比べてちょっとペースダウンする流れが一番怖い種牡馬なんだ。ケンシンコウがレパードSで穴を開けたとき本命にしたけど、前走が1600mのハイペースで、今回が延長の1800mでペースダウンするだろうから、そのタイミングを

パイロ

狙ったんだよね。あと、長距離だと少し体力を補える条件が好きで、道悪の平坦も結構合うよ。

亀谷　ケンシンコウが勝ったレパードSは不良馬場でしたね。ちなみに、今年の2月に単勝549倍の超人気薄で勝ったヤマメも延長の道悪でした。

今井　なるほど本当だ。重馬場はこの馬が数字を上げていて単勝回収率471％になってるけど、稍重も97％、不良でも115％だから、道悪の延長は怖いよ。

亀谷　ヤマメの前からこの性質は分かっていたわけですから、ヤマメも買えますし、今後も儲かるでしょうね。逆に良馬場の延長だと63％。これも重要ですね。

今井　それとまとまっているんで、馬群も割れるんだ。特に前走よりペースダウンして追走が楽になると。

亀谷　確かにヤマメもケンシンコウも、前走よりペースダウンしての内枠でしたね。

今井　延長や緩い流れの内枠は結構穴を出して、例えばケイアイパープルが7番人気で激走した平安Sは延長の内枠だったし、メイショウハリオが5番人気で初重賞勝ちを決めたみやこSは前走より1秒近くもペースダウンしての内枠だったよ。

亀谷　アメリカ血統なので、内枠で凡走した後の外枠は狙いたくなりますが、そういう穴パターンも意識したいですね。

ケンシンコウ　レパードS勝利までの流れ

日付	レース名	コース	人気	着順	ゲート	位置取り
2020/8/9	レパードS(G3)	新潟ダ1800不	7	1	1枠1番	2-1-1-1
2020/6/21	ユニコーンS(G3)	東京ダ1600稍	11	3	3枠6番	10-9
2020/5/3	3歳1勝クラス	東京ダ1600良	7	1	1枠1番	8-6

ヤマメ　単勝5万馬券までの流れ

日付	レース名	コース	人気	着順	ゲート	位置取り
2022/2/12	4歳以上2勝クラス	東京ダ1600重	16	1	3枠6番	8-9
2021/12/18	大須特別(2勝C)	中京ダ1400重	14	11	2枠3番	11-11
2021/12/4	鹿島特別(2勝C)	中山ダ1200良	12	13	4枠7番	16-15

今井　ペース激化のときは、確かにダート血統らしく「内から外」の移行も良いよね。

亀谷　それと使い込んで良くなるのも米国血統にしては珍しいんですよね。普通に叩き3戦目は走ってますし、叩き3～5戦目まで全て複勝回収率90％を超えていて、使われて良くなる傾向です。5歳以降も回収率が高くて、4歳未満よりもむしろ良いくらいですから。8歳になっても走る馬もいます。

今井　古馬になって駄目になる産駒は少ないよね。ただ、短期スパンの疲労にはダート馬にしては結構弱くて、短期間に使い込まれて好走した人気馬は怪しいよ。気の良さがあって、間隔開けてもしっかり走れるけど。

亀谷　条件的なベストで言うと、「広い平坦」ですかね。そもそもそういうコースがないわけですが(笑)。

今井　だからステップで仮想的に馬が「広い平坦」に感じるようなレース質が一番面白いんじゃないかな。

亀谷　なかなか高度な概念ですよね(笑)。つまり前走がタイトな競馬で、今回がスムーズに走れるパターンですね。

今井　急坂中山だと少し湿ったりして、軽いレース質がちょうど良くフィットしたりもするよ。

亀谷　中山は良馬場だと単勝回収率かなり低いですね。特に体力が必要な1800mだと、道悪と良馬場は勝率で倍近くの開きがありますよ。となると、これからの季節は「金曜日以降の雨」が格好の狙い目になるんじゃないですか？

今井　寒いから乾きにくいもんね。

パイロ産駒の中山ダ1800m　馬場状態別成績

馬場状態	勝率	複勝率	単回収	複回収
良	0.054	0.202	46	67
稍重	0.153	0.250	202	68
重	0.095	0.381	37	95
不良	0.158	0.316	56	185

亀谷　あと、この季節は凍結防止剤を撒くので、金曜日に雨が降っても週末は湿った感じが残るんですよね。このタイミングがパイロの稼ぎ処になってきますよ。木曜日の雨でも悪くないでしょうけど。いずれにしても、産駒の質が上がっているので、来年の夏くらいには古馬を一蹴するレースも多そうです。それとパイロに限らず、全体的にダート馬の質が上がっている感じもするんですよ。

今井　それだとますます来年の3歳は、稼ぎ処が増えそうだね。

2022/11/23掲載　本質分析②

ダート血統らしい芝成績 激走するにはショックを必要とする

亀谷　パイロの芝はダート血統らしく、芝の短距離、芝の2歳～3歳前半までが基本になりますね。

今井　時計の掛かる馬場か、逆に速い馬場のハイペースか、いずれにしても特殊レースに向くね。矯めるのが苦手なダート血統が芝で激走するときの基本パターンだ。

亀谷　短縮と延長だと、短縮の方が複勝率で3倍近く高いのも、ダート血統の芝らしい成績ですね。

パイロ産駒　芝のローテ別成績

ローテ	勝率	複勝率	単回収	複回収
延長	0.009	0.047	32	39
短縮	0.041	0.144	26	67

今井　延長での激走パターンを見ると、「馬の記憶」の本質がよく分かるよ。延長で勝ったのは2回だけど、前走6番手から今回逃げたのと、前走ダートを14番手から今回2番手の馬だった。

亀谷　2回とも前走より極端に前へ行く形ですね。

今井　芝だとS質(闘争心)が強すぎてコントロールが難しいから、行くか、捲るか、追い込むか、極端な競馬で集中力を持続させる

パイロ

形が合う。それに位置取りとかのショックがあると集中しやすいよ。特に延長は道中で前走より我慢しないといけないんで余計にね。延長の芝だと前走芝の馬は複勝回収率14％で、ダートだと70％だから、相当の差が出てる。

亀谷　ダート血統なのに、ダートからの出走の方が芝で激走するのも面白いですね。

今井　ショックがあって目先が変わると、一時的にコントロールしやすくなるよね。

亀谷　短縮と同じで、ローテーションで馬の成績も変わる象徴的なデータですね。

今井　激走するのにショックを必要とするデータ構成は、ダート血統が芝を走る場合、一般的に起きる傾向でもあるよ。

格言

1. 延長など少し前走よりペースダウンするレースが穴で怖い
2. 叩き良化型も、短期疲労には注意
3. 厳寒期は「金曜日（木曜日）の雨」を狙え！
4. 芝は短縮などのショックや、逃げなどの極端な競馬の穴向き

買い条件・消し条件

買い条件 1

ダート 200m以内の延長

ダート延長　200m以内の延長と400m以上の延長	着別度数	勝率	複勝率	単回収	複回収	400m以上 単回収	400m以上 複回収
200m以内	58-53-60-556/727	0.080	0.235	162	90	20	31

前走より少し追走が楽になると向き200m以内の延長は高い回収率。ただペースダウンしすぎると良くなく400m以上は一気に回収率が下がる。

買い条件 2

ダート延長の稍重～不良（特に単勝）

ダート延長　馬場状態別成績　全体と牝馬限定

馬場状態	着別度数	勝率	複勝率	単回収	複回収	牝馬 単回収	牝馬 複回収
良	37-45-52-527/661	0.056	0.203	60	73	36	54
稍重	16-9-12-165/202	0.079	0.183	96	66	71	59
重	8-9-6-109/132	0.061	0.174	449	123	1017	234
不良	8-7-3-51/69	0.116	0.261	110	70	61	70

延長の道悪は勝率が一気にアップ。特にパワーの弱い牝馬の場合はその傾向は顕著に。

買い条件 3

中山ダ1800mの道悪（複勝）

中山ダ1800m　馬場状態別成績

馬場状態	着別度数	勝率	複勝率	単回収	複回収
良	9-17-12-149/187	0.048	0.203	42	63
稍重	12-4-5-57/78	0.154	0.269	196	71
重	2-6-2-13/23	0.087	0.435	33	106
不良	3-3-1-16/23	0.130	0.304	46	158

本文中にあるように中山ダ1800mの道悪の成績が優秀。対談後も傾向は変わらず、2022年12月以降の複勝回収率は良馬場が34%、道悪が99%となっている。

2023年、帝王賞連覇を達成したメイショウハリオ。前走よりペースダウンするレースが得意なパイロ産駒の特徴通り、メイショウハリオも延長での好走が目立つ。

バゴ

大系統	ナスルーラ系
小系統	レッドゴッド系

適性遺伝　**主張型**

Nashwan 栗　1986	Blushing Groom	Red God	父小系統（父国タイプ） レッドゴッド（欧）
		Runaway Bride	
	Height of Fashion	Bustino	父母父小系統 スターリング系（欧）
		Highclere	
Moonlight's Box 鹿　1996	Nureyev	Northern Dancer	母父小系統 ヌレイエフ系（欧）
		Special	
	Coup de Genie	Mr. Prospector	母母父小系統 ミスプロ系（米）
		Coup de Folie	

Natalma 4･5（母方）、Nearco 5×5、Native Dancer 5･5（母方）

M3タイプ

M	S（LC） LC（S）

要素

S	C	L	鮮度要求率	逆ショッカー
4	3	3	4	104.9 （芝）

オプション

短縮	延長	内枠	外枠	巻き返し	広い馬場	特殊馬場	硬い馬場	重馬場
B	C	C	C	A	C	B	B	C

多頭数	少頭数	坂	休み明け	間隔詰め	アップ	ダウン	芝替わり	ダ替わり
C	A	C	B	C	B	C	C	C

テン3Fラップ前走比

テン3F	複勝率	単回収	複回収
0.5秒速い牡馬（芝）	0.229	122.7	84.4
0.5秒速い牝馬（芝）	0.192	78.3	74.3

代表産駒　クロノジェネシス、ビッグウィーク、ステラヴェローチェ、オウケンサクラ、クリスマス、トロワボヌール、アクティビューティ、タガノアザガルなど

2023/08/23掲載　本質分析①

振り幅が大きく穴が出やすい!
激戦になって強さを見せるタイプ

亀谷　バゴは凱旋門賞馬で欧州型ナスルーラ系。これはトニービンと同じです。また、欧州型のなかでもフランス寄りです。気性はトニービンよりキツいですね。

今井　体力と闘う意欲で強引に押すのが基本で、このタイプは極端なレース質が向くから速い上がりを出す馬もいるけど、上がりが掛かったほうが全体の成績は上がるよね。

亀谷　JRAの主流種牡馬よりは、上がりの掛かる消耗戦でより威力を発揮するという欧州型のタイプですね。ただし、バゴ産駒でもノーザンファーム育成の馬は広いコース、根幹距離とかで馬力を活かす競馬が向く、強い産駒が出やすいですよ。

今井　若いうちは根幹距離で強いけど、古馬はパワー寄りになって、先行や捲りとかの強引な競馬で走る、2200mや1400mが得意なのも多くなるよ。ただ器用さは古馬になると薄れてきて1800mはあまり走らないけど。

　馬場は稍重が一番成績が良いように、基本は芝血統だから悪すぎる馬場よりも力の要る良馬場がベストだね。実際、中山と阪神で好走率が高くて、洋芝の北海道も一発が多いし。逆に軽い競馬場だといまいちだ。

亀谷　本質は非根幹距離向きの馬力型ですよね。新潟、京都、東京なんかは単勝回収率が低くて、キレ勝負になると決め手を欠きやすいです。

今井　ハイペースの消耗戦になれば、広くて軽いコースでも悪くはないけど。

亀谷　こういう欧州型は1200mの消耗戦で穴をあけるのも特徴です。1200mだと人気になりにくく、馬券面でも美味しいです。

今井　短縮も1200mは結構走るよね。短縮で1400mになるとレース質が軽すぎて合わないけど。短縮の場合は余計に消耗戦で体力勝負になりやすい重い条件が向く。
亀谷　芝では巻き返しが多い種牡馬でもあります。前走4着以下からは全体に回収率が高くて、6着以下は余裕で単勝回収率100％を超えちゃいますし。
今井　特に、前に行く位置取りショックでパワーを活かす競馬で穴を出すタイプだから、前走上手く先行出来なかった後とかは要注意だね。
亀谷　あと、産駒の振り幅が大きくて、平場より特別のほうが走る種牡馬なんですよね。そういう意味でも穴が出やすいです。
今井　精神的にはタフだから、強い相手に走るというか、激戦になって強さを見せるタイプだよね。
亀谷　特に牝馬ではその傾向が強くて、特別だと単勝回収率100％を余裕で超えて、平場と比べると倍以上も勝率が上がるんですよ。

バゴ産駒の牝馬　平場と特別の芝成績

クラス	勝率	複勝率	単回収	複回収
平場	0.044	0.159	105	72
特別	0.092	0.249	118	88

バゴ産駒の牝馬　平場と特別のダート成績

クラス	勝率	複勝率	単回収	複回収
平場	0.039	0.142	25	63
特別	0.140	0.279	1118	250

今井　牡馬はパワー競馬の度合いが強まり過ぎちゃうのはあるよね。だから単調な力で押す傾向が強くなって、自分の競馬をして強いタイプになる。そのぶん、特に古馬になると牡馬は相手強化向きってわけでもなくなるよ。体力を伴った牝馬だとしぶといタイプが出るけど。
亀谷　クロノジェネシスも牝馬でしたね。初GI勝ちになった秋華賞では狙い撃ちしたんですよ。内回りでの体力勝負に向くのと、1、2番人気がディープインパクト産駒で、この年の秋華賞には合わない。パワー競馬ではクロノジェネシスが上という判断でした。あと

10番人気3着だったシゲルピンクダイヤが母父サドラーズウェルズ系。前走直線の長いコースで今回が直線の短い内回りで激走するパターンを狙ったという作戦でしたよ。

今井　高配当だったからかなり稼いだ感じだね～（笑）。クロノジェネシスは有馬記念、宝塚記念と勝ったように、やっぱり古馬になると体力の要素がより濃くなってきたよ。

亀谷　ただこの馬は強かったですけど、スケールとしては例外ですね。

今井　活躍馬自体は牡馬のほうが多いように、単純に体力を活かしたほうが確率的には成功しやすいパワー型の種牡馬だもんね。そうなると、そもそも力が上じゃないと通用しないんで、パワーの弱い馬は厳しくなってくるね。

2023/08/23 掲載　本質分析②

ダートはスタミナで押し切れる 短縮以外の期待値は低め

亀谷　続いてダートですが、重い芝の馬力勝負が強いので、本質のダート適性はありません。ダートはスタミナと体力の優位性で走っているだけです。だから延長だとスタミナ体力の優位性で上回る確率が下がるため穴が走りにくくて、スタミナ体力面で優位になりやすい短縮が回収率ではかなり上回ります。

今井　好走率は変わらないけど、回収率だと複勝でも延長はかなり低いね。

亀谷　スタミナと体力の違いでダートを押し切る欧州型にはよくあるパターンですよ。ルーラーシップの時も同じ話をしましたね。

今井　勢いのあるときか軽いレース質以外は買いにくいよね。体力を伴った牝馬だとしぶといのも出て混戦で穴をあけるけど。

亀谷　スタミナ体力があるからダートを使われやすいですけど、新馬、未勝利の期待値がかなり低くて、そういった面でもつぶしのきかない種牡馬です。

今井　2勝クラスの期待値が高いように、体力の伴った産駒だと穴も出るんだけどね。

格言

1 急坂や洋芝など力の要る良馬場に向く

2 牝馬の特別戦が◎

3 ダートは新馬、未勝利の期待値低い

買い条件・消し条件

芝2000m、2200mの短縮（特に古馬）

買い条件 1

芝短縮　距離別成績　全体と古馬限定

距離	着別度数	勝率	複勝率	単回収	複回収	古馬 単回収	古馬 複回収
1000m	0-3-1-15/19	0	0.211	0	74	0	122
1200m	8-7-13-121/149	0.054	0.188	208	88	386	53
1400m	3-4-3-53/63	0.048	0.159	19	45	46	90
1600m	5-8-6-78/97	0.052	0.196	36	49	0	37
1800m	2-4-7-66/79	0.025	0.165	11	57	0	22
2000m	6-3-4-28/41	0.146	0.317	583	155	1021	213
2200m	2-2-3-11/18	0.111	0.389	26	91	16	133

スピードとキレを同時に要求される中間距離の短縮は伸びないが、消耗戦になる条件の短縮は激走しやすい。特に古馬だとその傾向が加速して強烈に。

買い条件 2

芝 前走3角13番手以下

芝 前走3角位置別成績

前走3角位置	着別度数	勝率	複勝率	単回収	複回収
1～3番手	42-55-45-421/563	0.075	0.252	83	75
4～6番手	25-27-31-320/403	0.062	0.206	146	87
7～9番手	23-22-30-269/344	0.067	0.218	147	85
10～12番手	11-9-14-239/273	0.040	0.125	72	49
13番手以下	13-10-9-225/257	0.051	0.125	140	109

前走4番手以降から差していた馬の穴が怖く、特に後方だった馬は激走がある。道悪や延長、ペースダウンなどで前走より少しでも前に行けそうなときは要注意。

買い条件 3

牝馬の特別戦

牝馬の特別戦 トラック別成績

トラック	着別度数	勝率	複勝率	単回収	複回収
全体	23-15-22-173/233	0.099	0.258	300	119
芝	17-12-19-142/190	0.089	0.253	115	89
ダート	6-3-3-31/43	0.14	0.279	1118	250

本文中にもあるように、バゴ産駒は激戦になって強さを見せるタイプで、特に牝馬はその傾向が強い。ダートは2017年を最後に出走はないが、芝・ダートともに要注意。

ビッグアーサー

大系統　ナスルーラ系
小系統　プリンスリーギフト系

適性遺伝　主張型

サクラバクシンオー 鹿 1989	サクラユタカオー	*テスコボーイ
		アンジエリカ
	サクラハゴロモ	*ノーザンテースト
		*クリアアンバー
*シヤボナ Siyabona 鹿 2005	Kingmambo	Mr. Prospector
		Miesque
	Relish	Sadler's Wells
		Reloy

父小系統（父国タイプ）：プリンスリーギフト系（欧）
父母父小系統：ノーザンテースト系（欧）
母父小系統：キングマンボ系（欧）
母母父小系統：サドラーズウェルズ系（欧）

Northern Dancer 4×5·4、Special 5·5(母方)

M3タイプ

S　S(CL)　S(LC)

要素

S	C	L	鮮度要求率	逆ショッカー
5	3	2	3	110.8（芝）

オプション

短縮	延長	内枠	外枠	巻き返し	広い馬場	特殊馬場	硬い馬場	重馬場
A	D	B	D	D	D	A	A	B

多頭数	少頭数	坂	休み明け	間隔詰め	アップ	ダウン	芝替わり	ダ替わり
C	B	B	D	B	C	C	B	D

テン3Fラップ前走比

テン3F	複勝率	単回収	複回収
0.5秒速い牡馬（芝）	0.362	70.6	79.9
0.5秒速い牝馬（芝）	0.188	29.6	60.2

代表産駒　トウシンマカオ、ブトンドール、ビッグシーザー、クリノマジン、ブーケファロス、イコサン、グットディール、ビッグドリーム、イコサン、ネレイドなど

2023/06/07 掲載　本質分析①

ポイントは短縮、内枠、道悪!

亀谷　サクラバクシンオー産駒らしく、1200mのスペシャリストですよね。

今井　いろいろな意味でお父さんを一回りコンパクトにした感じだよね。闘う意欲(S質)が旺盛だけど、まじめさやまとまった部分もある。S質、気持ちをコントロールするにはやっぱり短縮になるよ。揉まれても大丈夫なんで、前走よりハイペースで出入りの激しい競馬の馬群に突っ込んでも問題ないから、余計に短縮は向いてくるんだ。

亀谷　ブレの少ない複勝回収率だと、同距離と延長は約60%ですが、短縮は94%もあるのでかなり差が出ますね。

今井　芝の延長だとまだ勝ってないくらいだしね。

亀谷　1200mがベストな上に、距離が延びる方が競馬のレベルも上がるので、余計に延長は厳しくなりますね。

今井　デビュー間もない時期や休み明け、前に行く位置取りショック、ダートからのショックとかでフレッシュさがある状態なら多少狙えるけど、鮮度が薄れての延長だと心身両面で道中の我慢が効きにくくなってくるよ。

亀谷　1200mが得意な血統も、サドラーズウェルズの血が入ってくると遅くなるというか、スピードが弱くなるんですよね。そのぶん消耗戦で強くなるわけですが。

今井　良馬場より稍重や重の方が成績も良いよね。あんまり重過ぎると今度は体力的な問題も出てくるけど。だからスピードの絶対値に頼る競馬より、前に馬を置いて追いかける競馬でしぶとさを活かした方が上のクラスでも通用しやすい。

あとS質が強い血統は、道悪とか逆に超高速馬場とか、特殊な状況を目一杯走って強いんだよね。それでビッグアーサーも高速馬場にも適性があるんだ。速い馬場だとペースも速くなりやすいから、必然的に得意な消耗戦になるケースが多いのもあるし。

ビッグアーサー産駒　芝の馬場状態別成績

馬場状態	勝率	複勝率	単回収	複回収
良	0.089	0.267	37	63
稍重	0.122	0.268	85	70
重	0.120	0.280	222	79
不良	0.000	0.000	0	0

亀谷　使われながら上昇するのも特徴です。新馬より3戦以上した未勝利戦の方が成績も上になりますし。新馬は複勝回収率32％ですが、未勝利戦だと75％もあるので、2倍近く差がついてます。

それと1200mでの底力はあるので、昇級戦で強いのも特徴ですね。芝・ダートの総合でも、昇級戦の勝率は2割を超えていて、回収率も高いです。

今井　さっきの短縮の構造と同じで、前走よりペースアップした方がレースに集中しやすいタイプは、かえって昇級戦の流れの方が競馬がしやすくなるよね。それに加えてしぶとさもあるから、前走より相手強化で揉まれ込んでも投げ出す心配が少ない。

亀谷　Mの法則だと、C系になるわけですか？

今井　SにCが付加されているタイプだよね。だから馬群も大丈夫になるんで、3枠以内はみんな複勝率3割を超えている。芝の複勝回収率で80％を超えているのは2～3枠だけだよ。

亀谷　次にダートですが、ダートだとパワー不足もあって福島1150mみたいな軽い条件が向きますね。

今井　ダートは1000mだと純粋な消耗戦、ナタの切れ味という感じのパワーレースになりやすいんで、1150～1400mくらいで軽い切れ味勝負のレース質になったときが一番合うね。

亀谷　勝率だと良馬場が2.2％で、稍重4.8％、重15.8％ですから、軽くなるほど勝ち切る確率はどんどん上がってますしね。

今井　ただ芝でもそうだけど、不良までいくとパワーレースになりやすいんで、バリバリのダート血統向きになって芝血統だと合わないケースも多いんだよね。ダートの不良にも種類があって、ドボド

ビッグアーサー

ボではなく速い上がりの出るタイプの馬場なら向くけど。
亀谷　配合的には、ダートは母父米国型の方が走る種牡馬が多いわけですが、ビッグアーサーは違います。軽さが武器の種牡馬だと少し違ってくるんですよね。パワーを前面に出した配合ではなく、むしろ特徴である軽さを強調して、軽いダートに特化した方が面白くて、母父サンデー系の成績が圧倒的に良いです。

ダートで3勝クラスまで上がっているクリーンジーニアスの母父はエンパイアメーカーですが、エンパイアメーカーは米国型でも芝向きの軽いタイプなんです。
今井　確かにエンパイアメーカーはエテルナミノルみたいに芝を走った産駒も結構出してるよね。
亀谷　クリーンジーニアスは35秒台の上がりを連発していて、軽いレースに特化してますしね。同じく3勝クラスのグットディールも母父サンデーサイレンスです。
今井　砂を被ってもそんなには問題ないけど、内で極端に揉まれるとダートは体力面で良くないんで、外々回ると間に合わないような軽いレース質を中目くらいから雪崩れ込む形が一番マッチしてくるよ。

2023/06/14 掲載　本質分析②

サンデー系で切れを強化した方が良く芝もダートもサイズ感が重要！

亀谷　ビッグアーサーは馬体重も特徴的ですね。小さすぎるとパワー不足になりやすいけど、あまり大きすぎても良くないんですよ。
今井　それは面白いね。スピードタイプだから、小さすぎるとパワー不足で良くないだろうとは思うけど。
亀谷　短距離血統なんで小さすぎるとイマイチですが、短距離向きのパワーを強化しようとアメリカ型のデカい血統を配合すると、それはそれで失敗しやすいです。

今井　「ダートはバリバリのアメリカ血統みたいなパワータイプでない方が良い」って話と関係があるのかな？
亀谷　そうですね。母父は芝もダートもサイズ感が重要で、サンデー系で切れを強化した方が向くわけです。440 ～ 500キロくらいの馬体重が一番走りやすいですよ。

ビッグアーサー産駒　馬体重別成績（芝・ダ総合）

馬体重	勝率	複勝率	単回収	複回収
~439kg	0.019	0.167	12	52
440~499kg	0.083	0.215	53	51
500kg~	0.080	0.240	32	46

今井　トウシンマカオ、クリノマジンも460キロくらいで、牡馬の短距離馬としては確かに小さいね。それもあって短距離馬にしては強引なパワー競馬よりも、前に馬を置いて馬群の中でしぶとく走るような競馬(C系)が向いてくる産駒が多いわけだけど。
亀谷　もともとビッグアーサー自身が520キロくらいの大型馬でしたから、母父はコンパクトな方がちょうど良くなってキレが出てくるわけですよ。なので、少し走るポイントが狭いというか、勝ち上がるには制約が多いですね。
　同じスプリントＧＩ馬でも、ロードカナロアは多彩な体重やカテゴリで勝ち上がりますけど、ビッグアーサーは勝ち上がり方に多彩さはないです。
今井　馬体重はあまり重要視されていないけど、競馬ではかなり結果に影響する要素なんだよね。特にローテーションと馬体重は密接に関係する。例えばMでは、L系は基本的に増えた方が良くて、C系は絞れた方が良いとか。もちろん、前走が太いかどうかにもよるけど、本質的な心身構造としてね。
　血統に限らず、例えば重賞のローテーションとかでも、大きい馬だと前走好走していないと走らないステップとかもあったりして面白いよ。
亀谷　馬体重は奥が深いので、また機会を改めてじっくり話しまし

ビッグアーサー

ょう(笑)。

今井　馬体重で言うと、先週の函館スプリントSのブトンドールは10キロ増で、しぶといタイプにしては太かったね。せっかくの短縮だったけど、好位の外々を回る競馬もタイプ的に合わなかった。人気薄のジュビリーヘッドが、いつもここで出てくる「相手強化のロードカナロア」なんで、本命をどっちにするか悩んで、結局対抗にして失敗しちゃったんだ。

亀谷　昨年の函館スプリントSも「前走からの相手強化のロードカナロア」で激走した話をしてましたもんね。終わってみると「相手強化のロードカナロア」のワンツーでした。

今井　「相手強化で強くて、相手弱化で弱い」とかは競馬の面白さが凝縮されてるよね。

亀谷　普通だと「強い馬が勝つ」ですもんね。その常識を最初に覆したのが、"Mの法則"だったわけです。

今井　競馬、特に血統は強弱だけでなく、「その馬に合った臨戦過程かどうか？」が、最も重要なポイントになるということだね。

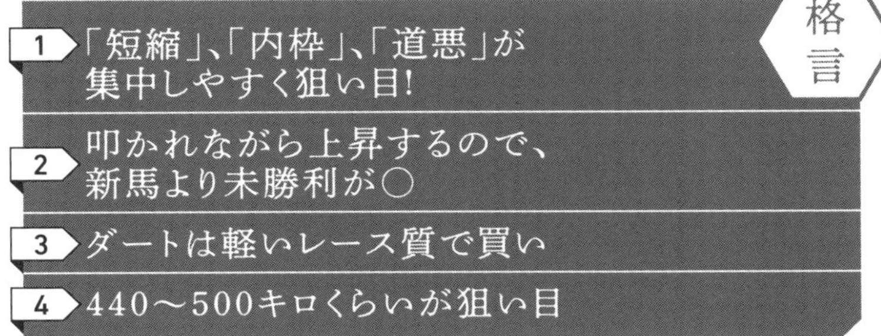

買い条件・消し条件

芝1200m、1400mの短縮（複勝）7～8枠は除く

買い条件 1

芝1200m、1400mの短縮　枠番別成績

枠番	着別度数	勝率	複勝率	単回収	複回収
1枠	0-1-2-3/6	0.000	0.500	0	141
2枠	1-0-0-3/4	0.250	0.250	280	45
3枠	1-3-1-3/8	0.125	0.625	45	247
4枠	1-0-1-6/8	0.125	0.250	53	173
5枠	2-1-0-8/11	0.182	0.273	63	59
6枠	2-1-1-5/9	0.222	0.444	66	117
7枠	1-0-0-10/11	0.091	0.091	51	20
8枠	0-0-0-10/10	0.000	0.000	0	0

S質が強い上にスタミナはそれほどないので、短縮は6枠以内の馬をヒモにピックアップするのが最も効果的。

牝馬の延長

消し条件 1

芝延長　全体と牝馬限定

	着別度数	勝率	複勝率	単回収	複回収
全体	1-8-4-63/76	0.013	0.171	5	60
牝馬	0-2-2-29/33	0.000	0.121	0	63

ダート延長　全体と牝馬限定

	着別度数	勝率	複勝率	単回収	複回収
全体	3-4-4-84/95	0.032	0.116	7	50
牝馬	1-1-3-36/41	0.024	0.122	5	21

延長は芝ダート問わず2、3着止まりが多く、特に牝馬は苦手。勝った4鞍は超ハイペースで、特殊状況での嵌まり待ち。

代表産駒のトウシンマカオは母父スペシャルウィークで馬体重460kg前後。ビッグアーサー産駒はサンデー系で切れを強化した、大きすぎないサイズの馬の方が活躍する傾向にある。

ヘニーヒューズ

大系統	ノーザンダンサー系
小系統	ストームバード系

適性遺伝 主張型

*ヘネシー Hennessy 栗 1993	Storm Cat	Storm Bird	父小系統（父国タイプ） ストームバード系（米）
		Terlingua	
	Island Kitty	Hawaii	父母父小系統 マイナー系（欧）
		T.C.Kitten	
Meadow Flyer 鹿 1989	Meadowlake	Hold Your Peace	母父小系統 セントサイモン系（米）
		Suspicious Native	
	Shortley	Hagley	母母父小系統 マッチェム系（米）
		Short Winded	

M3タイプ

S	SL S(CL)

要素

S	C	L	鮮度要求率	逆ショッカー
5	3	2	4	102.5 （ダート）

オプション

短縮	延長	内枠	外枠	巻き返し	広い馬場	特殊馬場	硬い馬場	重馬場
B	B	B	C	B	B	B	B	C

多頭数	少頭数	坂	休み明け	間隔詰め	アップ	ダウン	芝替わり	ダ替わり
C	B	B	B	B	C	B	D	A

テン3Fラップ前走比

テン3F	複勝率	単回収	複回収
0.5秒速い牡馬（ダート）	0.350	92.8	85.1
0.5秒速い牝馬（ダート）	0.291	68.7	75.2

代表産駒（国内） モーニン、アジアエクスプレス、ワイドファラオ、アランバローズ、ケイアイレオーネ、タガノビューティー、ニューモニュメント、セキフウなど

2022/07/13掲載　本質分析①

強烈な巻き返し能力を馬券で活かすコツ

亀谷　ヘニーヒューズはスピードタイプの血統で、早いうちから活躍する分、終わった産駒を追いかけないのが肝心です。2着→5着みたいな○×的な状態のときは狙った方が良いけど、何戦か凡走続きになったら追いかけない方が良い。

今井　巻返し指数というのを算出しているんだけど、ヘニーヒューズは前回の辞典では47SSだったよ。

亀谷　"SS"は巻返し能力が極めて高いという意味ですか？

今井　平均が50だから高くはないけど、Sが2回も付くのは強烈なんだ。1、2回だけ凡走したあとの巻返しとか、惨敗後の巻返し能力の極めて高い種牡馬に付くのがSだからね。調子を崩してるタイプではなく、何かの理由で凡走した馬が狙い目になるよ。

亀谷　ボクの解釈と近いのでは？ ヘニーヒューズは例えば前走5着以下からの巻き返し力は高い。ただし、凡走続きの終わったタイプが多く出走し続けているので、巻き返せる馬はトータルの回収率が高い。つまり、キャリアが浅く、前々走は走っていたけど、前走は凡走したようなタイプだけを買えばおいしい、と考えています。

今井　ユニコーンSの9番人気2着セキフウは、まさにそうだよね。前走を海外替わりで激走したストレスで8着に凡走した直後、まさに交互のタイミングで激走した。

亀谷　それまでは好走していて、好調期でフレッシュでしたよね。

今井　あと、セキフウは1900mからの短縮でもあったよ。

亀谷　やっぱり、今井さんは短縮狙いですか？

今井　短縮も延長も、ダートでは同距離より回収率が高いよね。基本、S系は気持ちを集中させやすい目先の変化を好む。だけど、1700m以上の短縮になると、2・3着は多くても勝率がガグンと落ちるんだ。これは結構珍しいよ。

短距離血統の場合、長距離だと延長の方が体力的にきつく感じるんで苦手なのが普通で、逆に短縮なら前走より体力的に楽に感じる

ヘニーヒューズ

セキフウの戦績

	日付	レース名	コース	人気	着順	ゲート	位置取り
	2022/6/19	ユニコーンS(G3)	東京ダ1600良	9	2	2枠2番	12-12
	2022/3/26	UAEダービー(G2)	ドバイダ1900良	3	8	13番	
	2022/2/26	サウジダービー(G3)	サウジダ1600良	4	2	10番	
	2021/12/15	全日本2歳優駿(G1)	川崎ダ1600稍	4	4	1枠1番	8-8-9-10
	2021/11/25	兵庫ジュニアG(G2)	園田ダ1400稍	2	1	7枠10番	3-3-4-4
	2021/10/24	なでしこ賞(1勝C)	阪神ダ1400良	5	1	2枠2番	11-9
	2021/10/10	2歳未勝利	阪神ダ1400良	1	1	8枠13番	4-3
	2021/9/25	2歳未勝利	中山ダ1200良	2	3	3枠3番	9-8
	2021/9/11	2歳新馬	中京芝1400良	6	6	1枠1番	10-9

ため好走しやすい。だけどヘニーヒューズは、間に合わないことが多いんだ。

亀谷　その理由は？

今井　コーナーが4回あるコースに短縮で向かうと、忙しく感じるのが大きいよ。短距離はコーナーが2つだから。実際、福島1150mなんかは芝スタートの小回りで凄いトリッキーなので、前半の位置取りが難しくて、コーナー2つだけど勝率が落ちる。つまり、前半で前走よりごちゃつくと2・3着止まりが多くなるんだよね。

逆に言うとコーナー4つの短縮でも、前走より緩く感じれば激走しやすい。競馬では「前走と比べてどう感じるか」が重要で、例えばこれが延長になると、前走より忙しく感じない分、コーナー4つの方が単勝回収率はむしろ高くなるんだ。

ヘニーヒューズ産駒　ダート戦・距離変更時のコーナー数別成績

ローテ	コーナー数	勝率	複勝率	単回収	複回収
短縮	コーナー2つ	0.116	0.307	89	94
	コーナー4つ	0.045	0.293	13	81
延長	コーナー2つ	0.089	0.256	78	84
	コーナー4つ	0.076	0.229	86	76

※国内生産馬限定

亀谷　短縮は中央開催だと単勝回収率が100％を超えるけど、ローカルは37％しかありませんよ。これも同じ理由で忙しいからでしょうか？

今井　短縮に限らず、前走より前半が忙しく流れそうなときは、アタマで狙わずにヒモ穴狙いが面白そうだね。

亀谷　ユニコーンSのセキフウも東京ダ1600mへの短縮でしたよね。1600mと1400mの短縮は、複勝回収率で100％を超えて安定感があります。コーナー2つで、しかも広いコースなので、ダートの中では前半で流れに乗りやすい条件です。

今井　それと、ユニコーンSのセキフウは内枠だったでしょう。馬群を苦にしないのも特徴になる。ダート血統にしては馬群を割れて、内枠の回収率も落ちないんだ。前半でリズムにさえ乗れれば、直線でごちゃついても対応出来るのが長所だよ。初期に活躍した産駒がレピアーウィットだったんで、誤解されやすいけど。

亀谷　あの馬は凄く揉まれ弱いですね。

今井　長い距離の産駒は比較的揉まれ弱いよね。1600m以下だと、しぶといのが多いけど。

亀谷　ロードカナロアの回で挙げられた「その種牡馬の限界点の距離になると競馬が単調になる」という話ですね。極端な脚質が増える。このパターンがヘニーヒューズにも当てはまる。

今井　ただオープンに上がると1600m以上の方が成績が良いんだよね。全体では、量的にも単勝回収率的にも、短距離が上なんだけど。

ヘニーヒューズ産駒　ダート戦のクラス・距離別成績

クラス	距離	勝率	複勝率	単回収	複回収
全体	1400m以下	0.110	0.291	86	81
	1600m以上	0.097	0.294	68	86
OP以上	1400m以下	0.036	0.170	36	47
	1600m以上	0.132	0.385	117	128

※国内生産馬限定

亀谷　スピード血統の割に、上級条件は中長距離の方が走ってますね。
今井　本質的な部分で、ダート向きのパワーとスピードの破壊力が薄いんだ。それで上のクラスだと、少し長めの距離でごまかす形が多い。ロードカナロアのダートに近い、芝質というか、まとまって中途半端な性質が邪魔をして、ダートのGIクラスで大切な強引さが若干弱いよ。その引き換えとして、しぶとさが出てくるんだけど。
亀谷　完成が早くて2・3歳戦に強いけど、使われて強くなる血統ではない分、古馬になって肝心の持続力を強化出来ない。それがトップクラスではネックになってますね。
　ボクはフレッシュな方が走るか？ キャリアを重ねて強くなるか？の傾向を分析する際、「キャリア15戦以内か？ そうではないか」に分けて分析しています。これで結構傾向は出るんですが、ヘニーヒューズもそうでして･･･。

2022/07/20掲載　本質分析②

キーワードは「フレッシュさ」

亀谷　先週早速、ヘニーヒューズ産駒のマテンロウアイ(7/17小倉12R)、リアンクール(7/17小倉9R)が小倉ダ1700mの内枠で好走しました(ともに2着)。前回の当欄では「忙しい条件(コーナー4つ、ローカルなど)の短縮はヒモ穴まで」とまとめましたが、実際にどちらも勝ち切れませんでした。
今井　最後は外に出したけど、砂を被っても大丈夫だから、内枠はかなり怖いよ。コーナー4つの2～3枠は、単複ともに回収率が凄く高いんだ。
亀谷　本当だ。2枠なんて単複両方で100%を遙かに超えてますね。
今井　前回はキャリア15戦以内かどうかで戦績を分けて考えるという話も出たよね。
亀谷　ヘニーヒューズに限らず、使われて強くなるのか？ それともフレッシュな方が走るのか？の分析は、「15戦の区切り」で分析するのがいい目安だと思っています。傾向が出やすいので。ヘニーヒューズもダートでキャリア15戦以内なら、単複ともに回収率80％を楽に超えて、16戦以上だと急に落ちちゃいます。

ヘニーヒューズ産駒　キャリア別成績（ダート）

キャリア	勝率	複勝率	単回収	複回収
3戦以内	0.121	0.33	109	93
15戦以内	0.114	0.308	84	86
16戦以上	0.050	0.198	46	66

※国内生産馬限定

今井　なるほど、4戦以内は単勝回収率100％近いんだ。
亀谷　そうですね。キャリア2戦以内は複勝回収率でも100％近いですよ。キャリアが少ないほど走る種牡馬です。Mの法則でもフレッシュさは重要ですよね？
今井　もちろんだけど、どちらかというとステージで考えることが多いよ。
亀谷　ステージとは？
今井　フレッシュさを例えばクラスとか条件が替わってからカウントするんだ。「重賞何戦目か」とか、「ダート短距離路線で何戦目か」とか、「脚質転換後の何戦目か」とか、ステージが変わる毎にリセットする。ディープインパクトなんかはリセットすると激走する代表例だよね。
　ヘニーヒューズはそこまででもないけど、それは多分に精神面での問題を分析する手法で、単純に使い減りするかどうかは、デビュー何戦目かで分ける方が良さそうだね。
亀谷　データも直ぐ出ますからお勧めです。
今井　分かりやすさ、扱いやすさも、馬券を買うには大切な要素だもんね。
亀谷　最後に芝ですが、完成が早くてスピードとパワーがあるので、3歳春までの短距離限定で面白いですよ。
今井　自ら上がりの掛かる消耗戦に持って行って、雪崩れ込めるレース向きだよね。

格言

1. キャリアが浅い馬は惨敗からの巻き返し率が高い。
2. 全体では短距離の回収率が高い。特に下級条件のコーナー2つに注目
3. 忙しい条件(コーナー4つ、ローカルなど)の短縮は、ヒモ穴まで
4. オープンクラスの馬は1600m以上で注目
5. 内枠を苦にしない。コーナー4つの2〜3枠は特注
6. キャリア3戦以内は買い。16戦以上は疑う

買い条件・消し条件

ダート1700m以上の2～3枠（特に牡馬）

買い条件 1

ダート1700m以上の枠順別成績　全体と牡馬限定

枠番	着別度数	勝率	複勝率	単回収	複回収	牡馬 単回収	牡馬 複回収
1枠	5-13-7-97/122	0.041	0.205	9	43	3	35
2枠	17-26-15-112/170	0.100	0.341	171	115	229	125
3枠	18-23-17-102/160	0.113	0.363	74	135	61	162
4枠	21-17-14-145/197	0.107	0.264	61	64	87	63
5枠	17-19-14-141/191	0.089	0.262	42	115	55	134
6枠	21-20-18-134/193	0.109	0.306	58	81	71	88
7枠	18-21-15-141/195	0.092	0.277	71	66	91	58
8枠	16-17-29-149/211	0.076	0.294	44	72	47	79

過度に揉まれると嫌がるが馬群をそれほど苦にせず、コーナー数の多い中長距離だと体力を補える最内枠以外の内よりが向く。牡馬は顕著。

ダート1150m、1700m、1800mの短縮（単勝）

消し条件 1

ダート短縮　距離別成績

距離	着別度数	勝率	複勝率	単回収	複回収
1000m	12-12-7-63/94	0.128	0.330	84	94
1150m	4-14-5-58/81	0.049	0.284	14	107
1200m	41-26-27-238/332	0.123	0.283	127	79
1300m	4-1-4-16/25	0.160	0.360	48	63
1400m	28-16-19-139/202	0.139	0.312	85	101
1600m	15-14-11-64/104	0.144	0.385	49	105
1700m	9-23-7-78/117	0.077	0.333	30	67
1800m	4-3-8-36/51	0.078	0.294	20	94

短縮はコーナー数が増えると勝率が落ちて2，3着止まりが多くなる。ごちゃつきやすい福島1150mも同じ。

ホッコータルマエ

大系統	ミスプロ系
小系統	キングマンボ系

適性遺伝 主張型

キングカメハメハ 鹿 2001	Kingmambo	Mr. Prospector
		Miesque
	*マンファス Manfath	*ラストタイクーン
		Pilot Bird
マダムチェロキー 鹿 2001	Cherokee Run	Runaway Groom
		Cherokee Dame
	*アンフォイルド Unfoiled	Unbridled
		Bold Foil

父小系統（父国タイプ） キングマンボ系（欧）

父母父小系統 ノーザンダンサー系（欧）

母父小系統 レッドゴッド系（米）

母母父小系統 ミスプロ系（米）

Mr. Prospector 3×5、Northern Dancer 5·5（父方）

M3タイプ

S | S（LC） SL

要素

S	C	L	鮮度要求率	逆ショッカー
5	3	3	2	163.6（ダート）

オプション

短縮	延長	内枠	外枠	巻き返し	広い馬場	特殊馬場	硬い馬場	重馬場
B	B	C	B	A	A	C	D	B

多頭数	少頭数	坂	休み明け	間隔詰め	アップ	ダウン	芝替わり	ダ替わり
B	A	B	B	C	C	B	E	A

テン3Fラップ前走比

テン3F	複勝率	単回収	複回収
0.5秒速い牡馬（ダート）	0.256	52.2	70.5
0.5秒速い牝馬（ダート）	0.213	38.4	107.6

代表産駒 ブリッツファング、レディバグ、メイショウフンジン、ゴライコウ、ヒーローコール、ギャルダル、ピュアジャッジ、メイショウオーロラ、ブライアンセンスなど

2023/03/15掲載　本質分析①

フレッシュさがあまり必要なく使われながら良くなる

亀谷　ホッコータルマエは血統的にはキングマンボ系で、ダート中距離型ですね。叩いて上昇する傾向も強いです。叩き6戦目以降の複勝回収率が100％を楽に超えてます。同じダートで勝ち星の多いヘニーヒューズとは全然違いますね。

今井　使い減りしにくいダート戦とはいえ、使われていっての複勝率が3割あるのも凄いね。レース間隔を詰めても、パフォーマンスはあんまり落ちないし。

亀谷　フレッシュさがそんなに必要ないんですよね。そういう意味でブライアンズタイム、エスポワールシチーの系譜なんかにも似てます。キングカメハメハ系だと、ロードカナロアも使われながら良くなるじゃないですか。パンサラッサみたいに。

今井　使っていくと心身機能が鍛えられるのがロードカナロアの特徴の1つだし、真面目さも通じるところがあるね。特に牡馬は好調期にはなかなか崩れない。

亀谷　牡馬は安定感がありますよね。

今井　ただ淡泊な面もあって限界点で必要以上には頑張らないから、特に先行馬はずっと好調だった馬が相手強化とかで壁に突き当たるとバタッと駄目になるパターンも多いよ。捲るタイプは好凡走の波がある、交互系も結構多いけど。

亀谷　スタミナと馬力があるので、基本は中長距離で地方の砂質も合いますね。ロードカナロア産駒のパンサラッサはサウジでダートを勝ちましたが、ホッコータルマエだとやっぱりトップクラスでも帝王賞とかになってきますかね。上がりの掛かるスタミナを問われるレースで強いので。

今井　そんなタイプだから短縮で忙しい流れだと2～3着が多くなって、ヒモ穴向きになるよ。複勝回収率は短縮も延長もあんまり変わらないけど、単勝だと延長が圧倒的に高い。

亀谷　延長は6番人気以下の人気薄もかなり勝ってますよね。

今井　しぶとさはあんまりないけど真面目だから、延長とかで追走が楽になって揉まれにくくなると内枠でもよく走るようになるよ。短縮だと4枠以降の成績が良いけど、延長だと逆に4枠以内の成績がかなり良い。

ホッコータルマエ産駒　ダート短縮時の枠番別成績

枠番	勝率	複勝率	単回収	複回収
1枠	0.053	0.211	31	76
2枠	0.036	0.179	16	53
3枠	0.160	0.320	53	76
4枠	0.125	0.292	79	100
5枠	0.114	0.250	87	82
6枠	0.036	0.250	5	164
7枠	0.067	0.267	25	93
8枠	0.105	0.368	133	148

ホッコータルマエ産駒　ダート延長時の枠番別成績

枠番	勝率	複勝率	単回収	複回収
1枠	0.100	0.350	99	85
2枠	0.071	0.179	850	165
3枠	0.091	0.409	71	105
4枠	0.033	0.300	22	118
5枠	0.091	0.212	53	41
6枠	0.143	0.265	293	111
7枠	0.024	0.146	3	74
8枠	0.108	0.270	64	71

亀谷　距離別でも分かりやすいですよ。1200mは2～3着が多くて、1400mだと勝率も同じくらいに上がって、1600mになると逆に勝率が上回りますから。ただ牝馬や母父が米国型だと1400mも走りますけど。レディバグなんかは短縮1400mで2勝していて、牝馬に限定すると1600m以下の成績の方が格段に良いですよ。

今井　パワーは落ちるけど、やっぱり心身の柔らかさは牝馬の方があるよね。

2023/06/14掲載　本質分析②

米国型が止まるような馬力、スタミナが生きる競馬が合う

亀谷　以前話題にしたホッコータルマエを少し補足しておきましょう。ダートのリーディング上位種牡馬にしては話が短くなってしまったので。

今井　その時は、延長が向く話をしたよね。自分のペースで競馬をして強いタイプだけど、その割にダッシュ力があるわけでもない。だから延長はスムーズに先行出来てパワーを活かせるんで激走しやすいわけだ。

同じ理由で広いコースも向いて、東京、阪神、中京、京都なんかはみんな高い回収率だけど、福島、小倉、中山とかだとちょっと期待値が落ちる。

亀谷　広くてタフなコースが合うわけですよね。だから大井競馬場なんかは、ちょうど適性が嵌まって狙い目になりますよ。東京マイルも古馬になると少しスピード不足のパターンが出てきますよね。古馬になると外から先行するスピードが足りないので、4～7枠よりも内の方が走りやすくなる点には注意です。

今井　3歳までは外目の方が回収率高いよね。淡泊な先行馬が多い割にスピードで勝負するほどのダッシュ力はないんで。古馬だとある程度しぶとさもある、馬群に対応出来るタイプでないと頭打ちになりやすい。

牝馬だとしぶとさが付与されるんで、ダート専門血統にしてはレディバグみたいに牝馬の活躍馬も多いし。回収率では牝馬の方が高いくらいだよ。

亀谷　米国型と違ってスピードがないんで、米国型が止まるような、馬力、スタミナが生きる競馬が合いますね。キングカメハメハ系で

も、ロードカナロアのような芝のスピードがないわけで。

適性はエスポワールシチー、ブライアンズタイムに近いと覚えておくと良いでしょう。ブライアンズタイムの血を持つ馬と一緒に上位に走ったり、ブライアンズタイムの血を持つ馬が穴を出す日に一緒に走りやすいということです。

格言

1 叩かれながら上昇する

2 延長は人気薄の単勝が面白い

3 牝馬は短縮や短距離も注意

4 広くてタフなコースに向く

5 しぶといタイプの牝馬は回収率が高い

買い条件・消し条件

ダート延長（牡牝とも）
牝馬のダート短縮

買い条件 1

ダート 牡牝のローテ別成績

性	ローテ	着別度数	勝率	複勝率	単回収	複回収
牡馬	延長	18-21-22-170/231	0.078	0.264	144	82
	短縮	14-16-16-158/204	0.069	0.225	34	85
牝馬	延長	8-6-8-90/112	0.071	0.196	240	98
	短縮	6-10-9-66/91	0.066	0.275	92	138

牡牝とも延長は体力を活かした一発があって単勝回収率が高いが、短縮は特に牝馬だとヒモ穴の押さえの方が面白い。

牝馬のダート6～8枠

買い条件 2

ダート牝馬 枠番別成績

枠番	着別度数	勝率	複勝率	単回収	複回収
1枠	2-2-4-47/55	0.036	0.145	8	37
2枠	1-6-2-46/55	0.018	0.164	86	55
3枠	3-9-3-35/50	0.060	0.300	42	179
4枠	7-4-4-40/55	0.127	0.273	75	63
5枠	6-4-4-54/68	0.088	0.206	140	70
6枠	5-8-5-48/66	0.076	0.273	192	96
7枠	3-2-5-46/56	0.054	0.179	203	109
8枠	6-1-4-40/51	0.118	0.216	281	152

牝馬は案外軽快なスピードの持続力タイプも多く、流れに乗りやすい外枠の方が回収率は高くなっている。

マインドユアビスケッツ

大系統 ノーザンダンサー系

小系統 ヴァイスリージェント系

適性遺伝 中間型

Posse 鹿 2000	Silver Deputy	Deputy Minister
		Silver Valley
	Raska	Rahy
		Borishka
Jazzmane 栗 2006	Toccet	Awesome Again
		Cozzene's Angel
	Alljazz	Stop the Music
		Bounteous

父小系統（父国タイプ） ヴァイスリージェント系（米）

父母父小系統 レッドゴッド系（米）

母父小系統 ヴァイスリージェント系（米）

母母父小系統 ターントゥ系（米）

Deputy Minister 3×4、Blushing Groom 4×5
Hail to Reason 5×4

M3タイプ

S ｜ S（LC） SL（CL）

要素

S	C	L	鮮度要求率	逆ショッカー
5	1	4	4	70.8（ダート）

オプション

短縮	延長	内枠	外枠	巻き返し	広い馬場	特殊馬場	硬い馬場	重馬場
B	B	D	A	B	C	A	C	A

多頭数	少頭数	坂	休み明け	間隔詰め	アップ	ダウン	芝替わり	ダ替わり
C	B	B	C	C	C	C	D	C

テン3Fラップ前走比

テン3F	複勝率	単回収	複回収
0.5秒速い牡馬（ダート）	0.296	152.2	87.4
0.5秒速い牝馬（ダート）	0.167	11.7	25.6

代表産駒 デルマソトガケ、ホウオウビスケッツ、ショーモン、マルカラピッド、サンライズグルーヴ、フルメタルボディー、クイーンオブソウルなど

2023/07/19 掲載　本質分析①

馬群に揉まれるのが苦手だが、軽い気分転換で少し頑張る気になる

亀谷　マインドユアビスケッツはダート中距離でスピードを持続させる競馬で強いですね。特にダ1600m以上の外枠で好走率がグンと上がってます。

今井　逆にダ1200mだと、複勝率が1割もないね。

亀谷　揉まれ弱さもあるので余計にダ1200mは流れに乗りにくいですよね。

今井　ダ1200mで好走しているのは、みんな外枠や少頭数だもんね。確かに平均ペース向きで、ダッシュ力がそれほどでもない上に揉まれ弱いから、ペースが緩んで平均ペースで先行する形でないと短距離は危ないよ。

亀谷　ダ1600mは勝率、複勝率ともに高いです。東京は揉まれにくい上に、スピードも持続しやすいので向くのでしょう。あとは母系に芝馬が多いのも東京ダート向きの馬が出やすい理由かと。枠番別の成績を見ても、かなりの揉まれ弱さが数字に出てますよ。

マインドユアビスケッツ産駒　ダート枠番別成績

枠番	勝率	複勝率	単回収	複回収
1枠	0.000	0.059	0	42
2枠	0.029	0.171	30	37
3枠	0.087	0.130	73	36
4枠	0.067	0.200	17	38
5枠	0.158	0.289	86	64
6枠	0.150	0.350	157	113
7枠	0.079	0.289	136	88
8枠	0.108	0.243	231	86

今井　お、これはまた凄いデータだね～（笑）。5枠以降は全て単勝回収率80%超えで、7枠以降だと全て100%を余裕で超えてるじゃん。

ブレの少ない複勝率で見ても、5枠以降は全て24%を超えているよ。

亀谷　逆に4枠以内だと全ての枠で複勝回収率50%未満で、複勝率は4枠以内が全部20%未満ですね。

今井　1枠なんて複勝率でも1割もいってないよ。内枠はかなりペースダウンして上手く先行出来ないと厳しくなるね。

亀谷　あまりダッシュ力はないので、スムーズに内枠から先行するパターンになるケースも少ないんでしょう。

今井　先行以外だと、逆について行けないで後方になって追い込みが流れにハマる競馬くらいかな。これだと内枠でも揉まれないで済むからね。この2パターンを除くと内枠はさらに酷くなる。

亀谷　なので、人気馬や前走好走馬が内枠なら消す馬券、逆張りで儲かりますよね。前走外枠である程度好走した馬が内枠で人気になるパターンの逆張りは良いでしょう。逆に内枠で凡走した後の外枠なら買いということです。基本的な考え方は。

今井　馬は前走より気分良く走れるとパフォーマンスの上がる生き物だから、前走との違いは重要だよね。

亀谷　はい。前走より辛い状況になる人気馬を消すのはとても重要ですよね。

今井　気分でいえば、休み明けとか、芝からダートとか、何かしらのショックで鮮度が高いときは、多少馬群も我慢するよ。

亀谷　距離変更のショックはかなり成績が良いですよね。今のところ、短縮も延長も単勝回収率が100%を大きく超えてます。フレッシュな状況を好む米国血統らしい傾向です。

今井　軽い気分転換が向くタイプなんだよね。微妙に条件が変わると、ちょっと頑張る気になる(笑)。

亀谷　延長で揉まれずに前に行く競馬はよく走りますよね。これも米国持続血統ではよくある傾向です。

今井　あと前走短縮なんだけどペースが遅かったりしてスムーズに先行出来る形は、さらに激走しやすいよ。距離変更以外でも、良馬場から道悪とか、その逆とか、そういうちょっとした状況変化が好きだよね。

芝では人気になりにくく、穴が狙える

亀谷　次に芝ですが、ダート血統らしく仕上がりが早いです。新馬は単複ともに余裕で回収率100%を超えていて狙い目です。ヘニーヒューズが2～3歳戦では芝も走るのと同じ理屈です。

今井　新馬以外でも、派手な上がりで差し切るとかでなく、上がりが掛かったときの先行とかで好走しやすいから人気にもなりにくいよね。だから芝は穴の出やすい種牡馬になる。ホウオウビスケッツも、皐月賞ではスムーズに先行出来ないで17着の後、延長で東京のダービーは6着。前に行った組の中では2番目の入線だったように、淀みない流れなんだけど前走よりはスムーズに先行出来そうなときはよく走るよ。

あるいは重い馬場で緩い流れでも上がりの掛かる競馬とかだよね。そういったタイプだけに、芝は小回りより広いコースの方が自分のペースで先行しやすいからより穴が出やすいね。新馬を除くと、激走してるのはだいたい中央のレースだし。

亀谷　確かに新馬以外だと、中央4場の複勝率が27%で、ローカルが18%なので、かなりの差がありますね。返す返すも広いコースで気分よく走ること、フレッシュな状況がとても重要です。

マインドユアビスケッツ産駒　芝の競馬場別成績

競馬場	勝率	複勝率	単回収	複回収
中央4場	0.073	0.268	89	81
ローカル	0.077	0.179	38	41

今井　ローカルの2勝は、新潟外回りと、800mもの延長での2400mだったから、流れに乗りやすかったよね。そもそも芝は、前走より流れに乗りやすい上に体力を活かせる延長は得意だから。

亀谷　逆に芝の同距離だと、複勝回収率が30%以下になってます。

今井　短縮も含めてショックが好きなのもあるし、やっぱり芝は鮮度の高い状態が良いタイプなんだよね。

亀谷　血統的には、米国型以外の母父だと芝は結構激走が多くて馬券になります。母父欧州型以外だと、やっぱりダートの方が良いです。

格言

1 ダートは揉まれ弱く、とにかく外枠！

2 芝は仕上がり早で新馬から「買い」

3 芝は流れに乗りやすい延長と広いコース替わりで穴が出る

買い条件・消し条件

ダート1600～1700mの短縮（特に外枠）

買い条件 1

ダート短縮　距離別成績

距離	着別度数	勝率	複勝率	単回収	複回収
1000m	0-0-0-6/6	0.000	0.000	0	0
1150m	0-0-0-3/3	0.000	0.000	0	0
1200m	1-1-1-13/16	0.063	0.188	31	104
1400m	0-0-1-14/15	0.000	0.067	0	15
1600m	4-2-0-8/14	0.286	0.429	133	78
1700m	1-3-2-13/19	0.053	0.316	311	185
1800m	0-1-0-5/6	0.000	0.167	0	30

ダートは前走より揉まれると嫌がるので、短縮だと1600m以上が得意。枠ももちろん外枠が良い。

芝の良→道悪替わり

買い条件 2

芝　前走からの条件替わり成績

条件替わり	着別度数	勝率	複勝率	単回収	複回収
前走芝→今回道悪	2-2-2-6/12	0.167	0.500	163	155

前走より特に馬場が重くなる変化を好み、「前走が良で今回道悪」は期待値が高い。

消し条件 1

ダート1200mの1～4枠

ダート1200mの枠番別成績

枠番	着別度数	勝率	複勝率	単回収	複回収
1枠	0-0-0-3/3	0.000	0.000	0	0
2枠	0-1-0-9/10	0.000	0.100	0	131
3枠	0-0-0-5/5	0.000	0.000	0	0
4枠	0-0-0-6/6	0.000	0.000	0	0
5枠	0-0-1-8/9	0.000	0.111	0	18
6枠	1-0-2-6/9	0.111	0.333	18	61
7枠	1-0-0-2/3	0.333	0.333	233	86
8枠	3-0-0-6/9	0.333	0.333	320	85

馬群に揉まれるのが苦手なため、忙しい1200mの内枠は極端に好走が少ない。

消し条件 2

芝の同距離

芝 ローテ別成績

ローテ	着別度数	勝率	複勝率	単回収	複回収
同距離	2-2-2-28/34	0.059	0.176	11	37
延長	3-3-4-40/50	0.060	0.200	79	65
短縮	1-3-0-18/22	0.045	0.182	36	49

芝の距離変更でも変化を好み、同距離の期待値は低い。

マクフィ

大系統	ミスプロ系
小系統	ミスプロ系

適性遺伝　主張型

Dubawi 鹿　2002	Dubai Millennium	Seeking the Gold	父小系統（父国タイプ） ミスプロ系（欧）
		Colorado Dancer	
	Zomaradah	Deploy	父母父小系統 ネヴァーベンド系（欧）
		Jawaher	
Dhelaal 鹿　2002	Green Desert	Danzig	母父小系統 ダンチヒ系（欧）
		Foreign Courier	
	Irish Valley	Irish River	母母父小系統 ネヴァーベンド系（欧）
		Green Valley	

Northern Dancer 5×4、Never Bend 5·5(母方)

M3タイプ

S　S(LC)　S(CL)

要素

S	C	L	鮮度要求率	逆ショッカー
4	2	3	4	90.8（ダート）

オプション

短縮	延長	内枠	外枠	巻き返し	広い馬場	特殊馬場	硬い馬場	重馬場
B	C	B	C	B	B	A	B	B

多頭数	少頭数	坂	休み明け	間隔詰め	アップ	ダウン	芝替わり	ダ替わり
C	C	C	C	C	C	B	B	A

テン3Fラップ前走比

テン3F	複勝率	単回収	複回収
0.5秒速い牡馬（芝）	0.341	32.5	100.9
0.5秒速い牝馬（芝）	0.354	100.2	87.9

代表産駒（国内）　オールアットワンス、ルーチェドーロ、カレンロマチェンコ、ヴィジュネル、ヴァルツァーシャル、エーティーマクフィ、ロードシュトロームなど

2023/08/09 掲載　本質分析①

ベタ買いでも儲かる! 特に牝馬に要注意!

亀谷　芝ダート兼用&性別によって個性が違う、というのがマクフィですよね。ボクはデビュー前から、芝1400m以下で馬券的に美味しい種牡馬になると解説していたんですよ。

今井　それはどういう読みで？

亀谷　フランスのジャックルマロワ賞(芝1600m)を勝っているんですよね。このレースは日本適性の高い馬が勝ちやすいんですよ。トニービンの基礎系統であるゼダーン系もこのレースに昔から強かったです。特に、一昔前は日本の主流スピードの適性を証明するレースでした。そして、日本の芝1200mではディープインパクト級に強い、シーキングザゴールドの系統ですよね。

今井　なるほど、確かに予言通り短距離は凄い回収率になってるね～。

亀谷　芝1400m以下では、単複共に余裕で回収率が100%を超えてます。

今井　そしてマクフィは牡牝での違いをかなり意識したほうが良い種牡馬なんだよね。だから牝馬限定にすると、さらに亀谷君の予言は破壊力を増すはずだよ(笑)。

マクフィ産駒　芝1600m以下の成績

性	勝率	複勝率	単回収	複回収
牡馬	0.066	0.265	65	95
牝馬	0.094	0.254	175	120

亀谷　確かに牝馬限定でデータを見ると、もの凄い回収率になっちゃってますね。これは凄い価値のあるデータです!!

今井　元々ダートも走る血統だから心身が硬いよね。そのぶん牝馬で心身の柔軟性を補うとより穴が走りやすくなる。特に短縮は牝馬が面白いよ。

マクフィ産駒　芝短縮時の成績

性	勝率	複勝率	単回収	複回収
牡馬	0.031	0.188	19	42
牝馬	0.107	0.304	307	144

亀谷　勝率で見ると、牡馬の短縮が3%で牝馬が11%ですから、相当の差が出てますね。

今井　複勝でも差がかなり出てるよ。差の出にくい複勝回収率で、牡馬は42%で牝馬が144%だから相当の差だよね。

亀谷　ベタ買いでも儲かる種牡馬ですが、さらに効果的な狙い方が研ぎ澄まされていきますね!! 次回はさらにマクフィを踏み込んで見ていきましょう。これは楽しみだ！

2023/08/16 掲載　本質分析②

牡馬と牝馬で狙い方が大きく異なる！

亀谷　前回、短縮の牝馬はよく走るという話題が出ましたよね。硬さが和らぐ牝馬のほうが期待値が高く、特に短縮適性だと牝馬と牡馬では雲泥の差があるという話でした。

今井　ダートも走るように、やや心身が硬い面があるもんね。

亀谷　芝ダート兼用ですが、やはり芝のほうが期待値は高いですね。スプリント戦向きの体力は、ヨーロッパのほうがレベルが高いですし、マクフィの父系統であるシーキングザゴールドは日本の芝1200mでの能力もサンデーに匹敵するか、それ以上ですから。

今井　芝の1400m以下はベタ買いでも儲かるって亀谷君が言ってたよね。ただ牡馬だと心身両面で硬さが目立つんで、短縮で揉まれる展開になると嫌がるわけだ。

亀谷　枠番で見ても、牡馬の2枠以内は複勝回収率40%くらいで、牝馬は倍の80%ありますね。

今井　頭数でみても、多頭数は牝馬のほうが断然期待値が高いよね。

そもそも牡馬は良馬場ではあんまり走らないよ。道悪ならクッションがあるから硬さを補えるし、ばらけやすいぶん苦手の揉まれる競馬になりにくいんで走るけど。

亀谷　牡馬は良馬場の勝率が3%未満なのに、道悪だと10%を軽く超えていますね。重、不良の複勝率に至っては40%を超えてますよ。逆に牝馬は馬場の影響を受けにくく、むしろ回収率だけ見れば良馬場のほうが高いくらいです。

マクフィ産駒の牡馬　芝の馬場状態別成績

馬場状態	勝率	複勝率	単回収	複回収
良	0.025	0.222	6	74
稍重	0.143	0.286	221	78
重	0.125	0.438	82	122
不良	0.250	0.500	105	137

今井　今までいろいろな種牡馬を解説してきたけど、これだけ牡牝で柔軟性、しぶとさの度合いが違ってくる種牡馬も珍しいよね。ただ心身が硬いから弱いってわけでもないんだ。ここが競馬の面白いとこだけど、硬い馬には硬いなりの優位性が出てくるから。

亀谷　パワーや体力が出てきますよね。

今井　あと気持ちの面でも前に行く意欲は出やすいよね。だからマクフィの牡馬も、心身が硬いんで揉まれたりとかの嫌なことがあるとすぐ投げ出すけど、そうじゃないシチュエーション、つまりスムーズにパワーを活かせる状況では逆に買える種牡馬になるよ。

亀谷　牝馬はアイビスサマーダッシュを勝ったオールアットワンスが代表馬ですが、牡馬ではヴィジュネルが重い芝のオープンで連対。ヴァルツァーシャル、ロードシュトロームはダートで稼いでいます。

今井　牡馬は重とか少頭数とか道悪とかで嵌まったときに走って、あとは人気で切りやすいから、馬券的には牡馬のほうが面白いくらいだよね(笑)。

それと牝馬は精神的には柔軟になるけど、パドックを見るとよく分かるように、馬体の作り自体が硬い面は強く残るんで、休み明け

マクフィ

とかで激走した後は芝だと反動の出る可能性が高い種牡馬だよ。硬さと性格からすると、単調な直線競馬とかでは今後も穴が飛び出す確率はかなり高いよね。

亀谷　前走着順別成績も、牝馬は前走4着以内の単勝回収率が68%。一方、5着以下は118%。凡走後に買って、好走後に消す。コツを知っていれば馬券的にもおいしい種牡馬です。

次にダートですが、元々硬いタイプなので牡馬だと母父の系統はあまり問わないんですよ。だから牡馬はダートで3勝以上する馬も多いんですが、牝馬は母父米国型でないとパワー不足でいまいちです。牝馬の場合、母父サンデー系は単勝回収率40%台しかありませんし、欧州型だとさらに悪くて、2、3着止まりが多くなっています。

今井　ダートだと、牡馬もそんなに揉まれ弱いこともないんだよね。まとまっているタイプになる。特に内枠の場合、前走より前に行く位置取りショックが嵌まりやすい種牡馬で、馬券を買うときは警戒したほうが良いよ。

小回り1700mの成績が良いのも、揉まれても大丈夫なのとスピード的に先行しやすいのもあるんだよね。1800mを超えると軽いレース質のほうが向くタイプだから、余計に1700mでは穴が出やすい。

亀谷　それとダートの場合は、牡馬も凡走後の巻返し期待値が高いですよ。芝だと牡馬は前走5～9着の巻返し期待値が低いです。牝

格言

1 芝1400m以下は無条件に買い。特に牝馬は凄い！

2 性別で差のある種牡馬で、短縮は牝馬の穴が面白い

3 芝の牡馬は道悪で買い

4 牡馬はダートだと母父を問わないが、牝馬は米国型以外は×

馬はダートも芝も巻返し期待値が高い。性別に関係なくダートは凡走後の巻返しを狙うと面白いですよ。

買い条件・消し条件

芝1400～1800mの短縮
新潟芝1000mの短縮

買い条件 1

芝短縮 距離別成績

距離	着別度数	勝率	複勝率	単回収	複回収
1000m	2-0-2-8/12	0.167	0.333	75	109
1200m	0-3-3-28/34	0.000	0.176	0	39
1400m	2-3-2-15/22	0.091	0.318	576	166
1600m	2-0-2-12/16	0.125	0.250	132	146
1800m	2-1-1-5/9	0.222	0.444	290	125

硬い上に若干不器用なので短縮だと、1400m以上や直線競馬の方がより面白い。

ダート1400m、1600m、
1800mの短縮

買い条件 2

ダート短縮 距離別成績

距離	着別度数	勝率	複勝率	単回収	複回収
1000m	3-2-6-25/36	0.083	0.306	33	75
1150m	0-0-1-13/14	0.000	0.071	0	11
1200m	3-6-4-83/96	0.031	0.135	13	31
1300m	1-0-0-3/4	0.250	0.25	225	82
1400m	8-7-6-59/80	0.100	0.263	256	123
1600m	10-0-3-32/45	0.222	0.289	143	96
1700m	4-4-2-26/36	0.111	0.278	48	79
1800m	3-1-2-15/21	0.143	0.286	250	90

ダートの短縮も、ある程度距離があったり広かったりと、忙しすぎない方が穴は期待できる。

マジェスティックウォリアー

大系統	ナスルーラ系
小系統	エーピーインディ系

適性遺伝 主張型

A.P. Indy 黒鹿 1989	Seattle Slew	Bold Reasoning	父小系統（父国タイプ） エーピーインディ系（米）
		My Charmer	
	Weekend Surprise	Secretariat	父母父小系統 ボールドルーラー系（米）
		Lassie Dear	
Dream Supreme 黒鹿 1997	Seeking the Gold	Mr. Prospector	母父小系統 ミスプロ系（米）
		Con Game	
	Spinning Round	Dixieland Band	母母父小系統 ノーザンダンサー系（米）
		Take Heart	

Secretariat 3×4、Bold Ruler 5·4×5、Buckpasser 4×4

M3タイプ

S	SL（SC） LS

要素

S	C	L	鮮度要求率	逆ショッカー
4	1	4	3	77.4（ダート）

オプション

短縮	延長	内枠	外枠	巻き返し	広い馬場	特殊馬場	硬い馬場	重馬場
B	C	D	A	B	B	C	D	B

多頭数	少頭数	坂	休み明け	間隔詰め	アップ	ダウン	芝替わり	ダ替わり
C	C	B	B	C	D	B	C	C

テン3Fラップ前走比

テン3F	複勝率	単回収	複回収
0.5秒速い牡馬（ダート）	0.286	73.0	79.7
0.5秒速い牝馬（ダート）	0.234	37.4	48.1

代表産駒（国内） ベストウォーリア、プロミストウォリア、エアアルマス、サンライズホープ、セイカメテオポリス、スマッシャー、ライトウォーリア、アルファマムなど

2023/02/01 掲載　本質分析①

強引さと揉まれ弱さを馬券に活かす

亀谷　マジェスティックウォリアーは同じエーピーインディ系のカジノドライヴに近いところがあります。ダート中長距離のスピード持続競馬で強く、キャリアを重ねて上昇します。

今井　平均して速い流れに向いてスムーズに先行して強いから、流れに乗りやすいダートの長めの距離は合うよね。

亀谷　具体的な数字で見ても、ダート1600mから複勝回収率が上がりはじめて、1700mと2100mは100%を超えてますから。対して短距離は全体に低く、特に勝率が落ちています。ダート1300m以下の4距離は単勝回収率が全て30%未満ですよ。

今井　先行馬だけどダッシュ力はそこまで高くないんだよね。その辺は確かに強引な競馬が好きな割にダッシュ力が弱くて、1700m以上に向いたカジノドライヴに似てるね。

それに加えて、マジェスティックウォリアーの方が揉まれ弱いんだ。そこも影響して、ペースが激化して揉まれやすくなる短距離の短縮は良くない。ダート1400m以下の短縮では160回近く走ってまだ2勝だから、勝率にして1%ちょっとしかないよ。

マジェスティックウォリアー産駒　ダート戦の短縮時成績

距離	勝率	複勝率	単回収	複回収
1000m	0.000	0.263	0	53
1200m	0.029	0.129	13	42
1400m	0.000	0.182	0	60
1600m	0.065	0.290	91	98
1700m	0.099	0.338	111	136
1800m	0.100	0.167	332	146

亀谷　それでたまに短縮が走ると、『短縮でも走ったじゃないか』って思われる訳ですが、それはどうして短縮が苦手なのかを理解していないんですよね。2022年の室町Sでは1700mから1200mの短縮

だったエアアルマスをあえて本命にしました。この模様は堀江さん(ホリエモン)と共演したYouTubeでライブ配信されました。

2022年11月13日 阪神10R
室町S(OP) ダ1200m重 16頭立て

着	馬名	父	母父	前走	人気
1	4⑧ エアアルマス	Majestic Warrior	Empire Maker	小倉ダ1700・13着	9
2	6⑫ オメガレインボー	アイルハヴアナザー	アグネスタキオン	札幌ダ1700・3着	3
3	7⑬ クインズメリッサ	パイロ	Afleet Alex	新潟ダ1200・13着	6

単勝2,050円　複勝560円 210円 380円　枠連2,660円　馬連4,890円
ワイド1,460円 4,380円 1,430円　馬単11,260円　三連複20,480円　三連単158,260円

今井　おお、凄いね。9番人気だから驚いてたんじゃないの(笑)。
亀谷　要するに短縮が苦手な血統の馬は、前走よりペースが緩めば楽に感じるんですよね。前走は1700mでしたけどかなりのハイペースでした。
今井　多頭数の小回り・小倉で、相当の消耗戦になったよね。
亀谷　しかも1番枠だったので激しいハナ争いをしたんですよ。前走よりは厳しいレースに感じない、「疑似延長」というか、短縮なのに延長みたいに感じるパターンです。
今井　競馬は前走との感じ方の違いが合ってるかどうか、その差が結果に大きく影響するスポーツだから。野球でも同じ150キロのストレートでも、先発が155キロ出してた後のリリーフが150キロの正統派なら、手頃な速さの打ちやすい緩いボールに見えちゃうのと同じで。
亀谷　しかも、この日は重馬場で、砂を被りにくいというのも狙いでした。確かにマジェスティックウォリアーは揉まれ弱いので、これは大きなポイントになります。前走からの流れと馬場、その両方が短縮での弱点を補ったわけです。
　この連載で短縮が合うとか話しているのも、常にそういった具体的な理由がある点には注意して欲しいですよね。
今井　どうして短縮が合うのかとか、そういう会話の部分もスペー

スが許す限り出来るだけ載せて貰ってるんで、注意して読んでみると、この連載をより楽しめると思うよ。枠なんかも同じで、内枠が合わないタイプでも前走よりスムーズならむしろ最短距離を楽に走れるわけだし。

それと「位置取りショック」も向くんだよね。戦う意欲(S系)はあるけど揉まれると嫌がるタイプは、位置取りを変えながら揉まれないように気分転換して乗ると激走しやすい。

亀谷　みやこSのサンライズホープ(1着/11人気)なんか、そのパターンですね。

サンライズホープの近走成績

日付	レース名	コース	人気	着順	ゲート	位置取り
2022/12/29	東京大賞典(G1)	大井ダ2000良	3	4	6枠10番	10-9-1-2
2022/12/4	チャンピオンズC(G1)	中京ダ1800良	11	6	1枠2番	16-15-12-10
2022/11/6	みやこS(G3)	阪神ダ1800良	11	1	7枠14番	12-12-11-8
2022/10/1	シリウスS(G3)	中京ダ1900良	5	12	3枠5番	2-2-2-2
2022/5/21	平安S(G3)	中京ダ1900良	4	7	5枠9番	1-1-1-1
2022/2/20	フェブラリーS(G1)	東京ダ1600重	14	12	5枠9番	2-3
2022/1/23	東海S(G2)	中京ダ1800良	2	4	8枠15番	2-3-3-2

今井　ずっと先行してた馬が、偶然出遅れたことで追い込みに回ったよね。しかも外枠だったぶん、スムーズに揉まれず外から追い込めた。位置取りショックを交えた、揉まれない競馬は凄く合うよ。ダッシュ力がそれほどでもないんで、先行馬が揃うオープンだと前半でエネルギーを使っちゃってたんだよね。だから先行馬の揃ったこのレースも、もし出遅れてなければ揉まれて惨敗してたはず。

亀谷　Mの基本、「前走よりどれだけ気分良く走れるか」ですよね。

今井　ただこれは偶然出遅れたから激走しただけで、事前には読めない「迷惑な位置取りショック」だけど(笑)。もし関係者が『結果が出てないんで、今回は矯める競馬を試みてみる』とかコメントしてて、それで先行馬の多いメンバーで外枠なら、事前に狙える面白い穴馬になるわけだけど。

亀谷　あとは、叩いて上昇していくのも重要な特徴です。これもエーピーインディ系のカジノドライヴやパイロに似てます。データ的にも叩き4戦目で複勝率が4割近くあって、5戦目以降も落ちていません。

今井　あと気の良い先行馬だから、軽くレース間隔を開けるのも好きなんだ。長期疲労には強いけど間隔詰めすぎるのは良くない点もパイロに似ているね。

格言

1 短距離の短縮は危ない

2 逃げ先行や捲りなどで、揉まれない位置取りショックで激走

3 叩かれながら上昇する

買い条件・消し条件

ダート1600m以上の短縮 6～8枠

買い条件 1

ダート1600m以上の短縮 枠番別成績

枠番	着別度数	勝率	複勝率	単回収	複回収
1枠	1-3-1-22/27	0.037	0.185	91	52
2枠	0-2-2-13/17	0.000	0.235	0	46
3枠	2-2-3-12/19	0.105	0.368	24	238
4枠	1-2-5-14/22	0.045	0.364	16	100
5枠	1-1-2-18/22	0.045	0.182	80	58
6枠	7-4-1-16/28	0.250	0.429	248	167
7枠	4-1-1-23/29	0.138	0.207	398	99
8枠	2-1-3-14/20	0.100	0.300	99	155

短縮大好きなので1600m以上の短縮だと揉まれにくいのでよく走る。内目でも揉まれないように注文つけて大胆に乗れば怖い。

牡馬 ダート1400m以下の1～5枠

消し条件 1

ダート1400m以下 牡馬の枠番別成績

枠番	着別度数	勝率	複勝率	単回収	複回収
1枠	1-1-3-24/29	0.034	0.172	10	64
2枠	2-3-4-41/50	0.040	0.180	35	56
3枠	2-2-3-38/45	0.044	0.156	11	50
4枠	1-4-4-33/42	0.024	0.214	19	67
5枠	2-5-2-40/49	0.041	0.184	13	67
6枠	6-5-2-33/46	0.130	0.283	100	72
7枠	6-8-6-38/58	0.103	0.345	37	83
8枠	2-5-7-25/39	0.051	0.359	177	181

とにかく揉まれ弱く、短距離や短縮など忙しい条件で揉まれるとアウト。牡馬だとその傾向は顕著。

ミッキーアイル

大系統	サンデー系
小系統	ディープ系

適性遺伝 **主張型**

ディープインパクト 鹿 2002	*サンデーサイレンス Sunday Silence	Halo
		Wishing Well
	*ウインドインハーヘア Wind in Her Hair	Alzao
		Burghclere
*スターアイル Star Isle 鹿 2004	*ロックオブジブラルタル Rock of Gibraltar	*デインヒル
		Offshore Boom
	*アイルドフランス Isle de France	Nureyev
		*ステラマドリッド

Northern Dancer 5×5·5·4

父小系統（父国タイプ）	父母父小系統	母父小系統	母母父小系統
ディープ系（日）	リファール系（欧）	ダンチヒ系（欧）	ヌレイエフ系（欧）

M3タイプ

S　S(L)　SC(L)

要素

S	C	L	鮮度要求率	逆ショッカー
5	3	3	5	98.3（ダート）

オプション

短縮	延長	内枠	外枠	巻き返し	広い馬場	特殊馬場	硬い馬場	重馬場
A	D	A	C	C	B	B	B	B

多頭数	少頭数	坂	休み明け	間隔詰め	アップ	ダウン	芝替わり	ダ替わり
C	A	B	AA	B	B	B	D	C

テン3Fラップ前走比

テン3F	複勝率	単回収	複回収
0.5秒速い牡馬（芝）	0.262	48.0	60.0
0.5秒速い牝馬（芝）	0.245	55.0	84.6

代表産駒 メイケイエール、ナムラクレア、ララクリスティーヌ、デュアリスト、ピンハイ、ミニーアイル、ウィリアムバローズ、スリーパーダ、アナゴサンなど

気持ちをコントロールしやすい短縮の適性が抜群に高い

亀谷　ミッキーアイルはメイケイエール、ナムラクレアと高速馬場で強い重賞ウィナーを輩出しました。後継種牡馬にスプリンターも出れば、ダート馬も出る。ディープインパクトの懐の深さ、能力の高さをよく表していますよね。

今井　M的にはS質がきつい、つまり気持ちが勝って精神コントロールの難しいタイプになるよ。こういうタイプでかつダッシュ力の高い種牡馬は、気持ちをコントロールしやすい短縮の適性が抜群に高いのが普通で、芝だと短縮の勝率が13%、延長が5.4%だから、倍以上の差になる。

亀谷　単勝回収率だと延長24%で短縮62%なので、圧倒してますね。誤差の出にくい複勝回収率だと、短縮95%、同距離81%、延長76%なので、綺麗に傾向が出てます。延長で前走より流れが緩くなると、脚が溜まらない印象ですね。

今井　このタイプの延長は、かなりペースアップするか、内枠で馬群に入れて折り合わせるか、追い込みとかの極端な脚質をとって自ら緩急の必要ない競馬に持ち込むかの工夫が必要になってくる。この3つが組み合わさるとより良いよ。

これまで延長マイルでオープンを3着以内になったことが3回あるけど、ピンハイのチューリップ賞が15頭立ての1番枠、ナムラクレアの桜花賞が18頭立ての1番枠、ラクリスティーヌのキャピタルSも18頭立ての4番枠。

3回とも馬群に入れるには絶好の条件だった。みんな前半34.6秒以内で、淀みなく流れての内枠だったし。

亀谷　ピンハイが13番人気で、ナムラクレアは6番人気ですから、破壊力抜群ですね。あと、この3頭はみんな牝馬なんですよ。実はミッキーアイルは、牡馬と牝馬でかなり狙い方の変わってくる種牡馬なんですよね。次回はその辺りの話もしていきましょう。

2023/01/18 掲載　本質分析②

牝馬は馬群に入れて集中させたいので内枠が狙い目

亀谷　ミッキーアイルは牡馬と牝馬でかなり狙い方が変わってくるんですよね。牡馬だと大型でパワーが勝つので、他のディープ系と比べるとどうしても切れ味で見劣ります。

今井　それで芝のトップクラスは牝馬に偏りやすいわけだね。

亀谷　ええ、特に2歳時の芝短距離は牝馬の狙い所ですね。2歳牝馬だと芝の単複ともに安定した回収率ですから。これが牡馬の芝だと、2、3、4歳と、その全部で単勝回収率が20%台ですよ。

今井　凄い落差だね〜。これは良いことを教わったよ(笑)。牡馬だと硬さが目立って、ほとんどが逃げ先行で押し切る、単調な競馬になるよね。牝馬は柔軟性、しぶとさもあるんで馬群も大丈夫だけど。

それと前回話した折り合い面も牝馬の方が大変なんで、より内枠向きになるんだ。牝馬の芝内枠は、複勝回収率で1枠146%、2枠121%、3枠111%、4枠140%と、4枠以内は全て110%を超える安定感だよ。

ミッキーアイル牝馬　芝枠番別成績

枠番	勝率	複勝率	単回収	複回収
1枠	0.229	0.343	158	146
2枠	0.105	0.368	38	121
3枠	0.051	0.231	68	111
4枠	0.088	0.235	32	140
5枠	0.077	0.256	196	83
6枠	0.100	0.200	32	69
7枠	0.089	0.250	29	98
8枠	0.167	0.333	89	98

亀谷　3連複の軸には最適ですね。牝馬は内と外でガラッと変わるわけですか。

今井　ただ、こういうS質が強いタイプは極端な競馬を好むんで、大外の8枠も一発が出やすいから注意は必要だけど。

亀谷　あと、反動が出やすい種牡馬でもあるんですよ。

今井　精神コントロールが難しくて一回に出すエネルギー量の多い血統は、負荷が掛かって反動も出やすいよ。

亀谷　ダンチヒのクロスがある血統は特に出やすいですよ。メイケイエールもシルクロードSを勝った反動で高松宮記念を2番人気5着に凡走して、セントウルSをレコード勝ち後のスプリンターズSでも1番人気で惨敗しました。特に叩き2走目で反動が出やすいですね。

メイケイエールの戦績

日付	レース名	コース	人気	着順	ゲート	位置取り
2022/12/11	香港スプリント(G1)	香港芝1200良	2	5	13番	
2022/10/2	スプリンターズS(G1)	中山芝1200良	1	14	7枠13番	4-4
2022/9/11	セントウルS(G2)	中京芝1200良	1	1	4枠5番	5-5
2022/5/14	京王杯SC(G2)	東京芝1400良	1	1	8枠12番	6-5
2022/3/27	高松宮記念(G1)	中京芝1200重	2	5	8枠17番	7-8
2022/1/30	シルクロードS(G3)	中京芝1200良	2	1	2枠3番	4-3
2021/10/3	スプリンターズS(G1)	中山芝1200良	7	4	3枠6番	7-7
2021/8/29	キーンランドC(G3)	札幌芝1200良	1	7	3枠5番	1-1
2021/4/11	桜花賞(G1)	阪神芝1600良	3	18	4枠8番	3-1
2021/3/6	チューリップ賞(G2)	阪神芝1600稍	1	1	1枠1番	4-1
2020/12/13	阪神JF(G1)	阪神芝1600良	3	4	8枠18番	12-8
2020/11/7	ファンタジーS(G3)	阪神芝1400良	1	1	7枠10番	4-4
2020/9/6	小倉2歳S(G3)	小倉芝1200重	2	1	7枠8番	5-4
2020/8/22	2歳新馬	小倉芝1200良	1	1	1枠1番	3-3

今井　2021年のスプリンターズSはキーランドCで7着に凡走した後なんで、遥かに内容も良かったよね。

亀谷　7番人気であわやの4着でしたね。○×で馬券になりやすい種牡馬で、中1週は良くないですし、基本的に叩いて調子を落としていくタイプと考えて良いでしょう。

次にダートですが、牡馬は大型に出るのでダートに回りやすいですけど、ダート馬としてはゴールドアリュールみたいなパワーがイマイチない。そういうった面で牡馬は芝もダートも中途半端なんですよね。牝馬になるとダートは全く走らなくて、単複共に回収率が30%台です。

今井　牝馬は新馬以外、極端に複勝率が落ちてるね。ダートはウィリアムバローズみたいに大体が単調な競馬向きで、逃げ先行や、追い込みが多くなる。短距離とかで芝っぽい軽いレース質になると馬群で我慢するタイプもいるけど、距離が延びるとより単調になるよ。

亀谷　内枠はかなり回収率が低いですよね。

今井　逃げ先行だから、内枠でも揉まれないで激走するパターンが出て回収率を上げるかもだけど、揉まれそうな人気馬なら切るスタンスが正解だよね。ただ位置取りショックは嵌まりやすいから注意だけど。

亀谷　ダートの基本は2～3歳の若い時期、それと母系が米国型。それ以外は逆張りでいくのが正解でしょう。

格言

1. 芝はとにかく短縮！
2. 芝の延長は内枠や淀みない流れで集中させると面白い
3. 牝馬の芝内枠が面白い
4. 反動が出やすく、激走後の人気馬は注意
5. ダートの内枠は危ない

買い条件・消し条件

買い条件 1

阪神、札幌、函館、福島の芝短縮

芝の短縮　競馬場別成績

競馬場	着別度数	勝率	複勝率	単回収	複回収
中山	0-1-1-11/13	0.000	0.154	0	102
阪神	5-2-2-13/22	0.227	0.409	73	80
札幌	3-2-1-4/10	0.300	0.600	299	351
函館	4-1-0-1/6	0.667	0.833	880	216
福島	2-2-1-7/12	0.167	0.417	90	151

短縮を好むが、中でもMのＳ質が必要なタイトでタフな5競馬場の短縮は怖い。

消し条件 1

芝延長の5～8枠

芝延長　枠番別成績

枠番	着別度数	勝率	複勝率	単回収	複回収
1枠	0-4-2-12/18	0.000	0.333	0	229
2枠	1-3-1-16/21	0.048	0.238	25	96
3枠	0-1-3-18/22	0.000	0.182	0	117
4枠	0-1-1-17/19	0.000	0.105	0	179
5枠	0-0-0-13/13	0.000	0.000	0	0
6枠	1-1-0-15/17	0.059	0.118	11	33
7枠	3-2-2-20/27	0.111	0.259	63	56
8枠	1-1-1-15/18	0.056	0.167	17	40

芝の延長は馬群に入れて精神コントロールする内目がベター。外枠はハイペースや少頭数で紛れ込みたい。

モーリス

大系統	ターントゥ系
小系統	ロベルト系

適性遺伝 主張型

スクリーンヒーロー 栗　2004	*グラスワンダー	Silver Hawk	父小系統（父国タイプ）ロベルト系（欧）
		Ameriflora	
	ランニングヒロイン	*サンデーサイレンス	父母父小系統 サンデー系（日）
		ダイナアクトレス	
メジロフランシス 鹿　2001	*カーネギー Carnegie	Sadler's Wells	母父小系統 サドラーズウェルズ系（欧）
		Detroit	
	メジロモントレー	*モガミ	母母父小系統 リファール系（欧）
		メジロクインシー	

Northern Dancer 5·5×4·5、Hail to Reason 5·5（父方）

M3タイプ

M　S(SC)　SL(SC)

要素

S	C	L	鮮度要求率	逆ショッカー
5	4	3	2	97.1（芝）

オプション

短縮	延長	内枠	外枠	巻き返し	広い馬場	特殊馬場	硬い馬場	重馬場
B	B	C	C	B	B	C	B	C

多頭数	少頭数	坂	休み明け	間隔詰め	アップ	ダウン	芝替わり	ダ替わり
B	B	B	B	C	B	B	B	C

テン3Fラップ前走比

テン3F	複勝率	単回収	複回収
0.5秒速い牡馬（芝）	0.354	76.5	81.0
0.5秒速い牝馬（芝）	0.252	109.2	73.2

代表産駒 ジャックドール、ジェラルディーナ、ピクシーナイト、ノースブリッジ、シゲルピンクルビー、ラーグルフ、ルークズネスト、ノッキングポイントなど

2022/08/31 掲載　本質分析①

非主流血統×メジロの牝系

亀谷　モーリスはヨーロッパ系で、デインヒルに近いタイプですね。主流血統が力を発揮出来ないレースで強い。

今井　スクリーンヒーロー産駒はしぶといところもあるんだけど、本質的には強引なパワーで押し切ろうとするタイプが多い。その中でモーリスは母系がメジロで、しぶとさを供給されているよ。基本的に、母系に日本で代々走っている血が入ると、しぶとさ(MのC要素)が付加されやすいんだけど、その中でもメジロともなると更にクセが強くなる(笑)。それでも底流にある強引さは拭えないけど。

亀谷　本流と違うので、ここ2年の産駒はクラシックに乗れなかったんですよね。だけど根幹距離も走るのが面白いところで･･･。

今井　その話はかなり盛り上がりそうだから、続きは次回にじっくりしようよ(笑)。

亀谷　馬券でおいしい話がバンバン出てきそうです(笑)。

2022/09/07 掲載　本質分析②

得意・苦手がハッキリしている種牡馬!

亀谷　前回はスタミナと馬力を生かせる非主流の条件で強いという話でした。逆に直線勝負みたいな、キレの必要な条件はいまいちだと。

今井　上がり上位で重賞を勝ったことって、ほとんどないんじゃないの？

亀谷　上がり2位で勝ったのが1回だけですよ。ピクシーナイトのスプリンターズSです。

今井　先行して押し切るレースで、どちらかというと我慢比べのパワーレースだったもんね。ただ、日本の主流レース向きではないけど、根幹距離も走るという話も出たよね。

亀谷　直線の短い2000m以上のレースでは強いですからね。この間の札幌記念のジャックドールとか。ああいうタフなレースになると根幹距離も走りますよね。あと、中京で行われたシンザン記念は2年連続でモーリス産駒が好走しましたが、ともに主流血統が走りにくい馬場でした。

今井　闘う意欲は強いんだけど、そのぶん道中で緩急のある流れに対応するのが苦手なんだよね。だから、直線の長い条件だと我慢しにくい。

本質的に精神力(MのS、C)とスピードで走るタイプで、揉まれ弱いわけでもないんで、マイル以下、特に1400m以下ならペースが速いぶん、「道中我慢して馬群を割って勝つ」みたいなしぶとい競馬も向く。

ただし、緩急が出てくる1800m以上になると、行くか、捲るか、追い込むかの、ブレーキを掛けない一本調子な競馬が中心になる。この現象は、似たタイプのロードカナロアにも言えるんだけど。

亀谷　ジャックドールやノースブリッジとか、中長距離は徹底先行型が多いですよね。サドラーズウェルズやロベルトの影響が強いので、どうしてもパワー競馬になるので。

今井　先行馬以外ではジェラルディーナなんかがいるけど、最速上がりで重賞を連対した鳴尾記念は10頭立ての外枠9番で、しかも4ハロン目からラストまで一貫して速い流れでの追い込みだったから、全くブレーキを掛ける必要はなかった。

続く小倉記念は1番人気に支持されたけど、16頭立ての4番枠で中団馬群から器用に競馬しようとしたぶん、連を外したんだよ。内枠の多頭数小回り替わりなら、一端後ろまで下げて一気に外を捲れば良かったんだけどね。あるいは行っちゃうか。

前走でスムーズに競馬をして好走した後に、ブレーキを掛けるような器用な競馬を選択すると、こういうタイプは嫌がる。馬場が荒れたりしてて、ばらける特殊な展開なら、対応もしやすくて中団でも良かったろうけど。

1600m以下だとピクシーナイトのスプリンターズSとか、ソリタリオのシンザン記念とか、特に淀みなく流れれば、内からしっかり馬群を割って来られるんだけどね。

亀谷　そういう気持ちの強いタイプのパワー型は、やっぱり短縮向きですよね。芝の好走率は延長より短縮が圧倒してますし。複勝回収率は延長が63%で、短縮は104%と倍近い開きがあります。延長は人気にならないぶん、穴の一発があるから、単勝回収率は高いけど、安定感はないですね。

今井　延長で激走して勝ったレースを調べれば分かるけど、ほとんどが前走より前に行く形だったよ。つまり、延長のペースダウンで前走より楽に前に行けて、そのままブレーキを掛けずに押し切る形だよね。このパターンを除けば、延長の特に中長距離はかなり厳しい数字になるんじゃないか。

モーリス産駒　芝の延長と短縮
逃げた馬と逃げなかった馬の差

延長	勝率	複勝率	単回収	複回収
逃げた馬(3角1番手)	0.267	0.467	540	175
3角2番手以下	0.081	0.221	57	49

短縮	勝率	複勝率	単回収	複回収
逃げた馬(3角1番手)	0.250	0.500	87	98
3角2番手以下	0.116	0.315	82	106

亀谷　距離変更で思い出しましたが、そういえば双馬さんがモーリスの短縮の話をしていましたよ。

今井　以前、雑誌で対談したことがあったよね。亀谷君と三人で。

亀谷　あれはもう4～5年くらい前の話ですよね。今井さんの理論を知って競馬で開眼したという彼ですよ。

今井　亀谷君とはまた違って穏やかな人だったね(笑)。「馬は今回、走る条件を分かっていない」という解説で、競馬の本質が見えて、独自に理論を確立したみたいな話だったよね。直感力があって実行力も伴う人はみんな、本質を掴むとどんどん展開していけるから凄いよ。

亀谷　それでやっぱり双馬さんも短縮に着目して、モーリスの短縮がどうかを調べてたら、面白いことに気付いたみたいですよ。
今井　どんなのだろう？
亀谷　ノーザンファームの短縮が良くないってことでした。芝の短縮は全体で単勝回収率80%、複勝回収率103%ですが、ノーザンファーム限定だと単勝回収率68%、複勝回収率73%ですね。
今井　本当だ。ノーザンファームが全体の半分以上だから、これを除くと短縮の回収率は凄いことになっちゃうね。
亀谷　東京の短縮はまずまず良いのですが、ノーザンファームは末を伸ばす育成をするので、いまいち合わないんですよね。
今井　キンシャサノキセキの時にもノーザンファームの話があったね。

2022/09/14 掲載　本質分析③

短縮そのものは好きだが、前走より追走が速くなるのはプラスではない

亀谷　前回は、双馬さんが見つけた「ノーザンファームの短縮は合わない」という話でした。末を伸ばす育成なので短縮だと忙しくなりますから、前半に無理をさせない方が良いわけです。
今井　延長と短縮のデータも載せたよね。
亀谷　延長は逃げた馬以外、かなり回収率が低いやつですね。短縮は逃げも、それ以外も平均して高かったですけど。延長だと、余計にキレを活かす競馬が合わなくなるという話でしたよね。
今井　見方を変えると、短縮の逃げ・先行馬の回収率が、通常と比べて上がらないとも言えるよ。複勝で見ると、モーリス全体では回収率81%だけど、3角1番手は148%、2番手119%、3番手105%と、前に行くほど高くなる。これが短縮だと、全体が103%で、1番手が98%、2番手100%、3番手96%なんだ。
亀谷　前だろうが後ろだろうが、短縮は回収率が変わらないわけで

すね。

今井　短縮そのものが好きだから、平均すると上がっているけど。

亀谷　前に行った方が回収率は高くなるのが普通ですもんね。

今井　ということは、育成の問題に加えて、本質的に前半で前走よりあまり無理しすぎるような競馬はプラスでもない、と言えるわけだよ。

亀谷　モーリスが追走ペース自体は緩い方が良いというのもありますよ。ダンチヒ、デインヒルに近い形ですね。デインヒル系産駒も加速力は高いですが、高速追走は苦手な馬が多いですから。

今井　まとまった体力、パワー型だね。それに母系からしぶとさも加わるけど。その辺は以前話したロードカナロアにも似てるよ。

亀谷　ロードカナロアといえば先週、セントウルSで人気薄のファストフォースが激走して当ててましたね(笑)。確かに今井さんが話していたGⅢからGⅡの「相手強化」でした。北九州記念のボンボヤージもOP特別からGⅢでしたし、本当に相手強化は嵌まりますね。

今井　あれは亀谷君の「高速馬場で変わり身を待ち受ける作戦」じゃないの(笑)。

亀谷　得意舞台になれば2桁着順からでも巻き返すというやつですね。この対談を熱心に読まれている方は獲った方も多かったかもしれませんね(笑)。

今井　そんなふうに格言を活用してもらえると嬉しいね。で、ロードカナロアもモーリスも、特に1800mを超えると、先行とかの一本調子な競馬向きになるわけだよ。

亀谷　スタミナ馬力型は近走で先行しているような「前向きな経験」が必要ですよね。例えば、ピクシーナイトも1200m路線の前は逃げていましたし。

今井　それは面白いね。「前向きな経験」に近いものをMでは「活性化」と呼んでるんだ。ただその話は長くなるから、また別の機会にしよう。

亀谷　「前走までの記憶」の話ですね。前走の記憶というと、モーリス×母父ディープインパクトの短縮は凄いですよ。単複共に回収率が100%を超えて、複勝率は5割近いです。ディープの気の強さが上手く作用してますね。ただ母系に関わらず気は強いので、ピクシーナイトもマイル路線を使ったのが正解でした。これが最初から1200mだと、気が勝ちすぎて我慢出来ていたかどうか。

モーリス産駒 芝の短縮成績

血統	勝率	複勝率	単回収	複回収
全体	0.122	0.321	81	103
母父ディープインパクト	0.260	0.520	127	102

今井　「初期の記憶」は重要だよね。
亀谷　それと叩き良化型もポイントです。叩き4戦目以降から単勝回収率が100%を超える、かなりの叩き良化型ですよ。

モーリス産駒 芝の叩き回数別成績

臨戦過程	勝率	複勝率	単回収	複回収
叩き2戦目	0.088	0.244	48	59
叩き3戦目	0.086	0.305	38	70
叩き4戦目	0.214	0.357	100	82
叩き5戦目	0.188	0.313	106	52
中2週	0.055	0.193	37	55

今井　使いながら集中力と筋力を増強していくタイプだね。だから余計に心身に負荷を掛ける前向きな経験は大切だ。ただ中長期疲労には強いけど、反動も出やすいんだよ。
亀谷　あっ、本当だ。叩き2戦目の回収率、酷いですね〜。
今井　間隔詰めるのも良くない。全力で走る分、心身が硬くなりやすくて、短期疲労に弱いんだ。距離変更、休み明け、相手強化とかで激走した直後は、反動の可能性も頭に入れないと。
亀谷　続いてダートですが、本質的に芝向きなんで、スピード不足でダートに矛先を変えてきた馬は妙味ないですよ。特に1800m以上は母系が米国型以外は嫌う方が正解かと。
今井　走るとすれば、芝質なレースでスムーズな方が良いね。それと芝以上に「鮮度要求率」も高くなる。ハセドンが青竜Sを勝った時は稍重の短縮で昇級戦だった。つまり、軽い馬場や芝スタートみたいな芝質なレースで、短縮や昇級戦とかの鮮度が高いときが面白い。それで外差しとかだとベストだよ。

亀谷　カフジオクタゴンのレパードSも、短縮の昇級戦で鮮度が高くて、外差し競馬でしたね。

今井　芝血統だからダートは短縮が嵌まりやすいよね。延長や同距離に対して、単勝は倍近くも高いよ。鮮度自体を好むから、延長も穴が走るんで、一番複勝回収率の低いのは同距離(49%)になる。同一条件で人気になると、ハセドンのユニコーンSみたいに怪しさもあるよ。

亀谷　あのときは最内枠でしたしね。ダートはクセがハッキリしてるので、馬券で活用するには面白いですよね。良馬場より道悪の方が好走率高いですし、狙い所がはっきりしてますから。

格言

1. 直線の短い非主流条件で強い
2. 1800mを超えると極端な競馬が出来そうなときに買い
3. 延長は前走より前に行く競馬が怖い
4. 短縮はノーザンファーム以外の生産馬が特注
5. 母父ディープインパクトはノーザンファームでも短縮が走りやすい。
6. 叩き良化型だが、2走ボケなどの反動は出やすい
7. ダートは「短縮」「鮮度」「道悪」がポイント!!

2023/03/01 掲載　　的中例①

格言に該当したラーグルフが中山記念で8番人気2着!!

亀谷　今回は大阪杯以降の中距離戦線を見据えて、先週の実践例を話していきましょう。中山記念はヒシイグアス本命で馬単万馬券を当ててましたね。お見事でした。

今井　先行馬が多くてタイトな流れになる読みで、心身構造が確かなハーツクライという点と、宝塚記念が急流だったぶん短縮に対応しやすい点を評価しての本命だったよ。休み明けで調教からもフレッシュさを感じたし。それと断然人気のソーヴァリアントが少し怪しかった。

亀谷　そうなんですよね〜。レース前にも言ったんですが、短縮の1800mで中山だと戸惑うかなと思いました

今井　オルフェーヴルの回で話したけど、慣れてない上に前走より忙しい流れを追走する形のオルフェーヴルは微妙だよね。だけど対抗にしちゃった。

亀谷　あ、同じです(笑)。微妙に怪しいけど切れないみたいな。この条件自体は本来向くはずですしね。問題は初の短縮1800mというステップでした。

今井　それと前走好時計勝ちの反動が出てて、当日のパドックも良くなかったよ。

亀谷　馬券的にはシュネルマイスターとドーブネを狙ったのですが、外差しの流れになった結果なので。場合によってはこの2頭で決まったでしょうから、判断に悔いはないです。悔いが残るのはソーヴァリアントを対抗にしたことです。この凡走は何度やってもありえるパターンでした。

今井　そこなんだよね。引っかかりながらも置きにいった予想で、甘えがあったかな。当たり外れより、過程が重要だよね。実際、ペースが緩めばシュネルマイスターとドーブネだった可能性もあるし。ドーブネは揉まれるのが嫌で評価しなかったけど、どうしてピック

2023年2月26日 中山11R
中山記念(GⅡ) 芝1800m良 14頭立て

着	馬名	父	母父	前走	人気
1	7 ⑪ ヒシイグアス	ハーツクライ	Bernstein	阪神芝2200・2着	5
2	8 ⑬ ラーグルフ	モーリス	ファルブラヴ	中山芝2000・1着	8
3	3 ④ ドーブネ	ディープインパクト	Footstepsinthesand	東京芝2000・2着	7
9	4 ⑥ ソーヴァリアント	オルフェーヴル	シンボリクリスエス	阪神芝2000・1着	1

単勝920円 複勝290円 430円 430円 枠連1,810円 馬連5,340円
ワイド1,520円 2,000円 2,280円 馬単10,280円 三連複20,170円 三連単129,610円

競馬放送局で公開した今井雅宏の準推奨レース

中山11R
11番ヒシイグアス 6点 休み明け悪くなく。外枠どうかもペース上がって縦長で好位の外々回らなければ集中させやすく。
6番ソーヴァリアント 5.5点 間隔開けて疲れ取れ。好位で集中させればベター。
あとは12番、5番、13番、1番、3番

アップしたの？
亀谷 本質的に非根幹距離系のディープインパクトなので合うと読みました。短距離向きに馬を作ってれば、それこそ裏の阪急杯でも走ったと思いますし。それとディープインパクトの鮮度ですね。
今井 3走前が2勝クラスで鮮度は高いよね。
亀谷 ラーグルフをピックアップしたのは何故ですか？
今井 短縮とかで前走よりタイトになると、外枠からブレーキを掛けない競馬が合うんだよね。エリザベス女王杯のジェラルディーナみたいな。
亀谷 格言の『1800mを超えると極端な競馬が出来そうなときに買い』ですね。『直線の短い非主流条件で強い』も当てはまりました。
今井 中山金杯は内枠でも本命にしたけど、あれは同距離で前2走がタイトだったから内枠でも流れに乗りやすかったんだ。モーリスは不器用だけど馬群自体は大丈夫なしぶとさ(C系)があるんで、追

走が楽に感じれば内枠も向く。

それとモーリスは叩かれながら集中していくから。もし他の種牡馬なら、金杯で馬群を割って勝ったあとの短縮は危なかったよ。

亀谷 適性ではなくて、内枠から外枠だと戸惑うとかの精神リズムですね。前走からのリズムが競馬では凄く影響する。スタニングローズも、今回が内枠なら馬券圏内もありえましたね？

今井 実際、僕も内枠なら本命にしてたかも。短縮の外枠で、キングカメハメハの器用さやまじめさといった武器が発揮しにくい面が出ちゃった。

亀谷 次走は内目の枠なら、集中力が増すので面白いですよね。キャリアを重ねたモーリスの話で思い出しましたが、フェブラリーSはロードカナロア産駒のレッドルゼルを本命にしました。それまでの2年は本命にしませんでしたが。

今井 なるほど、確かに前2年は一押しを欠いたね。

亀谷 あれがロードカナロアのキャリアと心身リズムですよね。パンサラッサもサウジカップを勝ちましたし、キャリアを重ねて強くなる。

今井 だよね～、僕は押さえにして外しちゃったけど。モーリスと似た成長曲線、生命リズムを持ってるね。

買い条件・消し条件

芝1200～1500mの短縮 1～4枠

買い条件 1

芝1200～1500mの短縮 枠番別成績

枠番	着別度数	勝率	複勝率	単回収	複回収
1枠	4-6-1-14/25	0.160	0.440	151	130
2枠	1-1-0-18/20	0.050	0.100	71	33
3枠	2-2-2-13/19	0.105	0.316	128	135
4枠	4-2-1-15/22	0.182	0.318	85	114
5枠	1-1-0-15/17	0.059	0.118	35	22
6枠	0-3-3-19/25	0.000	0.240	0	76
7枠	5-3-1-22/31	0.161	0.290	164	68
8枠	1-1-5-23/30	0.033	0.233	18	39

短距離でタイトな競馬になると馬群に入っても集中出来るので、短縮の内枠は苦にしない。牝馬だとその傾向は顕著。

芝の牝馬 叩き4戦目以降

買い条件 2

牝馬の芝レース 叩き回数別成績

臨戦過程	着別度数	勝率	複勝率	単回収	複回収
中2ヶ月以上	18-19-20-231/288	0.063	0.198	72	91
叩き2戦目	16-10-15-128/169	0.095	0.243	73	65
叩き3戦目	7-5-2-71/85	0.082	0.165	40	46
叩き4戦目	8-2-3-31/44	0.182	0.295	241	93
叩き5戦目	2-1-1-16/20	0.100	0.200	119	78
叩き6戦目以降	5-3-0-25/33	0.152	0.242	199	76

特に牝馬は叩き上昇傾向がより強くなって、4戦目以降は単勝回収率100%を安定して超える。牡馬は休み明けが案外狙い目。

リアルインパクト

大系統	サンデー系
小系統	ディープ系

適性遺伝	主張型

ディープインパクト 鹿 2002	*サンデーサイレンス Sunday Silence	Halo	父小系統（父国タイプ） ディープ系（日）
		Wishing Well	
	*ウインドインハーヘア Wind in Her Hair	Alzao	父母父小系統 リファール系（欧）
		Burghclere	
*トキオリアリティー 栗 1994	Meadowlake	Hold Your Peace	母父小系統 セントサイモン系（米）
		Suspicious Native	
	What a Reality	In Reality	母母父小系統 マッチェム系（米）
		What Will Be	

Nothirdchance 5×5

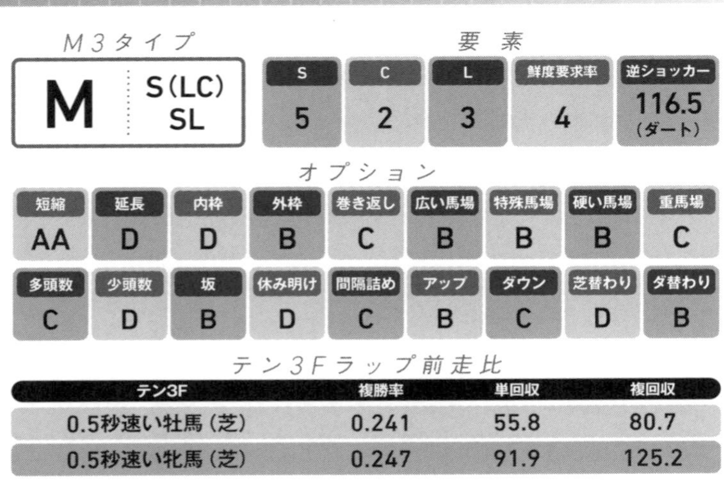

M3タイプ

M	S(LC) SL

要素

S	C	L	鮮度要求率	逆ショッカー
5	2	3	4	116.5（ダート）

オプション

短縮	延長	内枠	外枠	巻き返し	広い馬場	特殊馬場	硬い馬場	重馬場
AA	D	D	B	C	B	B	B	C

多頭数	少頭数	坂	休み明け	間隔詰め	アップ	ダウン	芝替わり	ダ替わり
C	D	B	D	C	B	C	D	B

テン3Fラップ前走比

テン3F	複勝率	単回収	複回収
0.5秒速い牡馬（芝）	0.241	55.8	80.7
0.5秒速い牝馬（芝）	0.247	91.9	125.2

代表産駒 ラウダシオン、モズメイメイ、エイシンチラー、クリーンエア、エンプティチェア、アルムブラスト、テイエムチュラテン、イプシランテなど

2023/05/31 掲載　本質分析①

狙いは短縮、特に牝馬には要注意!

亀谷　リアルインパクトの代表産駒はNHKマイルCを勝ったラウダシオン、先日の葵Sを勝ったモズメイメイですが、産駒の勝ち星の半分はダート。米国型の母系が出たパワー型も多いです。

今井　S質、つまり気持ちが強くて少しコントロールがしにくいんだよね。だから基本は短縮向きになるよ。

亀谷　延長と短縮だと好走率も期待値も相当な差がつきますね。回収率も延長の複勝回収率が38%で短縮が111%ですから、3倍近いです。

今井　延長は若いうちとか、フレッシュな時ぐらいだよね。次第に使われて鮮度を失うと道中で我慢するのが難しくなってくる。前に行く位置取りショックか、稀に追い込みや捲る形。延長だと道中なかなか我慢出来ないんで、極端な競馬で気持ちを持続させてのハマり待ちになりやすいんだ。

亀谷　確かに古馬の延長で勝ったのは、まだ4歳春だった京王杯SCのラウダシオンだけです。ラウダシオンが最後に馬券圏内だったのも短縮の阪神Cでした。もともとはリアルインパクト自身もそうで、若い時は延長で走って、古馬のJRAでの2勝は短縮の阪神Cですから、同じパターンでした。

リアルインパクト産駒　芝のローテ別成績（2～3歳）

ローテ	勝率	複勝率	単回収	複回収
延長	0.053	0.130	97	42
短縮	0.067	0.233	87	120

リアルインパクト産駒　芝のローテ別成績（4歳以降）

ローテ	勝率	複勝率	単回収	複回収
延長	0.030	0.091	12	23
短縮	0.031	0.188	11	87

今井　リアルインパクトは最後にオーストラリアで活躍したように、

JRAで特に延長みたいなレース質になると道中我慢する感じはなくなってたよね。

亀谷　リアルインパクトの母系が米国型なので、産駒は芝だとフレッシュで柔らかいうちが良い。だから若駒の方が良いですよね。若いうちは柔らかいので広いコースで走るケースも案外多いですよ。ラウダシオンも東京で走りましたし。

今井　短縮好きなんだけど、物理的な適性は平均～速めなんだよね。だから一番合うのは1400mだし、我慢出来るうちは広いコースの方が競馬の流れに入りやすいのもあるよ。

亀谷　それと母系が欧州型の牡馬だと、スピードも落ちてボンヤリした感じになりますよね。だからあんまり短縮も向かなくなる。ラウダシオンみたいに母系が米国型の方がスピードを強化できるし、高速芝適性も上がります。スピードを活かすなら牝馬の方ですよね。

今井　もともと牡馬より牝馬の方が短縮傾向は強いんだよね。牡馬だと肉体面で平均ペース向きになりやすいのと、牝馬ほど道中の精神コントロールが難しいわけでもないんで。

亀谷　牝馬だと延長の複勝回収率27%で短縮が152%ですから、圧倒的な差が出てます。特に1200m以下の短縮になると牝馬がよく走ってますね。

リアルインパクト産駒の牝馬　芝のローテ別成績

ローテ	勝率	複勝率	単回収	複回収
延長	0.014	0.122	3	27
短縮	0.070	0.246	62	152

続いてダートですが、芝と違ってダートは使われながらよくなる傾向がありますよ。ダートを走らせるなら母系のパワーを活かすタイプですから、キャリアを重ねてパワーと持久力を強化した方が良い。休み明け5戦目以降の複勝回収率が100%を超えてますし、結構狙い目になってます。

今井　それとダートの短縮は、芝以上に激走しやすくて買いなんだよね。

亀谷　単複ともに余裕で100%を超えてますね。

今井　スタミナが弱めな種牡馬に加えて、ダート仕様の体力タイプでもないんで、短縮好きが芝以上に加速するんだ。精神面に加えて、肉体面でもより短縮が向いてくるわけだよね。ダート全体では1800mまでどの距離もあんまり数字は変わらないけど、上級条件までいくと1400m以下の方が走りやすくなるのも体力的な問題だから。

亀谷　データ的にも2勝クラス以上くらいから、1700m以下での活躍が圧倒的に増えてますね。それとダートは母父が米国型だと短縮適性が上がりますよ。もともと短縮で走るので、これはかなりの狙い目になってきますね。

今井　ただ延長の数字も、芝ほど悪くはないんだよね。体力面では短縮が有利だけど、ダートだとペースが延長でも平均して速く流れやすいし砂も被るから、精神面ではある程度道中で抑えが利きやすくなる。S質が強くてショック自体を好む側面もあるし。

亀谷　同距離よりも延長の方が回収率は高いですね。

今井　前に行く位置取りショックなんかは、前走より気持ちよく走れてハマりやすいから注意だよ。

格言

1. 短縮向きで、特に牝馬は破壊的
2. 牡馬は母父米国型の短縮が◎
3. ダートは叩き5戦目以降に要注意

買い条件・消し条件

ダート1400～1700mの短縮

買い条件 1

ダート短縮 距離別成績

距離	着別度数	勝率	複勝率	単回収	複回収
1000m	1-1-3-10/15	0.067	0.333	18	182
1150m	0-0-0-15/15	0.000	0.000	0	0
1200m	3-4-2-46/55	0.055	0.164	177	59
1200m（中山と新潟）	1-1-1-34/37	0.027	0.081	25	24
1300m	0-2-0-4/6	0.000	0.333	0	215
1400m	2-2-1-21/26	0.077	0.192	410	222
1600m	1-1-2-13/17	0.059	0.235	25	150
1700m	4-1-4-25/34	0.118	0.265	126	97
1800m	1-0-2-9/12	0.083	0.250	31	49

ダートの短縮は安定感がある。ただ1200m以下で芝スタートのコースだと若干忙しい。

ダート　叩き5戦目以降

買い条件 2

ダート　叩き回数別成績

臨戦過程	着別度数	勝率	複勝率	単回収	複回収
中2ヶ月以上	8-11-11-135/165	0.048	0.182	40	56
叩き2戦目	6-3-12-91/112	0.054	0.188	62	86
叩き3戦目	4-7-7-64/82	0.049	0.220	54	63
叩き4戦目	6-2-6-35/49	0.122	0.286	67	65
叩き5戦目	7-2-3-23/35	0.200	0.343	126	107
叩き6戦目以降	6-4-1-36/47	0.128	0.234	73	90

ダートは使われながらよくなる傾向があり、叩き5戦目以降は複勝回収率が高い。

消し条件 1

牝馬の芝延長

牝馬の芝 ローテ別成績

ローテ	着別度数	勝率	複勝率	単回収	複回収
同距離	15-12-10-112/149	0.101	0.248	75	64
延長	1-5-3-66/75	0.013	0.120	3	27
短縮	5-4-6-46/61	0.082	0.246	72	145

牝馬はなかなか延長は勝ちきれない。1勝は3歳限定で逃げの位置取りショックを掛けたレース。牡馬も古馬だと延長は苦手。

消し条件 2

4歳以上牡馬の芝延長

牡馬の芝延長 年齢別成績

年齢	着別度数	勝率	複勝率	単回収	複回収
2歳	3-1-2-25/31	0.097	0.194	24	22
3歳	4-2-1-42/49	0.082	0.143	316	82
4歳	1-0-0-9/10	0.100	0.100	41	18
5歳	0-0-0-11/11	0.000	0.000	0	0
6歳	0-0-0-1/1	0.000	0.000	0	0

使われて鮮度を失うと道中で我慢するのが難しくなるため、延長の成績が悪化する。

リアルスティール

大系統 サンデー系

小系統 ディープ系

適性遺伝 主張型

ディープインパクト 鹿　2002	*サンデーサイレンス Sunday Silence	Halo	父小系統（父国タイプ） ディープ系（日）
		Wishing Well	
	*ウインドインハーヘア Wind in Her Hair	Alzao	父母父小系統 リファール系（欧）
		Burghclere	
*ラヴズオンリーミー Loves Only Me 鹿　2006	Storm Cat	Storm Bird	母父小系統 ストームバード系（米）
		Terlingua	
	Monevassia	Mr. Prospector	母母父小系統 ミスプロ系（米）
		Miesque	

Northern Dancer 5×4·5

M3タイプ

S	SL（LC） LS

要素

S	C	L	鮮度要求率	逆ショッカー
5	1	5	3	160.6 （ダート）

オプション

短縮	延長	内枠	外枠	巻き返し	広い馬場	特殊馬場	硬い馬場	重馬場
C	B	C	B	C	B	B	C	B

多頭数	少頭数	坂	休み明け	間隔詰め	アップ	ダウン	芝替わり	ダ替わり
C	A	B	C	C	D	B	D	B

テン3Fラップ前走比

テン3F	複勝率	単回収	複回収
0.5秒速い牡馬（芝）	0.420	64.6	110.8
0.5秒速い牝馬（芝）	0.244	66.0	53.8

代表産駒 レーベンスティール、オールパルフェ、トーホウガレオン、ドナベティ、ヨリマル、アンリーロード、アグラシアド、フェイトなど

2023/06/21 掲載　本質分析①

体力と闘争心は強いが
ブレーキを掛ける競馬が滅法苦手

今井　リアルスティールは結構特徴のある種牡馬で、馬券的にも重宝するよ。

亀谷　何か面白い馬券作戦を見つけたみたいですね。

今井　とにかく強引なパワータイプで、体力と闘争心は強いけど、ブレーキを掛ける競馬が滅法苦手なんだ。馬群でスムーズさを欠くと、一気に戦意を喪失しちゃう。

亀谷　なるほど、芝の内枠は勝率が相当低いですね。4枠以降になるとグングン上がっていきますよ。確かにこれは簡単な種牡馬だ(笑)。

リアルスティール産駒　芝・ダート総合枠番別成績

枠番	勝率	複勝率	単回収	複回収
1枠	0.071	0.286	18	66
2枠	0.022	0.283	5	72
3枠	0.082	0.306	73	91
4枠	0.120	0.320	47	114
5枠	0.137	0.294	66	115
6枠	0.100	0.325	43	126
7枠	0.092	0.323	281	108
8枠	0.151	0.358	64	77

今井　少頭数はべらぼうに好走率が高いしね。11頭立て以下だと複勝率で5割あって、複勝回収率は128%だよ。

亀谷　少頭数で回収率が高いのは凄いですね。

今井　単勝回収率は多頭数の方が高いけど、数字を上げているのは逃げや外枠の追い込みとかで、揉まれなかったケースがほとんどなんだよね。逆に言うと、パワーはあるから揉まれさえしなければ多頭数の方が消耗戦になりやすいぶん、一発のケースも増えるわけだ。

亀谷　馬体重だと、前回話題に出たビッグアーサーと真逆になりますよ。リアルスティールはパワーに特化した馬が走っています。大型馬と小型馬で比べると、かなり出世率が違いますし。出来れば460キロ以上は欲しくて、現在中央で2勝以上している産駒は7頭いますが、牝馬も含めて全て460キロ以上あります。
今井　体力で押し切る競馬だもんね。さっきの多頭数で回収率を上げているのはほとんどが道悪なんだ。道悪はばらけて揉まれにくくなる上に、パワーも活かせるんで、穴が走りやすい。ただ走りそのものは芝質だから、滑るような馬場だとよくなくて、ドボドボになると凄い向く。
　こういった強引で心身の硬いパワータイプのS系は、重い馬場か、あるいは逆に高速馬場か、極端なレース質で強いのが特徴でもあるしね。
亀谷　確かに不良馬場は強烈ですね。今年の大寒桜賞は不良になって、リアルスティールのワンツーで馬単68倍つけました。しかも少頭数で2頭とも5枠以降ですから、さっきの激走パターンが全て詰まってましたね。

2023年3月26日　中京9R
大寒桜賞（1勝C）　芝2200m不良 8頭立て

着	馬名	父	母父	前走	人気
1	5 ⑤ ヨリマル	リアルスティール	ダンシングブレーヴ	中山芝2000・9着	2
2	7 ⑦ シルバーティムール	リアルスティール	キングカメハメハ	東京芝2000・9着	7
3	8 ⑧ アイザックバローズ	ドゥラメンテ	Curlin	中京芝2000・1着	1

単勝380円　複勝150円 390円 130円　馬連3,620円
ワイド1,030円 230円 910円　馬単6,870円　三連複3,070円　三連単21,660円

今井　中京の2000m以上はかなり向いてくるタイプなんだよね。長めの距離の中京は前半緩く入ってもコーナーでラップが落ちにくいんで、得意の消耗戦になりやすい。タイトにコーナーを回る割に内外に馬が振られてばらけやすいのも、揉まれるリスクが減るんで向くよ。

それとやっぱりスムーズに加速出来る延長向きで、短縮は揉まれるとアウトだよね。

亀谷　これはまたはっきりしてますね。芝の短縮は複勝回収率が34%しかなく、延長と比べると約半分ですよ。

今井　特に1600m以下への短縮だとまだ1勝で、とにかくスムーズさを欠くと駄目だよね。脚質も、距離変更に関わらず先行して押し切るか、外から一気に捲るか、追い込むか、メリハリつけて乗らないと嫌がる。

好位馬群で中途半端に乗って凡走した後は狙い目で、前走よりペースが緩んで前に行ったり、逆にペースアップして追い込んだりとかの思い切った位置取りショックを掛けると、気持ちが一気に解放されて穴が出るよ。

亀谷　血統的には晩成型なので、秋に向けて穴がいろいろと楽しめそうですね。

今井　中京はどの距離でも穴が期待できるし、京都、阪神とかの中央場所なら非根幹距離や少頭数、道悪で楽しみが増すよね。中でも2200mは特に嵌まりやすい。あと新潟で「内回りなんだけどばらけて揉まれない競馬」になったときも、ハマって今後穴を出すんじゃないかな。

亀谷　ただ、これから本格化するリアルスティール産駒は、コンパクトで内枠から抜け出す馬も出てくるとは思っています。今のところは、大型のパワータイプしか走らせることができていない、ともいえます。何にせよ、今後も大型のパワータイプは不器用な馬が多いので、今回のパターンにハマる馬は多いでしょうね。

次にダートですが、これも芝と基本的に同じですね。5枠以降は全て複勝回収率100%を超えてます。

今井　本質的に走りの質が芝だから、ダートだと余計に揉まれ弱くなるんだよね。

亀谷　4枠以内は勝率が急激に落ちて単勝回収率は14%しかないですよ。

今井　ただ単勝回収率は、1頭でもとんでもない人気薄が走ると急に上がっちゃうからアテにはならないけど(笑)。

亀谷　だから回収率も人気別に見るのが一番なんですよね。人気で揉まれそうなら切る。短縮の内枠なんかは今後も危ないこと間違いないですし。

今井　さっきの芝の多頭数の話と全く同じだよね。ダートの内枠も、前走よりペースが落ちて楽に先行したり、逆に出遅れて後方まで下がって外から追い込むとか、前走よりスムーズだった馬が激走して回収率を上げるケースは出てくるわけで。

亀谷　そう言うのは既に「内枠」の定義ではないですよね(笑)。揉まれると危ないのは何ら変わらないですから。なので、パターンを定義する場合にも、回収率ではなく、レースを見て納得できる性質を見抜くことが大事ですよね。

2023/06/28掲載　本質分析②

ダートでは複穴が多い種牡馬

亀谷　前回は、ダートは揉まれ弱さが出て、外枠が狙い目という話でした。本質は芝なので、ダートなら軽いダートが向きます。良馬場以外のダートは複勝率が4割近くあって、複勝回収率は優に100%を超えてます。もともとダートは良馬場でも複勝回収率が高いんですが。

リアルスティール産駒　ダート馬場別成績

馬場状態	勝率	複勝率	単回収	複回収
良	0.118	0.294	61	127
稍重	0.033	0.367	8	117
重	0.050	0.250	14	54
不良	0.000	0.600	0	188

今井　ダート馬らしいダッシュ力はないんで、軽すぎると2～3着も多くなりやすいけど。

亀谷　体力はあるので、スタミナが問われるようなレースだとしぶとく走って2～3着になりやすい。複穴の多い種牡馬ですね。短距離の重い馬場とかで。

今井　ダートだと芝より短縮で走るのも同じ理由になるよね。

亀谷　これはルーラーシップで話題に出た考え方ですよね。ダートでは消耗戦になってスタミナを問われる競馬だと、体力で押しきりやすいわけですね。

今井　特に短縮で揉まれないとかなり怖い。

亀谷　短縮ダートの外枠は凄い回収率ですからね。揉まれそうにないときの消耗戦はとにかく買いですね。

格言

1. とにかく前走よりスムーズなときが買い！（外枠、延長、重、少頭数など）
2. 460キロ以上の大型馬を追いかけろ！
3. 馬群がばらけるときの中京は◎
4. ダートは「複穴」種牡馬
5. 短縮ダートはとにかく外枠が◎

2023/08/16掲載　的中例①

「牝馬の短縮」は万馬券が今後も飛び出すはず!!

今井　前回、牡牝の違いを取り上げたけど、週末もちょうど良いレースがあったよ。土曜新潟3R（ダート1200m）で馬単231倍を◎▲で当てたんだけど、リアルスティール牝馬を本命にしたんだ。

亀谷　チュウワスプリングで単勝13倍ついてますね。1600mからの短縮でした。

今井　リアルスティールの回で、ダートだと短縮が得意っていう解説をしたと思うけど、特に牝馬は凄いんだよ。

亀谷　なるほど凄いデータですね〜。複勝率は50%もありますよ。

今井　牝馬のほうが、柔らかさとしぶとさがあるから揉まれてもある程度対応出来る。だから短縮で得た自慢のスタミナとパワーをそのままぶつけられるんだよね。牡馬もまずまずダートの短縮は走るけど、特に「牝馬の短縮」は万馬券が今後も飛び出す筈だから覚えておくと良いよ(笑)。あんまり激しく揉まれると厳しくなるけど。

2023年8月12日　新潟3R
3歳未勝利　ダ1200m良 15頭立て

着	馬名	父	母父	前走	人気
1	8 ⑭ チュウワスプリング	リアルスティール	ルーラーシップ	東京ダ1600・8着	4
2	8 ⑮ フジジュンフェイス	ドレフォン	ダンスインザダーク	東京ダ1300・10着	7
3	2 ③ キョウエイジョイ	レッドファルクス	ルールオブロー	新潟ダ1200・5着	3

単勝1,370円　複勝480円 430円 280円　枠連11,100円　馬連10,730円
ワイド1,700円 1,430円 1,820円　馬単23,150円　三連複34,410円　三連単267,030円

競馬放送局で公開した今井雅宏の準推奨レース

新潟3R
14番チュウワスプリング 6点 バウンド短縮。少し増えればベターで。
6番レアジーニアス 5.5点 ストレス薄れ、少し矯める位置取りショックならベター。
あとは15番、8番、13番、4番、3番

買い条件・消し条件

芝1800～2300mの延長

買い条件 1

芝の延長 距離別成績

距離	着別度数	勝率	複勝率	単回収	複回収
1800m	4-2-1-10/17	0.235	0.412	245	106
2000m	4-3-6-19/32	0.125	0.406	74	78
2200m	2-1-1-7/11	0.182	0.364	69	70
2300m	0-0-1-0/1	0.000	1.000	0	190

揉まれずにパワーと体力を活かすと強いので1800m以上の延長、特に1800m～2300mで消耗戦になればよく走る。

ダート短縮の5～8枠

買い条件 2

ダート枠番別成績 全体と短縮時

枠番	着別度数	勝率	複勝率	単回収	複回収	短縮時 複回収
1枠	1-2-2-11/16	0.063	0.313	28	89	70
2枠	2-2-2-15/21	0.095	0.286	40	105	25
3枠	1-5-3-17/26	0.038	0.346	32	99	166
4枠	1-1-2-22/26	0.038	0.154	5	50	20
5枠	4-1-4-17/26	0.154	0.346	66	181	478
6枠	1-6-1-15/23	0.043	0.348	10	99	346
7枠	6-4-7-18/35	0.171	0.486	78	124	164
8枠	4-3-1-12/20	0.200	0.400	123	106	220

芝もダートも揉まれにくい外枠は合うが、特にダート短縮では破壊力が増す。

リオンディーズ

大系統	ミスプロ系
小系統	キングマンボ系

適性遺伝：主張型

キングカメハメハ 鹿 2001	Kingmambo	Mr. Prospector	父小系統（父国タイプ） キングマンボ系（欧）
		Miesque	
	*マンファス Manfath	*ラストタイクーン	父母父小系統 ノーザンダンサー系（欧）
		Pilot Bird	
シーザリオ 青 2002	スペシャルウィーク	*サンデーサイレンス	母父小系統 Tサンデー系（日）
		キャンペンガール	
	*キロフプリミエール Kirov Premiere	Sadler's Wells	母母父小系統 サドラーズウェルズ系（欧）
		Querida	

Northern Dancer 5·5×4、Special 5×5

M3タイプ

M　S（LC）　LC（S）

要素

S	C	L	鮮度要求率	逆ショッカー
5	2	4	4	395.8（ダート）

オプション

短縮	延長	内枠	外枠	巻き返し	広い馬場	特殊馬場	硬い馬場	重馬場
B	D	D	B	B	B	B	B	A

多頭数	少頭数	坂	休み明け	間隔詰め	アップ	ダウン	芝替わり	ダ替わり
C	C	A	A	D	C	B	B	A

テン3Fラップ前走比

テン3F	複勝率	単回収	複回収
0.5秒速い牡馬（芝）	0.273	37.2	61.6
0.5秒速い牝馬（芝）	0.269	37.8	61.2

代表産駒　テーオーロイヤル、インダストリア、アナザーリリック、ジャスティンロック、ストーリア、リプレーザ、タガノディアーナ、サンライズホークなど

根幹距離血統に加えて揉まれ弱いため 直線が長い本格的なコースが合う

亀谷　リオンディーズは母シーザリオでエピファネイアの半弟、主流血統になりますね。シーザリオは主張が強く、根幹距離が良い血統でもあります。直線が長くて、本格的なコースで強い訳ですが、M的にはどういうタイプになりますか？

今井　体力と、Mでは「量」と呼ぶんだけど体力を伴った気の良さがあるよね。そのぶん揉まれ弱い。エピファネイアは父シンボリクリスエスなんで、やっぱり体力と量が豊富なぶん揉まれ弱くて、それと似たタイプだよ。

亀谷　元々が根幹距離系に加えて揉まれ弱いのなら、余計に直線が長い本格的なコースで強い面は出るでしょうね。

今井　揉まれ弱いんだけど、結構前掛かりというか、闘う意欲は強いんだよね。

亀谷　S系の要素が強いわけですよね。

今井　インダストリアなんて不器用で上がり勝負に強くて如何にも東京向きに見えるけど、中山で強かったりとか。気持ちのコントロールが難しい面があるんだよね。そこがルーラーシップと違うところで、ルーラーシップはよく表面的に入れ込んだり掛かって見えるけど、内面の変動は少ない。逆にリオンディーズは落ち着いて走っているように見えても、内面は結構前掛かりなんだ。

亀谷　確かに阪神1600mなんてちょうど向いてくるんですよね。あと直線の長いコースの昇級戦も買いです。

今井　Mの量があると休み明けが向くんだけど、この馬も間隔開けても大丈夫だよね。芝の半年以上の休み明けは22戦で7連対もしているくらいだから(笑)。

亀谷　フレッシュさは重要な種牡馬ですよね。昇級戦でも強いですし、気の強さと相まって休み明けで走るわけですが、そのぶん反動も怖い種牡馬になりますよ。芝の叩き2戦目は複勝回収率で50%

を割ってます。ところで、これはかなり破壊力のあるデータの取り方なんですが、ボクは「休み明け」を中5週に設定しているんですよ。普通は3か月開いていると休み明けになるじゃないですか。そんな設定自体が大きな間違いでして･･･。

今井　面白い話になってきたから、続きは次回にじっくりとしよう(笑)。

2023/05/24 掲載　本質分析②

休み明けを定義し直して見えてくること

今井　休み明けの定義についての話題が途中だったよね。「休み明けの間隔を見直すと面白くなる」という話だけど。

亀谷　休み明けの設定を中5週で分析することが多いんですよ。そうすると、色々な発見がありますよ。

今井　「中5週」にしたのはどうして？

亀谷　中5週ならほぼ外厩に出ますし、優先出走権も切れているので、ほとんどが一息入れているんですよ。

今井　なるほど。僕も普段から中1か月くらい開くと、「ミニ休み明け」みたいな感覚で処理して予想してるよ。それと間隔を3か月以外でいろいろと設定してやったこともあるけど、思ったほどの効果はなかったんだよね。なんか亀谷君は随分と手応えを感じてるみたいなんで、良い作戦があれば追々教えてよ(笑)。

亀谷　はい。AIとの組み合わせも効果的でしたし、おかげで色んな発見がありました(笑)。前回の話で、リオンディーズは間隔が開くとよく走って、その反動も出やすいということでしたよね。これも“中5週を休み明けと考える作戦”を使うと、的中精度も上がり、的中レースも増えますよ。それと前回は、気持ちのコントロールが難しい産駒が多いという話もありましたね。

今井　MのS要素が強くて、揉まれ弱い割に短縮の方が向くんだよね。延長の複勝回収率が55%で短縮が76%だから、結構差がついてるよ。

亀谷　勝率だと倍以上も違いますね。単勝回収率で見ると、同距離に対しても倍近く短縮の方が上回ってますよ。

今井　短縮だと結構非根幹距離が走るんだよね。短縮によって生じる体力差を使って強引に押し切るパワー競馬の形だから、ルーラーシップの小回りと似てるんだ。

　あと、直線競馬は揉まれ弱い上に、亀谷君の言うように直線も長いわけだから、適性も高くなるよ。それで前開催の直線競馬でも短縮だった7番人気のマイヨアポアって馬を相手にピックアップして当てたんだよね。

亀谷　直線競馬だとだいたい短縮になるので、余計に狙えそうですね。

2023年5月7日　新潟10R
駿風S（3勝C）　芝1000m不良 16頭立て

着	馬名	父	母父	前走	人気
1	8⑯ジャスパークローネ	Frosted	Kitten's Joy	中山芝1200・1着	1
2	7⑭ハーモニーマゼラン	ダイワメジャー	Sea The Stars	中山芝1200・3着	2
3	6⑪マイヨアポア	リオンディーズ	ウインクリューガー	中山ダ1200・11着	7

単勝190円　複勝120円 140円 290円　枠連360円　馬連450円
ワイド220円 640円 990円　馬単700円　三連複2,380円　三連単6,780円

2023/05/24掲載　本質分析③

「買って消して」と、二度美味しい種牡馬

亀谷　では次にダートも見ていきましょう。ダートは案外人気になりにくいこともあって、人気薄もよく走って回収率は高いですね。

今井　やっぱり本質的に芝向きだから、軽めのレース質が合う。1000mなんか複勝率で4割近いよ。

亀谷　複勝回収率でも200%近いですね。小回り1000mの下級条件とかだと力で押し切っちゃうんでしょう。あと広い東京のダートも

よく走りますよ。2100mの好走率もかなり高いです。
今井　ダートもやっぱり短縮でよく激走するんだよね。
亀谷　これはまた凄いデータですね。単複共に回収率が余裕で130%を超えてます。延長の複勝回収率が51%ですから、短縮の方が倍近く回収率が上回ってますよ。
今井　やっぱり気持ちのコントロール面と、ルーラーシップと同じで短縮で生じる性能差で押し切っちゃう形も好きなんだよね。短縮なんだけどスムーズに先行出来そうなメンバーとか、外から捲ったり追い込んだりの揉まれない競馬だと、強烈な穴がよく出る。
短縮の「芝からダート」だと複勝回収率で300%近くあるけど、これも芝からのスピードでスムーズに先行して、揉まれず性能差で押し切っちゃうパターンが結構嵌まりやすいんだ。
もちろんこのパターンで激走した後はストレスが出るんで、人気になったら切るわけだよね。前走より揉まれる条件だと余計に危ない。「買って消して」と、二度美味しいよ。

リオンディーズ産駒　ダートのローテ別成績

臨戦過程	勝率	複勝率	単回収	複回収
同距離	0.094	0.298	67	91
延長	0.066	0.181	38	51
短縮	0.079	0.205	147	136
前走芝	0.065	0.159	156	172

亀谷　母父がサンデーサイレンス系ではない(日本型ではない)かどうかも重要になってきますよ。サンデーサイレンスのクロスがあるとダートは走らなくなるので。特に短縮は母父サンデーサイレンス系だと良くないので、非サンデーサイレンス系の短縮だけ買えば、さらに凄いことになっちゃいますね。

リオンディーズ産駒
ダートの短縮時における母父国タイプ別成績

母父国タイプ	勝率	複勝率	単回収	複回収
米国	0.093	0.315	40	130
欧州	0.096	0.229	276	243
日本	0.055	0.121	96	45

今井　それとダートの基本は、体力とスピードの性能差でねじ伏せる競馬なんで、力の限界に来たらバッタリと走らなくなる産駒が多いのも特徴だよ。だから、その馬の絶対能力を見極めるのも重要になってくる。これも単調なタイプの芝系がダートを走る基本パターンで、ルーラーシップと同じ構造になる。ルーラーシップより、ダート適性そのものは少し上だけど。

格言

1. 直線の長いコース、特に昇級戦が○
2. 休み明けからガンガン走るが、反動は怖い
3. 芝もダートも揉まれないときの短縮は強烈!
4. ダートは母父サンデーサイレンスは危険で、特に短縮は×
5. 芝からダートはスムーズな競馬だと◎

買い条件・消し条件

牡馬の芝短縮　稍重〜重

買い条件 1

芝短縮　馬場状態別成績　牡馬限定と全体

馬場状態	着別度数	勝率	複勝率	単回収	複回収	全体 複回収
良	11-9-7-81/108	0.102	0.250	76	62	60
稍重	1-5-4-17/27	0.037	0.370	8	126	100
重	1-1-1-4/7	0.143	0.429	154	118	83
不良	0-0-0-1/1	0.000	0.000	0	0	96

揉まれ弱いが気が強く短縮向き。道悪でばらけてのパワー勝負だとより短縮の好走率がアップする。特に牡馬はその傾向が顕著。

ダート1400m以下の短縮(単勝)

買い条件 2

ダート短縮　距離別成績

距離	着別度数	勝率	複勝率	単回収	複回収
1400m以下	14-8-8-120/150	0.093	0.200	217	83
1600m以上	5-8-10-96/119	0.042	0.193	14	184

ダート短縮は激走が多く回収率も高い。ただ長い距離になると鮮度が高くないと善戦止まりが多く、ヒモ穴が面白い。

ダート替わりの短縮

買い条件 3

ダート　臨戦過程別成績

臨戦過程	着別度数	勝率	複勝率	単回収	複回収
ダ→ダ	56-66-51-518/691	0.081	0.250	57	72
芝→ダ	11-8-11-172/202	0.054	0.149	131	148
芝→ダ&短縮	8-6-5-79/98	0.082	0.194	260	224

ダート→ダートより好走率は下がるが、芝→ダートは回収率が高い。さらに短縮と組み合わせることで精度と破壊力が増す。

リオンディーズ産駒は間隔が開くとよく走るが、その代わり反動が出やすい。2歳時から好走と凡走を繰り返していたオタルエバーも中8週で北陸Sを勝ちオープン入りした。

ルーラーシップ

大系統	ミスプロ系
小系統	キングマンボ系

適性遺伝 **引き出し型**

キングカメハメハ 鹿 2001	Kingmambo	Mr. Prospector
		Miesque
	*マンファス Manfath	*ラストタイクーン
		Pilot Bird
エアグルーヴ 鹿 1993	*トニービン Tony Bin	*カンパラ
		Severn Bridge
	ダイナカール	*ノーザンテースト
		シャダイフェザー

Northern Dancer 5·5×4

系統	
父小系統（父国タイプ）	キングマンボ系（欧）
父母父小系統	ノーザンダンサー系（欧）
母父小系統	グレイソヴリン系（欧）
母母父小系統	ノーザンテースト系（欧）

M3タイプ

L LC(S) L(S)

要素

S	C	L	鮮度要求率	逆ショッカー
4	2	5	3	90.0（芝）

オプション

短縮	延長	内枠	外枠	巻き返し	広い馬場	特殊馬場	硬い馬場	重馬場
C	C	D	B	C	B	B	C	B

多頭数	少頭数	坂	休み明け	間隔詰め	アップ	ダウン	芝替わり	ダ替わり
D	A	C	C	B	C	B	D	B

テン3Fラップ前走比

テン3F	複勝率	単回収	複回収
0.5秒速い牡馬（芝）	0.320	64.2	77.7
0.5秒速い牝馬（芝）	0.253	61.4	73.7

代表産駒 キセキ、ダンビュライト、ソウルラッシュ、エヒト、メールドグラース、ドルチェモア、ディアンドル、ムイトオブリガード、フェアリーポルカなど

2023/05/10掲載　本質分析①

芝は複勝種牡馬！ 重賞のポイントは母父！

今井　ルーラーシップは基本的に揉まれ弱いよね。NHKマイルCのドルチェモアも、先行勢が多くて前走で逃げた直後だから、前走より揉まれるのは確実なんで評価しなかった。フレッシュな時はしぶとく走れるタイプも多いけど、使われていくと特に牡馬は次第に揉まれ弱くなるんだよね。

亀谷　なるほど、フレッシュだった朝日杯FSのときは、ハイペース内枠の3番手でも我慢してましたね。その揉まれ弱さはどこから来るわけですか？

今井　心身両面で硬さが出やすいよね。

亀谷　馬体の硬さに加えて、気持ちの面でも切れやすくなるというわけですね。

今井　亀谷君の分類では、どういうタイプになるの？

亀谷　ドゥラメンテ同様にサンデーサイレンス系と配合しやすい血統なのは大きいですね。しかも元々引き出し型なので、母系の能力を上手く引き出すタイプですから、余計にサンデーサイレンス系と配合できる強みは大きいです。ディープインパクトとも配合出来ますしね。キセキもディープとの配合で、その良さを引き出したわけで。あと、いきなり成功したので、ディープのトップ繁殖が集まっていますね。

今井　なるほど。サンデー系と非サンデー系の配合を比べると、ルーラーシップの場合はどこが一番違ってくるの？

亀谷　芝重賞での成績を見ても、母父が非サンデー系との配合は重賞にまで出世する馬自体が少ないです。さらに3着が異常に多い。これがルーラーシップの本質なんでしょうね。

　で、母父サンデーになると今井さんの概念でいう、闘争心やキレが少し強化されますよね。だから、1～2着が少し増える。主流スピードが問われる根幹距離にも強くなりますよね。

ルーラーシップ産駒 芝重賞成績
母父サンデー系と母父非サンデー系の比較

母父	着別度数	勝率	勝率	複勝率	単回収	複回収
非サンデー系	4-2-7-56/69	0.058	0.087	0.188	37	87
サンデー系	20-27-24-218/289	0.069	0.163	0.246	50	81

キセキも大阪杯やジャパンCでも連対しましたし、母父サンデーサイレンスのメールドグラースもJRAの2000m重賞を3連勝しました。ただし、ルーラーシップの本質は非根幹向きの馬力型だと思いますけど。ところで、短縮と延長はどう狙いますか？

今井　そんなに距離変更は必要ないんだよね。淡々と走るから。

亀谷　Mの法則だと、L系に分類されるんですかね？

今井　お、正解だよ(笑)。気持ちの振幅、アップダウンが少ないんだよね。だから、あんまり距離変更とかの刺激、ショック療法は必要ないタイプになる。慣れている同距離の方がむしろ走ったりするくらいで、精神面の振幅の少なさで言えば、現役種牡馬では屈指じゃないかな。

自分のペースで走って、スムーズに競馬が出来ればそのまま力で押し切る。あるいは他の馬が走らなければ自動的に上位に来るみたいな。つまり絶対能力そのもので走るんだよね。

亀谷　ルーラーシップって「複勝種牡馬」なんですよね。2～3着が多くて複勝回収率の方が単勝より高い。これはそういった精神面の影響もあるかもしれませんね。特に重賞では2～3着の方が1着よりかなり多いですから。キセキも、結局3歳の菊花賞以降は2～3着ばかりで勝てなかったですし。絶頂期にアーモンドアイがいたのもありますが。

今井　「競って一押し」というより、勝つときは他の馬が勝手にいなくなるみたいな感じになりやすいよね。先行して他が追いついて来ないとか、勢いをつけて後ろから飛んできてそのまま惰性で抜け出す形で。

亀谷　フレッシュさがなくなってくると、余計にそういう競馬が増えるわけですね。

ダートの狙いは特殊距離の短縮！

今井　フレッシュさがなくなると単調になって揉まれ弱くなるというのはデータにも表れているよ。4歳以上の差し馬(3角4番手以降)では、4枠以内は全て複勝回収率55%以下で、6枠以降は全て69%以上になっているよ。

亀谷　確かに勝率でも1枠の差し馬は4%台で、5枠以降は全て8%以上でかなりの差があります。先行馬だと内枠でも揉まれないケースが多いですしね。

今井　差し馬でも道悪とかの荒れ馬場でばらけると、パワーで内を差してくるパターンもあるけどね。ただ淡々と走るんで、疲労に強くてレース間隔を詰めても大丈夫だし、叩き良化型も多いんだ。

亀谷　ダート替わりについても分析しておきましょう。体力があるので芝で頭打ちになると、ダートに出る馬も多いです。

今井　芝血統だから人気になりにくいんで、芝からダートのショックを狙うのは好きなんだよね。軽い馬場になったときとか、芝からのスピードの優位性を活かして揉まれずに先行出来そうなときは怖い。特に芝スタートの1400mとか、ローカル1700mとか。

亀谷　それで激走したあとに短縮とかで出てきたら、だいたい切ってますよ(笑)。揉まれると危ないですし。そもそも好走後より凡走後の方がダートは面白いですね。前走1～3着は全て複勝回収率70%未満で、4着以下だと70%を超えてきます。そもそも芝血統ですし、2勝クラス以上になると急に回収率も落ちますよ。

今井　特に短い距離以外はフレッシュさがなくなると、2勝クラス以上はあまり走らなくなるね。

亀谷　でも、短縮の成績自体は結構良いんですよね。相手が弱い下級条件なら体力で押し切っちゃうんでしょうけど。

今井　特殊距離の短縮が滅法走るんだよね。

亀谷　あ、これは凄いですね。1200m、1600m、1800mの主流距離の短縮が全て単勝回収率50%未満で、1000m、1150m、1300m、

1400m、1700mといったダートの反主流距離は全て100%を超えてるじゃないですか(笑)。単勝回収率なのでブレが大きくてアテにならないですけど、短距離の中では1200mだけ極端に好走率も落ちてますね。

ルーラーシップ産駒 ダート短縮時の距離別成績

距離	勝率	複勝率	単回収	複回収
1000m	0.071	0.214	288	80
1150m	0.143	0.357	562	251
1200m	0.038	0.160	31	65
1300m	0.143	0.286	850	244
1400m	0.059	0.207	107	131
1600m	0.061	0.245	35	77
1700m	0.093	0.206	102	61
1800m	0.065	0.180	44	64

今井　短縮における体力とパワーの優位性、性能差を使ってそのまま押し切っちゃうんだよね。こういう淡泊なパワー型は性能差を使った短縮でねじ伏せる競馬は得意で、芝も1200mの小回りとかの短縮では結構走るんだ。

亀谷　このデータを見ると、明らかにダートでも主流距離、反主流距離で意味が違ってくることが分かりますよね。

今井　競馬の構造がくっきりと見えてくるデータだよね。

格言

1. フレッシュさが薄れた牡馬は揉まれると×
2. 母父サンデーサイレンス系だと根幹距離型に
3. 「複勝種牡馬」で、特に重賞はヒモ狙いが○
4. ダートの特殊距離短縮は破壊的！

買い条件・消し条件

ダート短縮 牝馬は1000～1150m 牡馬は1300m、1400m、1700m

買い条件 1

ダート短縮 距離別成績 全体と牡牝の比較

距離	着別度数	勝率	複勝率	単回収	複回収	牡馬 複回収	牝馬 複回収
1000m	2-2-2-22/28	0.071	0.214	288	80	46	102
1150m	2-1-2-11/16	0.125	0.313	492	220	26	308
1200m	4-6-9-94/113	0.035	0.168	29	64	49	77
1300m	1-1-0-5/7	0.143	0.286	850	244	395	43
1400m	8-11-10-112/141	0.057	0.206	102	127	131	122
1600m	7-8-10-81/106	0.066	0.236	50	77	57	109
1700m	20-12-18-188/238	0.084	0.210	92	92	127	39

ダートの短縮は特殊距離が面白い。特に牝馬は短距離、牡馬は中間距離が◎。また古馬より4歳までの方が短縮の期待値は高い。

芝の古馬 1～4枠の差し馬

消し条件 1

古馬 芝の差し馬(3角4番手以降) 枠番別成績

枠番	着別度数	勝率	複勝率	単回収	複回収
1枠	6-11-10-107/134	0.045	0.201	30	48
2枠	9-5-9-113/136	0.066	0.169	28	53
3枠	8-6-8-116/138	0.058	0.159	73	45
4枠	9-6-13-112/140	0.064	0.200	26	47
5枠	14-9-19-143/185	0.076	0.227	48	56
6枠	16-16-18-144/194	0.082	0.258	67	76
7枠	18-11-14-123/166	0.108	0.259	86	78
8枠	16-7-17-150/190	0.084	0.211	52	74

芝は鮮度が落ちると馬群を割れなくなってくる。差し馬なら外目の枠を買う方が無難だ。

ロードカナロア

大系統	ミスプロ系
小系統	キングマンボ系

適性遺伝	引き出し型

キングカメハメハ 鹿 2001	Kingmambo	Mr. Prospector	父小系統（父国タイプ） キングマンボ系（欧）
		Miesque	
	*マンファス Manfath	*ラストタイクーン	父母父小系統 ノーザンダンサー系（欧）
		Pilot Bird	
レディブラッサム 鹿 1996	Storm Cat	Storm Bird	母父小系統 ストームバード系（米）
		Terlingua	
	*サラトガデュー Saratoga Dew	Cormorant	母母父小系統 リボー系（欧）
		Super Luna	

Northern Dancer 5·5×4

M3タイプ

M	SC（L） CL（S）

要素

S	C	L	鮮度要求率	逆ショッカー
5	5	3	3	116.0（芝）

オプション

短縮	延長	内枠	外枠	巻き返し	広い馬場	特殊馬場	硬い馬場	重馬場
A	C	A	C	C	B	B	B	C

多頭数	少頭数	坂	休み明け	間隔詰め	アップ	ダウン	芝替わり	ダ替わり
B	B	B	A	D	A	B	C	B

テン3Fラップ前走比

テン3F	複勝率	単回収	複回収
0.5秒速い牡馬（芝）	0.353	85.7	84.1
0.5秒速い牝馬（芝）	0.277	101.4	73.9

代表産駒（国内）	アーモンドアイ、ダノンスマッシュ、サートゥルナーリア、パンサラッサ、ステルヴィオ、ダノンスコーピオン、ファストフォース、レッドルゼルなど

2022/06/29 掲載　本質分析①

根幹距離に強い闘争心タイプだが短期疲労に弱いのがポイント

今井　ロードカナロアは短期疲労に結構弱いんだ。逆にレース間隔を開けると滅法走る。

亀谷　仕上がりが早く、休み明けでも好走率の落ちない産駒が多いですよね。半年以上の休み明けでも単勝回収率100％を超えています。

今井　先週のナサ(2022/6/25阪神7R)も休み明けで3着に激走して、前走も4着。連続好走後の今回は、叩き3戦目の中3週もあって、疲れが出たんだ。

ナサの近走成績

日付	レース名	コース	人気	着順	ゲート	位置取り
2022/6/25	3歳以上1勝クラス	阪神ダ1200良	3	8	6枠12番	9-10
2022/5/29	4歳以上1勝クラス	新潟ダ1200良	1	4	1枠1番	12-11
2022/5/15	4歳以上1勝クラス	新潟ダ1200稍	6	3	8枠14番	2-2
2021/11/9	C1一	園田ダ1400重	1	1	7枠10番	2-2-2-1

亀谷　しかも前走の新潟は得意条件で、今回の阪神替わり＋良馬場は厳しかったですね。ロードカナロアはダートの場合、芝適性が問われる馬場の方が有利ですから。休み明けで激走した2走前は稍重でした。適性とコンディション両方の面から、今回はパフォーマンスを下げる可能性が高かったですね。

ちなみに、今井さんはロードカナロアのタイプについてはどのようにお考えですか？

今井　集中力(C)、闘争心(S)が共に強く、馬群の中でもしぶとく走れる。相手強化でもめげないのが最大の長所かな。それと、流れ激化でも我慢できる精神力に加え、スピードがあって、S質がきついという精神コントロール面からも、短縮の適性が抜群に高い。芝の短縮は単勝回収率100％を楽に超えてるよ。亀谷君の解釈は？

亀谷　ロードカナロアの本質は高速マイラーです。ただし、繁殖の性質としては母系の特徴を出しやすい「引き出し型」とタイプ分けしています。

今井　たしかドレフォンも引き出し型と言っていたよね。

亀谷　そうですね。ロードカナロアはドレフォンよりも芝向きのスピードが勝ってます。それと400mで割れる日本の主流距離、主流スピードが問われるレースにも適性が高いです。今井さんのタイプ分けに倣うと、根幹距離に強い闘争心タイプではないでしょうか。

今井　心身構造がまとまって、かつしっかりしているから、チャンピオン競走で強い種牡馬だよね。

亀谷　アーモンドアイを他の産駒と一緒にイメージするのは危険ですけど、唯一崩れたのが2500mの有馬記念で、1400mだった新馬戦も負けてます。

今井　なるほど。安田記念の二度の敗戦は、得意の休み明け激走後の叩き2戦目で、短期疲労での弱さを見せたというのもあったかもだね。

亀谷　有馬記念も休み明けで天皇賞・秋を圧勝した直後でしたね。そう考えると、サートゥルナーリアの日本ダービー、天皇賞・秋の凡走が、休み明けで勝った後の2戦目だったのも納得できます。

今井　天皇賞・秋は、確か初の古馬混合戦の鮮度で本命にしちゃったような……。真面目なぶん、一回に出すエネルギー量が大きいから、鮮度以上に短期疲労、反動が鍵を握る種牡馬だね。

亀谷　もう一つの特徴として、自分の得意ゾーン、レースになれば、前走凡走からでも激走することです。

今井　巻返し力が高いということかな。

亀谷　そうですね。得意な条件になると凡走からでも巻き返すんですよ。だから前走で4～9着くらいに凡走した馬の回収率が相当高い。

今井　お～、データを見ると前走6～9着の全着順で、芝は単勝回収率100％を超えているのか。平均ではなく、どの着順でも超えているのはなかなか見ないデータ構成で、凄みがあるね～。

ロードカナロア産駒　芝での前走着順別成績

前走着順	勝率	複勝率	単回収	複回収
6着	0.119	0.352	120	111
7着	0.109	0.266	148	86
8着	0.082	0.194	196	93
9着	0.080	0.184	108	80

亀谷　ディープインパクトだと、勢いがあれば、ちょっと適性がズレた条件もしぶとく走る。でもロードカナロアは、自分の得意ゾーンじゃないと、心身が充実していても取りこぼす。逆に自分の好きな条件、そのゾーンに入ると、相手に関係なく激走する。ディープインパクトは心身がピークを過ぎると、得意条件でも走らない馬が結構でます。

例えば、高松宮記念のキルロード(3着/17番人気)も、GⅢ凡走後からGⅠで巻き返したわけですから。そこが同じトップ種牡馬でも、ディープインパクトと決定的に違いますね。

今井　Mの分析だと巻返し能力にも、惨敗からの巻返し力と、適度な凡走からの巻返し力の2種類があるんだけど、後者がより強いかな。惨敗からも注意だけど、キルロードは6着後で、新潟大賞典(1着/7番人気)のレッドガランは4着後だったようにね。軽い凡走後で、苦手な短期疲労が少し薄れる要素も、それに輪を掛けている。

亀谷　格言がさっそく出来ましたね。「ロードカナロアは前走4～9着後、適度凡走の巻返しが一番怖い！」。データだけでなく、馬の本質がそうですから、こういう格言は今後も続くはずです。

2022/07/06 掲載　本質分析②

「ゾーン作戦」がハマる種牡馬！

亀谷　「ロードカナロアは得意条件に戻ると凡走からでもガンガン巻き返すけど、得意条件から外れると好調期でも凡走する」という話でした。また、短縮の適性が抜群に高いということでしたが。

今井　芝1600m以下の主要4距離では、全て単勝回収率100%を楽に超えてるよ。

ロードカナロア産駒 芝1600m以下の短縮成績

距離	勝率	複勝率	単回収	複回収
1000m	0.119	0.288	202	103
1200m	0.149	0.297	117	83
1400m	0.159	0.335	121	91
1600m	0.160	0.367	113	96

亀谷　芝の短縮を買うだけで儲かっちゃいますね(笑)。あと、軽い競馬がゾーンになりますよね。芝だと1200mの高速馬場とか。芝の東京、京都、阪神、小倉、新潟、札幌は、短縮なら全部単勝回収率100%を超えて、軽い馬場や、広かったり直線が長くて走りやすいコースだと、頼りになりますね。

今井　短縮以外では、相手強化で強いのもあるよ。前走より激戦になると、心身構造の確かさが生きるんだ。

亀谷　最近の重賞を見ると、確かに凄いですね。直近の芝重賞で3着以内に入った5頭は、全て前走より格上のレースです。函館スプリントS・2着のジュビリーヘッドは前走が3勝クラスで、NHKマイルC・1着のダノンスコーピオンは前走GⅢでした。

今井　逆に激走後の次走は、相手が弱くなっても取りこぼしやすい。特に間隔を詰めると、短期疲労の影響も出るし。キルロードも高松宮記念(3着/17番人気)の次走、GⅢで凡走(6着)したよ。

亀谷　キルロードは、少し重い馬場のスプリント戦が得意条件なのもありますよね。

今井　産駒によって得意条件を決めていく作業が凄く大切になる種牡馬だね。僕は得意ゾーンで巻き返すタイプとは思っていなかったから、今回の話は刺激になったよ。確かに、凡走後の単勝回収率は強烈だもんね〜。

亀谷　こうして議論を重ねることで、また新たな馬券作戦や予想概念が生まれそうです。
今井　「短期疲労」と「相手強化かどうか」に注意しながら、「激走ゾーン」に入るのをじっと待つ。定置網作戦だね(笑)。
亀谷　では芝の中長距離はどうでしょうか？ ここも人気になりにくく、面白い条件かと。パンサラッサとかレッドガランも得意ゾーンに入ると激走して、外れると走らない。
今井　パンサラッサだと1800m～2000mがゾーンなのかな？
亀谷　福島記念で激走した後、有馬記念を惨敗、その後に1800mを連勝ですね。
今井　それで宝塚記念では惨敗だから、確かにゾーン理論に忠実だね。それと、パンサラッサは逃げ、キングオブコージは追い込みとか、長い距離だと極端な脚質が増えてくるんだ。短距離血統は、短距離だと好位で我慢出来るけど、長距離になると道中で我慢出来なくなって、ブレーキを掛けない競馬に向くタイプが多くなる。モーリスとかもそうだね。
亀谷　ロードカナロアの中距離型は、極端な競馬が得意のタイプが多く、好走・凡走の波が激しくなるので穴が獲れますね。
今井　そういうタイプは晩成型が多いんだ。パンサラッサやキングオブコージは古馬になって大成したでしょう。叩かれながら筋肉を増強していく分、心身が硬くなるので、矯める必要がない極端な競馬に向いてくる。
亀谷　あ、分かりますよ。パンサラッサ、キングオブコージともにサドラーズウェルズの血が入っていて、使われながら硬くして体力を強化する配合です。
今井　違うアプローチから同じ結論に到達していたのは興味深いね。二人の理論がシンクロして、新しいロードカナロア像が見えてきたぞ。「長距離では使われながら体を筋肉質に強化していく母系を持つ産駒で、極端な脚質が嵌まりそうなときに穴を狙い撃て！」だ(笑)。あと、長距離だと圧倒的に牡馬が走るよ。
亀谷　1800mを超えると、アーモンドアイを除くと、牝馬はいまいちですよね。逆に牡馬は根幹距離の2000m重賞とかを凄く勝っています。

今井　使われながら、心身の質的変化が起きていることの証明だよね。だから、高齢になっても激走する産駒が多い。S質（牡馬質）な硬さで強引に走るんで、若い頃の柔らかさを失っても、疲れさえなければ激走する。短期疲労に弱いけど、使われながら筋肉を増強するから、中長期疲労には強い種牡馬になるよ。

亀谷　7歳になった初年度産駒が、今年既に重賞を3勝していますから凄いですよ。

2022/07/06 掲載　本質分析③

ダートは芝向きの軽い条件が激走ゾーン

今井　ダートについてはどう考えてる？

亀谷　ダートは芝向きの軽い条件が激走ゾーンと考えてます。東京、京都とか、芝馬が走りやすい競馬場で勝ち星多いですから。

今井　芝スタートも得意だよね。それと内枠をこなすのも特徴だ。ダートの内枠は普通の種牡馬だと成績を落とすけど、砂を被っても大丈夫な産駒が多い。だから、差し馬は内を回らないと間に合わない競馬では絶好の狙い目だよ。

亀谷　あともう1つ、「9R、10Rで強い」ってのもあるんですよ（笑）。

今井　え、そうなの？

亀谷　もちろん、馬が9R、10Rを知っているはずはなく（笑）、9R、10Rあたりに組まれる条件が合うということですね。ダート短距離戦の2～3勝クラスですね。

ロードカナロア産駒　ダート戦のレース番号別成績

レース番号	勝率	複勝率	単回収	複回収
9R	0.147	0.321	107	78
10R	0.102	0.244	126	85
11R	0.076	0.263	45	90
12R	0.085	0.263	60	82

今井　ダートは3勝クラスとか、メインストリームから少しズレると走り頃になるわけだね。

亀谷　JRAのダート短距離2～3勝クラスって、独特な適性が要求されやすく、それがロードカナロアにハマるということなんでしょう。

格言

1 休み明けは滅法走るが、短期疲労に弱い

2 前走4～9着に凡走した馬が最も怖い！

3 芝1600m以下の短縮は黙って買い！

4 芝は相手強化の得意ゾーンで狙い撃て！

5 1800m以上は筋肉を纏った晩成配合が穴を開ける。脚質は極端

6 ダートは9R、10Rの短距離戦（3勝クラス以下）で意識しよう！

2022/11/02掲載　的中例①

前走凡走のスワーヴシャルルが短縮で見事に巻き返す!!

亀谷　先週の新潟メイン（千直）、的中お見事でした。

今井　スワーヴシャルルからだけど、相手の2頭も上位に挙げてたから3連単も当たったよ。以前話に出たロードカナロアの短縮だよね。

亀谷　そういえばスワーヴシャルルは、今井さんが愛するベイスターズの三浦監督にもオススメしました（笑）。というのも、前日に三浦監督の愛馬・リーゼントフラムが勝利したので、そのお祝いも兼ねて。

今井　え、そうなの!?　監督も今期は癖の強いV戦士コーチ陣をよ

くまとめたよね～。中継ぎローテーション制も良かったし。で、スワーヴシャルルは前走ダートで12着だから、もっと人気薄だと思って予想したんだけど。

亀谷　ボクは予想通りのオッズでした。土曜ならもっとオッズが下がるので、推奨レースにはしないです。

今井　土曜が外ラチの伸びる馬場だったのに内へ切り替えたんで焦ったけど、なんとか粘れて良かったよね。でもわざわざ新潟のレースを取り挙げて、同じ馬を推奨していたのは面白いなぁ。

亀谷　ダートからの短縮で、しかも高速ハイペースに強いロードカナロアなので、直線競馬は抜群の適性がありますから。

今井　同じ外枠でも、オープンで好走歴がある直線競馬の常連ジュニパーベリーではないところがミソだよね。勝ち馬は格上挑戦だし、やっぱり鮮度は大切になる。

亀谷　臨戦過程の差が、そのまま結果に繋がりましたね。

2022年10月30日　新潟11R
ルミエールオータムD(L)　芝1000m稍重 18頭立て

着	馬名	父	母父	前走	人気
1	8 ⑰ ジャズエチュード	I Am Invincible	Fastnet Rock	新潟芝1000･6着	1
2	3 ⑤ マウンテンムスメ	アドマイヤムーン	ストーミングホーム	札幌芝1200･11着	13
3	8 ⑯ スワーヴシャルル	ロードカナロア	Redoute's Choice	中京ダ1400･12着	3

単勝440円　複勝190円 1,020円 290円　枠連4,140円　馬連11,920円
ワイド3,850円 690円 5,920円　馬単16,690円　三連複28,710円　三連単155,550円

競馬放送局で公開した今井雅宏の準推奨レース

新潟11R
16番スワーヴシャルル 6点 ダートから芝。ペース上がればパワー活きて。
17番ジャズエチュード 5.5点 格上挑戦で新鮮。良馬場ならベターで。
あとは12番、18番、5番、4番、14番

2023/02/15掲載　　的中例②

格言「相手強化の得意ゾーン」でファストフォースが10番人気2着!!

今井　シルクロードSは、解説したことが全部揃ってたんじゃない？ 勝ったナムラクレアは、ちょうどミッキーアイルの『牝馬の芝内枠が面白い』って格言が出た直後だったよ。

亀谷　解説してすぐだったので、当てた読者も多かったでしょうね。僕も3連複(6040円)を絞って当てましたよ。

今井　おお、一緒だね(笑)。3連複は当てたんだけど、ということはファストフォースも評価してた？

亀谷　ええ、10番人気で美味しかったです。

今井　この馬もロードカナロアの回に解説したパターンに嵌まってたよね。『芝は相手強化の得意ゾーンで狙い撃て！』っていう格言。

亀谷　OP特別のタンザナイトS・4着後なので、今回は重賞で「相手強化」でしたね。

今井　同じロードカナロアのキルロードは、前走の京阪杯が2走前の函館スプリントSより同じGⅢでも相手強化してたんだよね。それで10番人気で2着に激走して、今回は穴人気になって凡走したんだ。

亀谷　ファストフォースはさっきの格言で言うと、『得意ゾーンで狙い撃て！』の部分にも当てはまってますよ。高速馬場で強いですから。

今井　だよね。だから予想でも、「高速馬場ならベター」って注釈を入れておいたよ。

亀谷　当日は高速馬場になって、激走条件が上手く揃いました。それと4着後なので、『前走4～9着に凡走した馬が最も怖い！』という格言にも当て嵌まってますよ。

今井　『前走4～9着が怖い！』と『得意ゾーンで狙い撃て！』の「格言合わせ技」になってたわけだ(笑)。それで言うと、キルロードの京阪杯での10番人気2着も、前走6着凡走後だから、格言に見事に嵌まってるね。

亀谷　今回のキルロードは京阪杯を休み明けで激走しての2戦目でしたから、『休み明けは滅法走るが、短期疲労に弱い』の格言にも、そのまま当てはまってますよ。

1200m重賞は血統的に走れる馬が限られるので、ロードカナロア産駒はとりあえず押さえたいですね。ファストフォースはロードカナロア×サクラバクシンオーで、父も母父も非サンデー系が走りやすいレース傾向にもピッタリでした。

2023年1月29日　中京11R
シルクロードS（GⅢ）　芝1200m良 15頭立て

着	馬名	父	母父	前走	人気
1	2 ② ナムラクレア	ミッキーアイル	Storm Cat	スプリンターズS（G1）・5着	2
2	5 ⑨ ファストフォース	ロードカナロア	サクラバクシンオー	タンザナイトS（OP）・4着	10
3	5 ⑧ マッドクール	Dark Angel	Indian Ridge	知立S（3勝C）・1着	1
12	7 ⑬ キルロード	ロードカナロア	サクラバクシンオー	京阪杯（G3）・2着	5

単勝480円　複勝180円 480円 140円　枠連630円　馬連8,100円
ワイド2,070円 400円 1,250円　馬単12,250円　三連複6,040円　三連単49,270円

競馬放送局で公開した亀谷敬正の推奨レース

中京11R シルクロードS

◎8番マッドクール（1人気）
○2番ナムラクレア（2人気）
▲5番シゲルピンクルビー（7人気）
☆13番キルロード（5人気）
△ 9,15

注目馬のコメント

サンデーの影響度が薄い良血馬が走りやすいレース。
◎はサンデーサイレンスの血を持たない馬。父はダークエンジェル。欧州の一流種牡馬。現役時代にイギリスの2歳主要短距離G1を勝って早々に引退。種牡馬になると、欧州の短距離G1馬を多数輩出。
○も短距離型ノーザンダンサー系の影響が強い馬で超一流牝系。
▲は父も母父も非サンデー系でオセアニアのスプリント戦でも実績ある父と母父。
☆も父も母父も非サンデー系。

2023/07/05掲載　的中例③

「超相手強化」のサンキューユウガがCBC賞で8番人気2着!!

今井　また先週ここで解説した通りの結末になって、復習にピッタリの重賞があったよ。

亀谷　CBC賞ですよね。「相手強化」だった8番人気のロードカナロア(サンキューユウガ)が2着に激走しました。本命だったんですって？

今井　単勝で33倍もつけてたから、ジャスパークローネに逃げ切られたのはショックだったけどね～。複勝しか当たらなかったよ(笑)。

亀谷　複勝でも6.2倍つけば十分ですよね。

今井　3勝クラスで5戦連続5着以下に凡走していた馬だから、「超相手強化」だったんだ。前回話したように、馬は能力だけでなく、ステップの連続性で走るという典型的な結末だよね。

今回だとロードカナロア得意の「相手強化」、「内枠」、前走出遅れからブリンカーで「前に行く位置取りショック」と、2走前ダートの「S質活性化」、その4つが重なって集中力が一気に点火された。

逆に、宝塚記念のスリーセブンシーズを例にして前回解説した、やはり「相手強化」向きのドリームジャーニー産駒のトゥラヴェスーラは、今度は「相手弱化」だから押さえ評価くらいで十分だったよ。

亀谷　これも前回の解説通りでしたね。「相手強化」の高松宮記念では、今回と同じ中京1200mを13番人気で激走している中京巧者ですもんね。力関係だけだと、永遠に理解出来ない結果です。

僕も開幕のレース質が合わないので評価しませんでしたよ。「馬のタイプに応じた最適なステップがある」、それを今井さんには教わりました。

今井　亀谷君はそのタイプ論を独自の方法で展開させていったよね。だから違った角度の話が聞けるのを楽しみにしてるんだ。

亀谷　ちなみに僕はスマートクラージュが本命でした。

今井　お、二人の本命ならワイドでも25倍つけてたじゃん(笑)。どうして選んだの？

亀谷　CBC賞がディープインパクト系に向くレース質なんですよね。なので、今年は1、2着馬が買えなかったんですけど(笑)。

2023年7月2日　中京11R
CBC賞(GⅢ)　芝1200m良 12頭立て

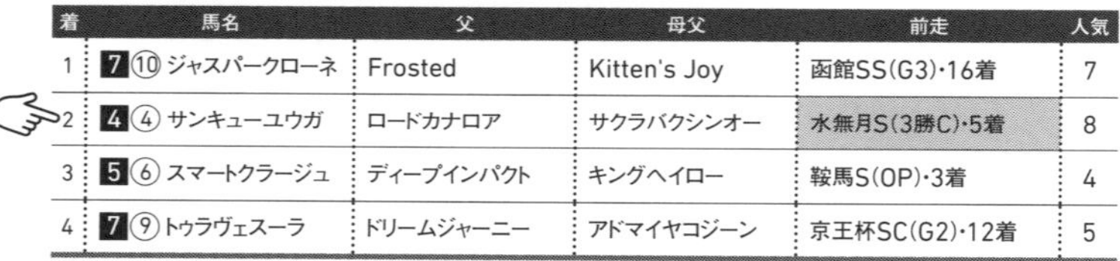

着	馬名	父	母父	前走	人気
1	7 ⑩ ジャスパークローネ	Frosted	Kitten's Joy	函館SS(G3)・16着	7
2	4 ④ サンキューユウガ	ロードカナロア	サクラバクシンオー	水無月S(3勝C)・5着	8
3	5 ⑥ スマートクラージュ	ディープインパクト	キングヘイロー	鞍馬S(OP)・3着	4
4	7 ⑨ トゥラヴェスーラ	ドリームジャーニー	アドマイヤコジーン	京王杯SC(G2)・12着	5

単勝2,820円　複勝740円 620円 330円　枠連7,850円　馬連23,130円
ワイド4,710円 3,010円 2,510円　馬単53,390円　三連複56,550円　三連単499,640円

2023/08/09 掲載　的中例④

道悪の高速ダートで激走！
3連単は148万馬券に!!

今井　先週の札幌ダートは、雨でかなり特殊な馬場になったよね。

亀谷　それを利用して3連単148万馬券にもなった日曜の札幌7Rは、「亀谷競馬サロン」では的中者が続出しました。もちろんボクも当てました。

2023年8月6日　札幌7R
3歳以上1勝クラス　ダ1000m不良 12頭立て

着	馬名	父	母父	前走	人気
1	5 ⑥ サンダビューク	ザファクター	サンデーサイレンス	函館ダ1000・8着	11
2	5 ⑤ フクノワカバ	ドレフォン	ダイワメジャー	函館ダ1000・8着	7
3	8 ⑫ クロンヌドラレーヌ	ロードカナロア	スペシャルウィーク	東京芝1400・17着	8

単勝3,720円　複勝830円 570円 630円　枠連24,080円　馬連30,660円
ワイド6,410円 6,020円 8,150円　馬単67,730円　三連複206,620円　三連単1,480,590円

今井　おお、凄いな。僕もサンダビュークは押さえには評価したけど勝つとは思わなかったよ。どうしてピックアップしたの？

亀谷　この馬はYouTube『亀谷敬正の競馬血統辞典』の買いパターンにも該当していました。ザファクターは母父がサンデー系こそ買いなんですよ。それから、8番人気3着だったクロンヌドラレーヌは、ロードカナロアで道悪の高速馬場が合うという読みでした。

今井　あ、それで思い出したよ(笑)。エルムSは5番人気のルコルセールを狙ったけど、これもロードカナロアだったんだ。

亀谷　同じですよ(笑)。ボクもルコルセールにしました。ロードカナロアの高速馬場ですね。

今井　それが同じロードカナロアで、こっちも3番手評価に抜擢した10番人気のロッシュローブにハナ差競り負けて馬券圏外になっちゃったんだよね。両方とも相手強化のロードカナロアだったけど、皮肉な結末だったよ。

亀谷　あ、それも同じですよ(笑)。ロッシュローブも買い目にピックアップしてました。

今井　あの日の砂は、かなり特殊になっちゃったんだよね。道悪だけど、案外時計の掛かる差し馬場になったんだ。土曜も雨が上がって水がひけた10Rでは、良に近い時計の掛かる差し馬場になったけど、日曜は大雨予報だからさすがに高速になると思って予想したら、やっぱり雨が上がったら時計が掛かった。

　水がひけると時計の掛かるタイプの道悪はあんまり見ないよね。例年の一般的な高速道悪なら、恐らくロードカナロアの2頭はもっと上の着順だったんじゃないかな。ヘニーヒューズのセキフウにはパワータイプの追い込み馬場でピッタリだったし。

買い条件・消し条件

芝 前走6〜9着(単勝)

買い条件 1

前走着順別成績

前走着順	着別度数	勝率	複勝率	単回収	複回収
1着	103-70-61-429/663	0.155	0.353	91	77
2着	120-92-56-263/531	0.226	0.505	78	75
3着	66-53-42-248/409	0.161	0.394	67	72
4着	47-56-30-265/398	0.118	0.334	77	79
5着	39-39-36-252/366	0.107	0.311	74	81
6着	37-34-38-222/331	0.112	0.329	108	101
7着	31-26-21-228/306	0.101	0.255	130	81
8着	19-21-11-212/263	0.072	0.194	165	87
9着	19-19-14-217/269	0.071	0.193	121	90
10着以下	55-64-67-1135/1321	0.042	0.141	62	59

得意な条件になると凡走からでも巻き返すのが特徴。特に、前走6〜9着だった馬の単勝回収率が高い。

芝1000、1200、1400、1600mの短縮 東京、京都、阪神、小倉、新潟、札幌(単勝)

買い条件 2

上記競馬場の芝短縮 距離別成績

距離	着別度数	勝率	複勝率	単回収	複回収
1000m	8-5-10-60/83	0.096	0.277	148	100
1200m	26-14-14-149/203	0.128	0.266	125	84
1400m	32-14-13-122/181	0.177	0.326	147	91
1600m	23-19-17-107/166	0.139	0.355	113	97

芝1600m以下の主要4距離への短縮は単勝回収率が高いが、上記競馬場に絞るとさらに回収率が上昇する。

買い条件 3

前走より格が上の芝重賞

芝重賞 前走とのレベル比較別成績

前走比	着別度数	勝率	複勝率	単回収	複回収
相手強化	6-12-3-49/70	0.086	0.300	312	133
相手弱化	1-1-2-14/18	0.056	0.222	37	60
同格	1-1-3-36/41	0.024	0.121	10	55

ロードカナロアの回（2022年7月6日）以降の芝重賞で、前走より格が上か同格か下かのデータ（前走も重賞の場合はグレードで比較）。相手強化は回収率が高いばかりか、好走率でも上回った。なお同格の複勝回収率を大幅に上げているのはGⅢ同士でも牝馬限定戦から混合戦と実質相手強化のホウホウエミーズ七夕賞（13番人気3着）による。

買い条件 4

牝馬の芝短縮 1～3枠

芝短縮 枠番別成績 全体と牝馬限定

枠番	着別度数	勝率	複勝率	単回収	複回収	牝馬 単回収	牝馬 複回収
1枠	7-4-5-49/65	0.108	0.246	87	51	187	90
2枠	8-11-3-36/58	0.138	0.379	130	117	140	115
3枠	10-6-5-52/73	0.137	0.288	76	88	189	103
4枠	5-6-10-33/54	0.093	0.389	58	100	98	82
5枠	15-6-7-50/78	0.192	0.359	111	73	42	49
6枠	12-5-2-39/58	0.207	0.328	155	69	46	82
7枠	12-12-3-63/90	0.133	0.300	114	84	140	77
8枠	9-11-7-71/98	0.092	0.276	47	74	61	73

芝の短縮は平均して期待値高いが、牝馬はしぶとさの活きる内目がより魅力が増す傾向。牡馬はパワーの活きるやや外目も一発狙いなら妙味がある。

特別企画①　データは2023年10月集計

母父の影響を考える

母父ディープインパクトや
母父キングカメハメハの活躍が目立つ昨今。
馬券的に母父はどの程度考慮すべきなのでしょうか？
母父を見る際のポイントについて語ってもらいました。

主張型の母父、特にディープインパクトは大きなポイントになる!!

亀谷　特別企画で、母父についても簡単に見ていくことになりました。

今井　亀谷君はどのくらい母父を考慮に入れてるの？

亀谷　理屈上は、父と母が半々なわけですから、母父は母馬の半分ですから25%ぐらいの影響度ってことですよね。ただ、影響度の高い母父であれば、他の父馬よりも大事な時がある。

主張する母父だと、結構見てますね。母父が主張型でない場合は8：2くらいですが、主張型の場合は6：4くらいの割合で母父の比重を上げて判断してますよ。

今井　僕はまだデビューして間もない、キャリアの少ない馬は母父もチェックするけど、それ以降は予想するぶんにはあまり気にしないかな。実際のレースを2、3戦見れば、母系を見なくても馬の性質、タイプはだいたい分かるから。「キズナの中では若干しぶとめのタイプ」とか、そういう感じで実際のレースを数戦見た段階で分類しちゃうよ。ただ大幅な距離変更とか、ダート替わりなんかだと、単純な物理適性がそのまま出やすいんで母系もしっかり考慮するけど。

日本の主流スピード向きになり、パワーと闘う意欲を補う効果もある!!

今井　母父ディープインパクトの特徴はどう考えてる？

亀谷　主流スピードを強化します。データでも見ても(2023年10月現在)芝重賞で母父ディープを買うだけで複勝回収率100%になっちゃうんですよ。特に主流スピードが最も要求されやすい東京芝は153%です。

母父ディープインパクトの芝重賞　競馬場別成績

競馬場	勝率	勝率	複勝率	単回収	複回収
全体	34-54-48-351/487	0.070	0.279	95	100
札幌	0-1-0-11/12	0.000	0.083	0	25
函館	0-2-0-6/8	0.000	0.250	0	93
福島	1-4-1-13/19	0.053	0.316	85	93
新潟	3-2-0-20/25	0.120	0.200	193	66
東京	10-10-13-73/106	0.094	0.311	97	153
中山	3-8-15-73/99	0.030	0.263	27	85
中京	4-8-4-37/53	0.075	0.302	42	134
京都	1-4-2-21/28	0.036	0.250	16	54
阪神	6-13-12-88/119	0.050	0.261	41	62
小倉	6-2-1-9/18	0.333	0.500	1073	200

今井　僕は母父ディープインパクトだと、スケールを伴ったパワーと闘う意欲(S質)を付与する効果が大きいと判断しているよ。だから、あんまり気持ちの強くないタイプの弱点を補うのに良いよね。ルーラーシップとかハービンジャーとか、エピファネイアとか。Mでは揉まれ弱いと分類されるタイプに、その揉まれ弱さを補うパワーとS質を付与する効果が大きいから。

亀谷　ルーラーシップでも母父がディープインパクトの場合は、もう普通のルーラーシップとは別物ですからね。
やっぱり気持ちを一枚押しに高める効果がありますよ。だから母父ディープインパクトのルーラーシップの場合は、8割方ディープインパクトだと思って予想してるくらいですよ(笑)。キセキはもちろんですし、エヒトも2000m重賞で2勝してますしね。
今井　エヒトと似たタイプにアンティシペイトもいるけど、ルーラーシップであれだけ小回りのハイペース激戦で走るのはいないもんね。ルーラーシップに限らず、パワー勝負や、ハイペースとかの消耗戦でブレーキを掛けない競馬で強引に走る形だと、気持ちが持続して相当強い。ただそのぶん、心身がかなり硬くなりやすいんだよね。好調なときには一気に駆け上がるけど、その後に心身が硬くなると流れの嵌まり待ちになってパフォーマンスが不安定になっていく。心身に反動が出やすいわけだね。
亀谷　ディープインパクトは、種牡馬時代はスタミナや馬力のある主張型との配合はよくなかったんです。そのため、母父サドラーズウェルズだと日本では不利になっていたわけです。海外だと逆に母父サドラーズウェルズしか走らないくらいに相性が良いのですが。
またサンデーサイレンスとはニックスだったトニービンを持つ馬もGI馬がほとんどいません。緩すぎるんですよ。
ただ、母父になった場合のディープは、母母父が欧州型でもいいと思います。そういう意味でも、今後母父ディープインパクト系は、日本でさらに重要になってくると考えています。
ドゥラメンテも種牡馬としても素晴らしい馬ですが、あの馬も母父サンデーサイレンスでした。今後は母父ディープの凄い馬は間違いなく出るでしょうし。
今井　ダートに関しては、母父ディープインパクトだと揉まれ弱さが出てきて、延長でスムーズなときにパワーを活かす競馬とかが向いてくるね。
亀谷　ダートは基本的に向かないので、短距離や古馬混合戦になるともろさを出しちゃいますよね。短距離の古馬は、複勝回収率で50%くらいしかないです。逆にいえば、芝の主流能力を強化しすぎるのでダート短距離適性は下がります。

母父ディープインパクト　芝延長 距離別成績

距離	勝率	勝率	複勝率	単回収	複回収
1200m	0-0-2-28/30	0.000	0.067	0	19
1400m	4-5-5-80/94	0.043	0.149	11	29
1500m	1-1-4-17/23	0.043	0.261	17	109
1600m	19-10-17-148/194	0.098	0.237	73	63
1800m	13-24-24-216/277	0.047	0.220	44	50
2000m	30-44-45-325/444	0.068	0.268	57	80
2200m	9-16-13-110/148	0.061	0.257	51	67
2400m	13-14-8-89/124	0.105	0.282	45	64
2500m	1-2-3-20/26	0.038	0.231	8	52
2600m	9-11-6-60/86	0.105	0.302	163	169
3000m	1-2-1-7/11	0.091	0.364	40	113

芝の延長はごちゃつく条件だと間に合わないので2、3着が多い。2600mを超えると安定感。

母父キングカメハメハ

軽さと馬群に対応するまとまりを与える

亀谷　キングカメハメハは、ディープインパクトと逆であまり主張しない種牡馬ですね。だからお父さんの影響がかなり強く出る。強いダート馬や短距離馬を出せる確率は母父ディープよりも高いです。

今井　キングカメハメハは結構軽さを与えるんだよね。特にしぶとめの(C系)少し重い種牡馬にはその傾向が強くて、インディチャンプなんかはステイゴールド産駒の中では異端的に切れ味のあるタイプだった。イルーシヴパンサーもハーツクライ牡馬としてはかなり切れるタイプだしね。

亀谷　インディチャンプは母系がスピード型というのもありましたよね。ボクは母父キングカメハメハの場合はあまり主張しないので、母母父の方を見て判断することも多いです。
今井　それと母父キングカメハメハは、揉まれ弱いタイプの種牡馬には、ある程度馬群に対応するまとまりを与えるんだよね。エピファネイアのデアリングタクトとか、ハービンジャーのブラストワンピースとか。全体にまとまりとバランスを取れる母父になる。種牡馬としてのキングカメハメハ系は代を経るとどんどん強引なパワー寄りになっていくけど、その逆になるんだよね。あと少し不器用なところがあって、短縮は2、3着が多いんだ。特に短い距離とか小回りの短縮だと間に合わないケースも多いよ。

母父キングカメハメハ　芝1200m以上（総合）

母父	勝率	勝率	複勝率	単回収	複回収
母父キングカメハメハ	487-458-480-4342/5767	0.084	0.247	74	77
全母父(過去一年)	1637-1637-1637-17054/21965	0.075	0.224	72	74

レース上がり33.9秒以下限定

母父	勝率	勝率	複勝率	単回収	複回収
母父キングカメハメハ	42-44-42-245/373	0.113	0.343	69	91
全母父(過去一年)	150-150-150-1366/1816	0.083	0.248	67	59

芝1200m以上の全体の回収率とレース上がり3ハロン33.9秒以下限定の成績を、過去一年の全母父と比べたもの。上がりが速いレースは少頭数などが多く複勝回収率は落ちるのが普通だがむしろ上がっていて、全母父に対して好走率でも通常時より大きく差をつける。

母父シンボリクリスエス

体力があり、気の良さを引き出せる

亀谷　シンボリクリスエスも母父として優秀です。体力を強化します。母系に入って父系よりも繁殖能力を発揮したセクレタリアートの日本版です。
今井　それに気の良さと軽さを引き出すタイプだよね。気の良さを

引き出せる母父は安定して成績を残しやすいんだ。

亀谷　それはありますよね。お父さんの良さをそのまま引き出して体力を強化してくれます。

今井　オーソリティとか反応が重いオルフェーヴル牡馬の中では、かなり反応が良い部類だしね。全体的に反応が良くなるんで、新潟とか東京とか、広くて軽い競馬場の成績が良くなるよ。そのぶんダートだと少し単調になってくるんだけど。

亀谷　冒頭に、お母さんの影響度は理屈上50%だと言いましたけど、生産馬全体で見ると種牡馬の能力は接戦なんですよね。それに比べて繁殖の能力差はもっと大きい。

　つまり相対的に血統で差が出やすいのは母馬がカギになるんです。当たり前ですが、繁殖牝馬の父が母父ですから、実は勝負の決め手は母父になることも皆が想像してる以上に大きいことは意識した方がいいでしょう。

特別企画②

新種牡馬の馬券ポイント

**スワーヴリチャードの快進撃から始まり、
期待の大きかったレイデオロ、ブリックスアンドモルタル、
ニューイヤーズデイも徐々に勝利数を伸ばしてきました。
今後、馬券的に重要になる各種牡馬の狙い方とは？**

レイデオロ

使われて良くなるタイプで狙いは少し重い芝の消耗戦

亀谷　特別コーナーとして、今年デビューした新種牡馬の馬券ポイントも簡単に見ておくことになりました。

まず、レイデオロです。2023年の秋時点ではそんなに目立ちませんが、これから良くなっていくはずですよ。晩成血統ですし、ドゥラメンテやディープインパクトのように大物を出す代わりに、産駒デビューの初期は配合、育成のコツをつかむのに難しいタイプと見ています。

今井　キングカメハメハ産駒は古馬になっての2400mを超えるような長距離GⅠだと体力的にあんまり合わないんだよね。だから現役時代古馬になって有馬を連対したのは異端的だったよ。

亀谷　使われて良くなるタイプですよね。レイデオロも使って上昇する産駒が多そうです。

今井　やっぱりキングカメハメハ系らしく、芝は少し重い馬場の消耗戦が合うよね。坂ももちろん向く。性格的にはまとまった真面目

な面があるよ。そのぶんドゥラメンテ産駒みたいな意外性、突き抜けていく強引さはあまり感じないけど。

スワーヴリチャード

母父アンブライドルズソングでパワーと真面目さが加わった配合

亀谷　続いてスワーヴリチャードです。

今井　まだ10月だけど、いろいろともうオープン好走馬が出ているよね。

亀谷　さすが母父アンブライドルズソングですね。この血が入っているとパワーと真面目さが加わるんですよ。

今井　アンブライドルズソングは、まとまりと真面目さを与えるよね。だからハーツクライの難しさを上手く中和する配合だと良いんじゃないかな。入れ込んだりとか難しい母系にまとまりを与える。淀みない流れや、馬群に入れて精神コントロールする形がベターになるね。

亀谷　アンブライドルドが入ってるダノンバラード産駒に近い部分もありますね。ダノンバラードも続々と産駒が勝ち上がって話題になったんですよ。それを少し軽くしたタイプというイメージで良いんじゃないでしょうか。

　あとハーツクライ系では、シュヴァルグランもいますね。こちらの方がハーツクライに近いタイプになりますよ。

今井　確かにスワーヴリチャードよりは、まとまりや真面目さがあまりないよね。

亀谷　だから逆に大物が出る可能性もあるんじゃないですか。当たり外れは大きいでしょうけど。

今井　狙うタイミングも、位置取りショックとか、何かしらのショック療法があって精神コントロール出来るときの穴が面白いよ。特殊馬場適性も高いんで、荒れ馬場とかも狙い甲斐がある。いずれにしてもハーツクライの後継種牡馬がまた出てきてくれたのは嬉しいよね。

ブリックスアンドモルタル

道中、気分良く楽に走れると強いが揉まれると少し嫌がる

亀谷　ブリックスアンドモルタルはどうですか？
今井　素直で軽いレース質を気分良く走ると良いタイプで、真面目さもあるね。そのぶん激しすぎるレース質になって揉まれると少し嫌がるけど。道中、気分良く楽に走れると強いわけだ。ダートも走ってくる産駒は出てくると思うけど、強引な破壊力は少し希薄だね。
亀谷　往年の種牡馬ではチーフベアハートみたいなタイプです。東京のダートなんかは合う血統なんですよね。持続力型ですから。
今井　広いコースで一定に加速すると良い感じかな。
亀谷　あと、思ったより早熟型が少ないんですよね。前向きな経験を重ねて行くと体力を活かせるタイプです。

ニューイヤーズデイ

人気薄激走のタイミングは
短縮、フレッシュなときの内枠、ダート替わり

今井　ニューイヤーズデイは、もう随分と馬券でお世話になっているよ。

亀谷　適性やコツがつかみにくい分、期待値は高いですよね。芝からダートやダートから芝も走りやすそうですから。

今井　パワーがあるけど真面目なんだよね。だから走りそうなタイミングではしっかり走ってくれる。揉まれても鮮度があるときは大丈夫なんで、短縮やフレッシュなときの内枠、ダート替わりみたいなタイミングの人気薄でよく稼がせて貰ってるよ。

亀谷　同じ大系統ミスプロ系のキングマンボにも近いタイプで芝でも面白い血統なんですけどね。キングマンボ系と適性が近いところもあるので、キングマンボ系の走るレースで一緒に狙っていく感じが面白いです。日本のダートも走るわけですが、母父にサンデー系を持ってくれれば、芝で走る確率が上がります。

今井　若干パワーに寄ってる部分があるんで、あとは延長でどれだけ我慢出来るかだね。短縮の方が馬券的にはやっぱり狙いやすいから。

あとがき

私の本で亀谷君がゲスト出演したことが確か前世紀に一度あったが、共著という形は今回が初めてになる。というより、私が出不精なこともあり数年に一度雑誌の対談をする以外に一緒に仕事することも20年以上ぶりだと思う。

何か連載をと頼まれていたのだが、毎週ボリュームのあるものを書くのは大変なので「対談とかなら出来るかなぁ」と返信したのがきっかけでこの企画が始まった。

それにしても亀谷君はなかなかの超人だ。常に忙しくしているのに、毎週の対談までやるというのだからゆったりペースの私には理解の範疇を超えている(そういえばまだ青年だった頃、私の予想している横の椅子で仕事疲れかスヤスヤ寝ていたのを思い出した。ああやって今でも素早く体力を補充しているのかもしれない)。そんなこんなで始まった対談だが、長い年月の間に独自の理論を深めていった姿を見て感慨深く、また頼もしくも感じた。独りで何事もやりたがる私にとっても、思考の奥底に没入していくいつものスタイルとは違う相互のやりとりは、外部から「鮮度」を取り入れる良い刺激にもなった。会話の中で互いの差異の確認をしたり、あるいは逆に空白の二十年で同じ結論に達していたこともあったりと、脳が活性化されていく感覚を毎週楽しんでいる。本書でもなるべくその雰囲気が伝わるようにと、新たなデータや当時の予想資料を差し込むなど工夫して頂いた編集のKさんにも感謝したい。

なお種牡馬は使いやすいようアイウエオ順に並んでいるが、臨場感を味わうには掲載日付順に読むのもまた面白いと思う。

二人の競馬に対する世紀を跨いでの止むことのない探求や挑戦、相互性が、読者の皆さんにとっても新たな「刺激＝S質の活性化」に繋がればと願っている。

補足　本書の見方

今回は共著でもあり理論に馴染みのない読者も多いと思うので、表の見方等を少し補足しておこう。

表下部にある、「テン3Fラップ前走比」の項目は、前走とのラップ差をデータ化したものだ。

Mの法則は、前走やそれまでのレースとの差異を馬がレース中にどう感じ、それがどう結果に繋がるかを分析することを重要なテーマとしている。その差異、感触が馬の個性に合っていれば激走するし、外れていれば凡走する。本文中で触れたロードカナロアなどは相手強化の方が向くという、一般的な理論では常識外のことが実際起きていて、それを利用して万馬券なども当ててきたわけだ(P339表参照)。やはり本文中でも触れた同じC要素が強いドリームジャーニー産駒スルーセブンシーズなどは、相手強化で狙った宝塚記念を激走し、凱旋門賞までも好走したように、馬の個性とステップは極めて密接な関係を結んでいる。

そんな前走とのつながりを分析したデータの中で、本書用にピックアップしたのが今回の項目だ。具体的には、前走より前半3ハロンが0.5秒速いレースにおける牡牝の複勝率、単勝回収率、複勝回収率になる(信頼性を持たせるため1000mなどの特殊距離と休み明けを除いている。芝、ダートはその種牡馬の主戦場を掲載)。「前走より」というのが何よりも大事で、前走からペースが速くなったときの対応力を意味するデータになる。短縮もこれと類似するが、短縮の場合は距離が短くなるなど他の要素も影響を与えるが、こちらはより純粋に前走からのペース差への対応力を知るのに向く(例えば揉まれ弱さの要素も、ペースが上ることでばらけやすくなるので、短縮限定のデータほどの影響はなくなる)。対談では、「前走との違い」と同じくらい「牡牝の違い」にも言及したので、その差異を具体的な数字で理解し活用して貰うため、限られたスペースの中でこの数値を載せることとした。他にも、「2、3歳と古馬」といった年齢に伴って変わる性質や、「前半が0.5秒遅い」との比較なども興味深いがスペースがないので、またの機会に譲ろうと思う(本書の作成を通じて久しぶりに新たな意欲も湧いてきている)。とにかく競馬において重要なのは、「時系列の流れとその反応」であることをデータから感じとって頂ければと思う。

なお、性別で単純に比較すると牡馬の方が体力に勝るので、前走よりペースアップすると平均して牡馬の成績は良くなる。したがって牝馬の方が良い種牡馬は、相当牡馬が前走より速いラップを嫌がるタイプと言える。エピファネイアやキズナなど、牡馬が回収率で下回るのは希で、まして好走率でも牝馬が圧倒的に上回

あとがき

るコパノリッキーなどは尋常でないわけだ(ある程度期待されている種牡馬でまだデビュー間もない若駒が中心の場合、数字は上がりやすくなるので余程の晩成血統でない限り少し割り引いて考えたい)。

表の「要素」部分にある「逆ショッカー」とは、短縮馬が前走で3角5番手以降だった後、今回3角8番手以内になった状態。自然に高回収率を叩き出す分かりやすい馬券術で、Mの位置取りショック「逃げられなかった逃げ馬」を利用しやすくしたものでもある。逃げ馬を探すのは大変だが、8番手以内なら探しやすいというわけだ。先行馬が少ないレースや、陣営が積極策を匂わせていればだいたい8番手以内くらいには走れるので、そういうタイミングで狙って頂きたい。またこの作戦は、今回8番手以内を完成しなくても好走する可能性があるというセーフティーネットが仕掛けられているので、回収率100%を少し超える種牡馬なら積極的に勝負して頂きたい。データはスペースの都合上、地味な数字にはなりやすいが敢えてブレの少ない複勝回収率をピックアップし、種牡馬によって芝とダートのどちらか使いやすい方を掲載している(休み明けは除く)。

この数字は短縮で流れについていくと好走しやすいロードカナロアなどの種牡馬は単複共に回収率が自然と高くなる。単勝はスペースの都合上記載出来なかったので特徴的な種牡馬を補足すると、ミッキーアイルは複勝回収率89.7%だが単勝は173.8%と倍近く高い。精神コントロールが難しいタイプの短縮は嵌まるか凡走かはっきり別れやすいので単勝が面白く、リアルインパクトのダートも単勝回収率では202.6%とやはり倍近い。精神コントロールの難しいオルフェーヴルやキズナも、共に単勝回収率180%台と馬単アタマでこそ面白い。逆に追走スピードが速いと戸惑うゴールドシップは単勝が伸びず、逆ショッカー狙いならヒモ穴が面白くなる。また短縮のペース激化の場合は行きすぎずに矯めて差した方が良い、キタサンブラック、ジャスタウェイなどは数字が低くなったりと(オルフェーヴルも芝は低くなる)、その馬の性格もデータから如実に浮かび上ってくる。キングカメハメハなどは表にある芝よりダートの方が良く単複共に120%を超え、ダートで短縮の速い流れを追走する形だと安心して狙えるタイプになる。

最後に本書では対談内容が分かりやすくなるように予想が結構載っているので、少しそのポイントにも触れておこう。

私の予想は若干癖があるので、初めて触れる人は戸惑うかもしれない。予想は点数制で、点数の高い馬が上位評価、同点の場合は期待値から当日人気のない方が上位となる(準勝負レースは馬番の表記順)。買い目は予め定められたルールで機械的に全て決められる。週末は忙しいので買い目を書く時間が取れないのと、誤解を避ける為に自動的に明確な買い目が出るシステムになっているのだ。例えば馬単なら、常に1位→2位、1位→3位、1位→4位、1位→5位、1位→6位、2位→3位の順番での6点買いになる(3連複も6点買い。3連単だけ21点買い)。したがって本書で「2点目で当たった」というときは、1位→3位で決まったことを意味する。理論的に予想している場合「当たるときはレース質が読めているので1、2点目で当たりやすい」わけで、この「何点目」というのが、実は極めて重要になる。実際、今年の勝負レースの2点買いは、上半期終了の頃には既に昨年に続いてのプラス回収がほぼ決まりかけたくらいで(この連載で鮮度が注入され、若い頃のエネルギーが戻ったのもあるやもしれないが)、買い目を馬体重と馬場で絞るのは非常に重要な作業なのだ。

逆に買い目を絞らない「単勝爆弾」という作戦も「世界を俯瞰する」という意味で重要だが、これについては現在進行形の対談で熱く語り合っている。ちなみに印は、FAX予想を提供するときに分かりやすいように付けて欲しいとのことで付けたもので、あくまで予想は点数になる。当初はレースによって◎が1頭もいなかったり、◎が2つだったりとレースの意味を有りのまま表現していたのだが、分かりやすいようにせめて◎は一つの馬にと関係者に頼まれた為、現在は点数以上の意味はほぼない。

この対談では誰にでも馬券に使えるようにと常識的な競馬概念にM的思考をなるべく変換して話しているが、より根本的に知りたい概念があればブログも参考にして頂きたい。

2023年11月　今井雅宏

カテゴリ別索引

カテゴリ	種牡馬名		買い・消し条件	ページ
芝	リオンディーズ	買	牡馬の芝短縮 稍重～重	310
芝	ルーラーシップ	消	芝の古馬 1～4枠の差し馬	318
芝	ロードカナロア	買	芝 前走6～9着(単勝)	324
芝	ロードカナロア	買	前走より格が上の芝重賞	324
芝	ロードカナロア	買	牝馬の芝短縮 1～3枠	324
芝1000m	マクフィ	買	新潟芝1000mの短縮	266
芝1000m	ロードカナロア	買	芝1000、1200、1400、1600mの短縮 東京、京都、阪神、小倉、新潟、札幌(単勝)	324
芝1000～2200m	ハービンジャー	消	牡馬の芝短縮(1000～2200m)	216
芝1200m	ロードカナロア	買	芝1000、1200、1400、1600mの短縮 東京、京都、阪神、小倉、新潟、札幌(単勝)	324
芝1200～1400m	スクリーンヒーロー	買	芝1200～1400mの短縮(複勝)	146
芝1200～1400m	ビッグアーサー	買	芝1200m、1400mの短縮(複勝) 7～8枠は除く	238
芝1200～1500m	モーリス	買	芝1200～1500mの短縮 1～4枠	284
芝1400m以下	キンシャサノキセキ	消	芝1400m以下 前走3角1～3番手	090
芝1400m以下	キンシャサノキセキ	消	ノーザンファーム生産の関東馬 3歳以上の芝1400m以下	090
芝1400m	ロードカナロア	買	芝1000、1200、1400、1600mの短縮 東京、京都、阪神、小倉、新潟、札幌(単勝)	324
芝1400～1800m	ダイワメジャー	買	芝1400～1800mの稍重～重馬場	154
芝1400～1800m	マクフィ	買	芝1400～1800mの短縮	266
芝1600m	ロードカナロア	買	芝1000、1200、1400、1600mの短縮 東京、京都、阪神、小倉、新潟、札幌(単勝)	324
芝1600m以上	ハーツクライ	消	京都、阪神、新潟の芝外回り1600m以上 延長の5～8枠	200
芝1800～2300m	リアルスティール	買	芝1800～2300mの延長	302
芝1800～2500m	ゴールドシップ	買	2、3歳の芝延長(1800m～2500m)	098
芝2000～2200m	バゴ	買	芝2000m、2200mの短縮(特に古馬)	232
芝2200m以上	キズナ	買	芝2200m以上の延長	060
芝2400m以上	キングカメハメハ	買	芝2400m以上の中6週～半年	082
芝2600m	ゴールドシップ	買	福島芝2600m、小倉芝2600mの延長	098
ダート	アジアエクスプレス	買	ダート延長の1～3枠、ローカル・ダート短縮の5～7枠	018
ダート	アジアエクスプレス	消	前走逃げた馬(3角1番手)のダート昇級戦	018
ダート	ヴィクトワールピサ	消	前走2～3着の叩き2戦目	030
ダート	コパノリッキー	買	ダート1枠の牝馬	108
ダート	サウスヴィグラス	買	ダート戦における前走4～11着の牡馬	114
ダート	シニスターミニスター	買	ダート良～稍重の短縮	124

カテゴリ別索引

カテゴリ	種牡馬名		買い·消し条件	ページ
ダート1400m以下	リオンディーズ	買	ダート1400m以下の短縮(単勝)	310
ダート1400m	コパノリッキー	消	ダート1400m	108
ダート1400m	ドレフォン	買	ダート1000m、1150m、1400m、1700mの短縮	192
ダート1400m	マクフィ	買	ダート1400m、1600m、1800mの短縮	266
ダート1400～1600m	ドゥラメンテ	買	牡馬のダート1400～1600m	182
ダート1400～1700m	リアルインパクト	買	ダート1400～1700mの短縮	296
ダート1600m以下	サウスヴィグラス	買	叩き4～5戦目のダート1600m以下	114
ダート1600m以下	シニスターミニスター	買	デビュー2～3戦目のダート1600m以上	124
ダート1600m	キズナ	買	ダート1600m、1800m、2000m、2100mの延長(複勝)	060
ダート1600m	マクフィ	買	ダート1400m、1600m、1800mの短縮	266
ダート1600m以上	キタサンブラック	買	牡馬 東京と阪神のダート1600m以上	074
ダート1600m以上	マジェスティックウォリアー	買	ダート1600m以上の短縮 6～8枠	272
ダート1600～1700m	マインドユアビスケッツ	買	ダート1600～1700mの短縮(特に外枠)	260
ダート1700m	オルフェーヴル	買	4～5歳のダート1700m	046
ダート1700m	ドレフォン	買	ダート1000m、1150m、1400m、1700mの短縮	192
ダート1700m	ルーラーシップ	買	ダート短縮 牝馬は1000～1150m、牡馬は1300m、1400m、1700m	318
ダート1700m～1800m	ヘニーヒューズ	消	ダート1150m、1700m、1800mの短縮(単勝)	246
ダート1700m以上	コパノリッキー	買	ダート1700m以上の短縮(複勝)	108
ダート1700m以上	シニスターミニスター	買	ダート1700m以上の延長 1～4枠(阪神ダ2000mは除く)	124
ダート1700m以上	ダノンレジェンド	買	ダート1700m以上の1～3枠	160
ダート1700m以上	ヘニーヒューズ	買	ダート1700m以上の2～3枠(特に牡馬)	246
ダート1800m	キズナ	買	ダート1600m、1800m、2000m、2100mの延長(複勝)	060
ダート1800m	パイロ	買	中山ダ1800mの道悪(複勝)	224
ダート1800m	マクフィ	買	ダート1400m、1600m、1800mの短縮	266
ダート1900m以上	ジャスタウェイ	買	ダート1800m以上の延長(東京を除く)	132
ダート2000m	キズナ	買	ダート1600m、1800m、2000m、2100mの延長(複勝)	060
ダート2100m	キズナ	買	ダート1600m、1800m、2000m、2100mの延長(複勝)	060

今井雅宏（いまい・まさひろ）

今井雅宏ブログ
https://note.com/mnohousoku

それまで誰も触れてこなかった競走馬の心身構造からレースを探る「Mの法則」を発表。従来の考えを一気に覆す競馬理論は大ブームとなり、今でもその影響を受けた馬券術や予想家が後を絶たない。血統に体系的な形でタイプ=ステップ論を導入する先駆けともなり、2000年に発表された『ウマゲノム版種牡馬辞典』の第一作は競馬本大賞を受賞した。現在は主にWEBサイト「亀谷競馬サロン」、雑誌「競馬王」で原稿を執筆中。また「競馬放送局」「競馬予想GP」などで予想とステップ分析を展開。血統を独自の目線から掘り下げ、大胆かつ緻密なデータを発表している。

亀谷敬正（かめたに・たかまさ）

血統ビーム
オフィシャルサイト
https://k-beam.com

亀谷敬正
オフィシャル競馬サロン
https://www.keiba-salon.com

「血統ビーム」をはじめとする革新的な競馬ツールの企画・作成、TV番組や書籍の企画・出演、執筆活動は20年以上。常に斬新な発想や分析で、競馬ファン・関係者に衝撃と影響を与え続けている。2019年には世界初となるリアル競馬サロン「亀谷競馬サロン」を開設。

Mの法則×血統ビーム
誰でも使える血統買いパターン

2023年12月11日初版第一刷発行
2024年1月15日初版第二刷発行

著者	今井雅宏　亀谷敬正
発行者	柿原正紀
装丁	oo-parts design
写真	橋本健
発行所	オーパーツ・パブリッシング 〒220-0023　神奈川県横浜市磯子区中原2-21-22　グレイス杉田303号 電話：045-513-5891　URL：https://oo-parts.jp
発売元	サンクチュアリ出版 〒113-0023　東京都文京区向丘2-14-9 電話：03-5834-2507　FAX：03-5834-2508
印刷・製本	中央精版印刷株式会社

 ISBN978-4-8014-9075-8

亀谷競馬サロン①
永久馬券格言

亀谷敬正／監修
定価1760円（本体1600円＋税10％）　好評発売中

紙の本　電子書籍

競馬というゲームを攻略するために必ず覚えておくべき38の格言

20年以上、競馬予想界の第一線で活躍し続ける著者は、これまで数々の馬券格言を生み出してきました。それらの多くは競馬の本質を突いており、いまだに有効利用できています。本書では、亀谷理論の核となるものからピンポイントなものまで、この先もずっと使える「馬券格言」だけを厳選して紹介します。

亀谷敬正の
競馬血統辞典

亀谷敬正／著
定価1980円（本体1800円＋税10％）　好評発売中

紙の本　電子書籍

鋭く的確な分析によって発見した“血統のポイント”を一挙公開!!

血統は能力のデータベースです。種牡馬から産駒に受け継がれる特徴は様々ではありますが、血統構成、環境、過去の傾向などを分析することによって読み切ることが可能です。そして、これらの特徴をいち早くつかめば、先行者利益を得ることができます。極端に言えば、1頭の種牡馬を覚えるだけでも競馬は勝てるのです。

亀谷競馬サロン②
馬場を極める

亀谷敬正、馬場虎太郎／著
定価1980円（本体1800円＋税10％）　好評発売中

紙の本　電子書籍

近代競馬はトラックバイアスが命!!　馬場傾向のメカニズムを徹底解説

競馬の結果は馬場に支配されています。馬場によって恵まれる馬が勝ち、恵まれなかった馬が負ける。そして、馬場に恵まれて勝った馬が次走で負け、恵まれなかった馬が穴をあける。これを見抜くことができれば的中の好循環につながります。トラックバイアス分析のプロ・馬場氏を迎えて、基本から応用まで丁寧に解説しています。